第4版

物业管理
从入门到精通

物业管理人员必知的125个热点问题

汇聚物业行业的经典案例，提出解决问题的最佳方案，
帮你轻松入门轻松精通

王占强 /著

125个典型的	125个精准的	125个系统的
真实案例	专家解答	相关规定

中国法制出版社

CHINA LEGAL PUBLISHING HOUSE

图书在版编目（CIP）数据

物业管理：从入门到精通：物业管理人员必知的
125个热点问题／王占强著. —4版. —北京：中国法
制出版社，2018. 3

（物业管理实务操作经典丛书）

ISBN 978 - 7 - 5093 - 9358 - 1

Ⅰ. ①物…　Ⅱ. ①王…　Ⅲ. ①物业管理　Ⅳ.
①F293. 347

中国版本图书馆 CIP 数据核字（2018）第 051937 号

责任编辑：潘孝莉（editorwendy@ 126. com）　　　　封面设计：周黎明

物业管理：从入门到精通：物业管理人员必知的 125 个热点问题

WUYEGUANLI：CONGRUMENDAOJINGTONG：WUYEGUANLIRENYUANBIZHIDE125GEREDIANWENTI

著/王占强

经销/新华书店

印刷/三河市紫恒印装有限公司

开本/880 毫米×1230 毫米　32 开　　　　　　　印张/14. 5　字数/276 千

版次/2018 年 4 月第 4 版　　　　　　　　　　　2023 年 4 月第 18 次印刷

中国法制出版社出版

书号 ISBN 978 - 7 - 5093 - 9358 - 1　　　　　　　　　　　定价：39. 80 元

北京西单横二条 2 号　邮政编码 100031　　　　　　　　传真：010 - 66031119

网址：http：//www. zgfzs. com　　　　　　　　　编辑部电话：010 - 66022958

市场营销部电话：010 - 66017726　　　　　　　　　邮购部电话：010 - 66033288

（如有印装质量问题，请与本社编务管理部联系调换。电话：010 - 66032926）

致终将复兴的物业管理

现在，作为一名北京建委的物业管理部门工作人员，我每天最常听、最常说、最常见、最常用、最常想的，当属物业管理了。然而，六年前，十年前，更早年前，物业管理对我而言却是一个陌生的概念，甚至像空气一样地存在着却未被感知到。因为从小生活在农村，没住过楼房，所以丝毫没接触过物业管理这个"新鲜"玩意儿。

2007年，研究生毕业之际，我怀着对未来的憧憬和期待，伴随着即将踏进社会的激动和不安，寻找着自己事业的起点。收到了不少offer，但最后机缘巧合地来到北京建委的物业管理部门，并且一直工作到现在。在工作的过程中，我渐渐地对物业管理行业有了更加深入的了解。从物业公司方面，我们听到最多的反馈就是费用低和收费难的问题，有很多公司说他们处于亏损状态。而业主也有自己的说辞，"整天看不到有什么服务，却到处收费！小区里一点儿大的事情也解决不了，还经常为开发商代言，反倒不像是我们业主的管家"。到了今天，业主与物业公司之间的这种矛盾，似乎演变成了一个死结。互相的不信任引发了更加深刻的恶性循环。然而，问题绝非如我们看到的表象那么简单。从某种意义上说，业主和物业公司，甚至整个物业管理行业都是一些规划遗留问题、开发遗留问题、权属遗留问题、房改遗留问题的受害者，都是公共管理

1

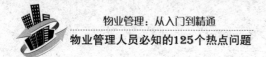
职能与市场行为界限划分不清的受害者，都是社会管理水平低下与专业服务能力不高的受害者。

错综复杂的矛盾纠纷摆在面前，感觉到头大是再正常不过的了。相信每一个从事物业管理的人，至少在某些时候肯定与我是有同感的。甚至有人不无戏谑地说，要立遗嘱"三代之内不许从事物业管理"。我很能理解当下处境下的这种情绪。我们的工作也几近消防队员，随时准备"救火"，但效果却不甚理想。有的纠纷甚至持续两三年都不能彻底解决，这不能不让人产生挫败感。但不妨换一个角度想一想。最让人崩溃的时候，或许希望已开始孕育。有几万万的业主是需要物业管理的，有几万万的房子是需要物业管理的，这本身不就是巨大的潜力吗？我们为什么不尝试用自己的努力去改变呢？哪怕这些改变很微小，但全行业的共同努力一定会带来较大的改观，那些始终坚守和愿意追寻的人，终将成为行业新生的最强推动力。

我愿意成为那部分坚守和追寻的人群中的一员，可能力量很微弱，但我愿意尝试，并永不放弃努力。这也就是我为什么要写这本书的原因了。我尝试着就行业内的基础问题、热点问题、难点问题与大家有所探讨、有所发现、有所改进。本书共分为十章，即第一章业主、业主大会及业主委员会；第二章前期物业管理；第三章物业管理服务；第四章物业服务收费；第五章物业的使用与维护；第六章装饰装修管理；第七章停车管理；第八章专项维修资金；第九章物业公司的公共安全责任；第十章物业公司法律责任。全书共选取了 125 个物业管理典型问题，均以案例形式呈现。需要特别说明的是本书的内容全部来源于真实的案例，但所有的小区、业主、公司名称均作了化名处理。

您可以通过如下三种方式与我们取得联系：电话/微信：13811848229；电子邮件：asksam@163.com；微信公众号：物业Legal，二维码如下：

王占强

目 录
CONTENTS

一、业主、业主大会及业主委员会

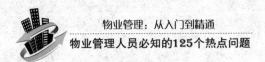

四、物业服务收费

五、物业的使用与维护

六、装饰装修管理

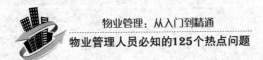
七、停车管理问题

八、住宅专项维修资金

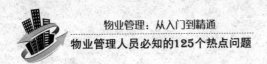

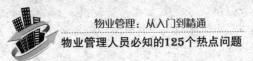

附　录

一、业主、业主大会及业主委员会

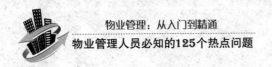

1. 什么是业主？

 现实案例

某新建小区进入集中入住阶段，开发商选聘的物业公司派出员工为业主办理交房验收等入住手续，其中一项是预收第一年的物业费。购房人李某称，还没拿到房产证，自己还不是业主，所以不应当缴纳物业费。

李某是否是业主呢？他应否缴纳物业费？

专家解答

简单来说，业主就是"房屋所有权人"。但在现实生活中，业主可能包括如下几种情况：

（1）依法登记取得建筑物专有部分所有权的人；

（2）因人民法院、仲裁委员会的生效法律文书取得建筑物专有部分所有权的人；

（3）因继承或者受遗赠取得建筑物专有部分所有权的人；

（4）因合法建造等事实行为取得建筑物专有部分所有权的人；

（5）基于与建设单位之间的商品房买卖民事法律行为，已经合法占有建筑物专有部分，但尚未依法办理所有权登记的人。

现实中，往往存在因种种原因入住了但尚未取得所有权证书的情况，但这并不妨碍其业主身份，不影响其行使业主权利，履行业主义务。

缴纳物业费是业主的法定义务，是业主对共有部分的义务。按照物权法，不得以放弃权利不履行义务。

可见，李某虽然还未取得房屋所有权证，但是这并不能否认其业主身份，依法应当履行业主义务。

法条链接

《物业管理条例》

第六条第一款　房屋的所有权人为业主。

《最高人民法院关于审理建筑物区分所有权纠纷案件具体应用法律若干问题的解释》

第一条　依法登记取得或者根据物权法第二章第三节规定取得建筑物专有部分所有权的人，应当认定为物权法第六章所称的业主。

基于与建设单位之间的商品房买卖民事法律行为，已经合法占有建筑物专有部分，但尚未依法办理所有权登记的人，可以认定为物权法第六章所称的业主。

《物权法》

第七十二条第一款　业主对建筑物专有部分以外的共有部分，享有权利，承担义务；不得以放弃权利不履行义务。

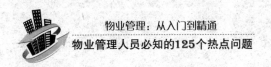
2. 承租户能否行使业主的权利?

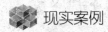 现实案例

为方便工作，林某在某小区承租了一套房屋，并与业主张女士签订了房屋租赁合同。一天，林某看到小区宣传栏张贴了周六召开年度业主大会会议的通知，主要议题有两个：一是增补业主委员会委员；二是重新选聘物业服务企业。林某非常热衷于小区物业管理事务，对参加业主委员会也有很大热情，周六那天，林某按照通知的时间和地点参加业主大会会议，并提出要竞选参加业主委员会。结果，林某被告知他只是承租户，并非小区的业主，不能参选业主委员会委员，也不享有相应的投票权。林某认为，自己也是小区的一分子，理应享有小区物业管理的权利。那么，作为承租户的林某，是否享有业主的权利呢？其权利边界如何界定呢？

专家解答

房屋的所有权人为业主。业主依法享有物业管理的各项权利，包括参加业主大会会议，行使投票权；选举业主委员会成员，并享有被选举权等。而承租户仅是物业使用人，并不能等同于业主。法律规定了物业使用人的相关权利，但其在物业管理方面的权利是受限制的。

在法律、法规和管理规约的有关规定的框架范围内，业主与物业使用人可以约定物业使用人在物业管理活动中的权利义务。《物权法》和《物业管理条例》均规定，被选举为业主委员会成员及选聘物业服务企业是业主的权利，物业使用人无此权利。但是，物业管理活动中，业主行使投票权，属于民事法律行为，依法可以委托代理。即物业使用人可以接受业主的委托，代理业主投票表决，行使选举权。此时，物业使用人仅仅是代理人，代理的后果由被代理人（业主）承担。比如，承租户接受了业主的委托，代理投票选举业主委员会委员或代理投票解聘物业公司，那么，承租户的投票行为视同为业主的投票行为，由业主承担投票的后果。

本案中，承租户林某与业主张女士双方如在事前已就物业管理活动中的权利义务进行了约定，或者林某获得了张女士的授权委托，那么，承租户林某可参与相关物业管理活动。当然，除此之外，林某作为物业使用人可以向业主大会、业主委员会提出物业管理方面的意见和建议，以及向行政主管部门投诉反映物业服务企业的服务行为。

法条链接

《物业管理条例》

第十五条 业主委员会执行业主大会的决定事项，履行下列职责：
……

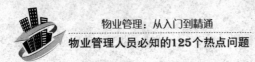
（三）及时了解业主、物业使用人的意见和建议，监督和协助物业服务企业履行物业服务合同；

......

第四十一条第一款 业主应当根据物业服务合同的约定交纳物业服务费用。业主与物业使用人约定由物业使用人交纳物业服务费用的，从其约定，业主负连带交纳责任。

第四十七条 物业使用人在物业管理活动中的权利义务由业主和物业使用人约定，但不得违反法律、法规和管理规约的有关规定。

物业使用人违反本条例和管理规约的规定，有关业主应当承担连带责任。

第四十八条 县级以上地方人民政府房地产行政主管部门应当及时处理业主、业主委员会、物业使用人和物业服务企业在物业管理活动中的投诉。

《民法通则》

第六十三条 公民、法人可以通过代理人实施民事法律行为。

代理人在代理权限内，以被代理人的名义实施民事法律行为。被代理人对代理人的代理行为，承担民事责任。

依照法律规定或者按照双方当事人约定，应当由本人实施的民事法律行为，不得代理。

3. 在物业管理活动中，业主享有什么权利？

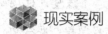 现实案例

2010年5月，某别墅小区一业主向物业公司提出搭建坡道门斗申请，物业公司答复门斗可以改动，但不能扩大到原台阶以外。施工中，业主将门斗扩大到原台阶以外，并在门斗西侧另建一建筑。物业公司两次向该业主发出书面整改通知书，但业主并未调整施工方案，而是继续施工。7月24日13时，业主向家中运送施工材料时被物业公司门岗拦下，双方发生冲突。业主认为，其对房屋拥有所有权，搭建坡道门斗属于业主应有的权利，而且已经告知了物业公司，物业公司无权干涉其行为。物业公司认为，业主的搭建行为不但违反了《小区装修现场管理方案》《房屋装饰装修管理协议》《临时管理规约》的有关约定，如"物业管理区域内禁止未经政府有关部门批准和管委会、相邻产权人同意，擅自改变房屋结构、外貌和用途；产权人或使用人装饰装修房屋，应当事先将装饰装修方案报经物业管理企业认可，并与其签订装饰装修管理协议"，而且可能已经构成违法，因此，物业公司致函规划和城管部门举报业主的行为。那么，本案中，搭建坡道门斗属于业主在物业管理活动中的权利吗？

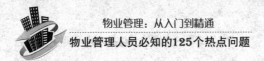
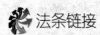 专家解答

法律、法规规定了业主在物业管理活动中的各项权利，包括：接受物业服务；提议召开业主大会会议；建议制定和修改管理规约、业主大会议事规则；参加业主大会会议，行使投票权；选举和被选举为业主委员会成员；监督业主委员会；监督物业服务企业；对物业共用部分使用情况享有知情权和监督权；监督住宅专项维修资金的管理和使用等。但是，权利和义务是相对等的，业主享有权利的同时也应承担相应的义务。而且，业主行使权利不得与法律的强行规定以及《管理规约》《业主大会议事规则》等法律文件相抵触。

本案中，从范围上看，业主的搭建部分在业主共有部分范围内，属于《物权法》上应由业主共同决定的"改建、重建建筑物及其附属设施"的行为，即应当经专有部分占建筑物总面积三分之二以上且占总人数三分之二以上的业主同意。此外，该业主的行为还违反了《小区装修现场管理方案》《房屋装饰装修管理协议》《临时管理规约》的有关约定。因此，该业主无权擅自搭建坡道门斗。

🌸 法条链接

《物业管理条例》

第六条　房屋的所有权人为业主。

业主在物业管理活动中，享有下列权利：

（一）按照物业服务合同的约定，接受物业服务企业提供的服务；

（二）提议召开业主大会会议，并就物业管理的有关事项提出建议；

（三）提出制定和修改管理规约、业主大会议事规则的建议；

（四）参加业主大会会议，行使投票权；

（五）选举业主委员会成员，并享有被选举权；

（六）监督业主委员会的工作；

（七）监督物业服务企业履行物业服务合同；

（八）对物业共用部位、共用设施设备和相关场地使用情况享有知情权和监督权；

（九）监督物业共用部位、共用设施设备专项维修资金（以下简称专项维修资金）的管理和使用；

（十）法律、法规规定的其他权利。

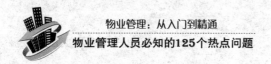
4. 在物业管理活动中，业主应当履行哪些义务？

2010年，范先生在北京市某小区购买了位于8层的一套房屋，成为该小区的一名业主。入住该小区的当日，范先生与物业管理公司签订了《前期物业管理合同》，约定物业公司向范先生提供共用设施设备维修养护、秩序维护、清洁卫生等各项物业服务，同时约定物业公司按照《北京市物业服务收费管理办法（试行）》的规定收取物业服务费，并约定物业服务费标准为每月每平方米1.6元。同时范先生还签收了《临时管理规约》，其中约定：业主应当本着维护公共秩序、保护小区环境的原则居住和生活，不得占用公共绿地、道路、楼道等公共部位，不得制造噪声扰民。范先生有饲养宠物的爱好，但由于居室面积限制，范先生将养狗和养猫的笼子放在了公共楼道。与范先生居住在同一层的业主一共6户，起初，邻居们以为范先生只是临时占用一下楼道，但半年过去了，范先生丝毫没有将宠物笼子搬走的意思。邻居们纷纷向物业公司和有关部门投诉，要求范先生将笼子搬走。范先生认为，作为小区的一名业主，他享有饲养宠物的权利，而且笼子是摆放在自家门前，其他业主无权干涉。本案中，业主范先生是否应当将饲养宠物的笼子搬走呢？

业主的义务都包含哪些内容?

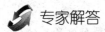 专家解答

范先生买房之后成为小区业主,即房屋的产权人,或者称之为建筑物区分所有权人。业主的建筑物区分所有权是一个集合权,这个集合权包括对专有部分享有的所有权、对建筑区划内的共有部分享有的共有权和共同管理的权利,这三种权利具有不可分离性。业主对建筑物专有部分以外的共有部分,享有权利,承担义务;不得以放弃权利为由不履行义务。虽然范先生是将饲养宠物的笼子放在了自家门前,但此门前仍属于公共部位,而并非范先生一人所有。因此,其他共有权人如对这一公共部位的使用提出异议,应由全部共有权人共同决定其用途。《临时管理规约》中亦约定,"业主应当本着维护公共秩序,保护小区环境的原则居住和生活,不得占用公共绿地、道路、楼道等公共部位"。业主有遵守管理规约的义务。因此,业主范先生应当将饲养宠物的笼子搬走。

业主除了应当遵守管理规约,还应当履行如下义务:遵守业主大会议事规则;按时缴纳物业服务费用;执行业主大会的决定和业主大会授权的业主委员会作出的决定;按照国家有关规定交纳专项维修资金等。可见,业主应当履行的义务,不仅包括约定义务,还包括一些法定义务。

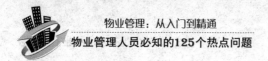

法条链接

《物权法》

第七十二条　业主对建筑物专有部分以外的共有部分，享有权利，承担义务；不得以放弃权利不履行义务。

第八十一条　业主可以自行管理建筑物及其附属设施，也可以委托物业服务企业或者其他管理人管理。

对建设单位聘请的物业服务企业或者其他管理人，业主有权依法更换。

《物业管理条例》

第七条　业主在物业管理活动中，履行下列义务：

（一）遵守管理规约、业主大会议事规则；

（二）遵守物业管理区域内物业共用部位和共用设施设备的使用、公共秩序和环境卫生的维护等方面的规章制度；

（三）执行业主大会的决定和业主大会授权业主委员会作出的决定；

（四）按照国家有关规定缴纳专项维修资金；

（五）按时交纳物业服务费用；

（六）法律、法规规定的其他义务。

5. 什么是业主大会？

 现实案例

　　业主赵女士非常喜欢饲养宠物，家中养了两条大狼狗和两只猫。她每天都会带狗在小区内遛弯，很多老人和儿童见到这么大的狗都十分害怕，他们多次找物业公司投诉赵女士。结果，赵女士不但不理睬业主的投诉，还把物业公司的工作人员骂了一通。由于家里的空间有限，没有足够的地方安置两只猫，赵女士就将两只猫的笼子搬到了楼道，还每天定时将猫放出来"自由活动"，导致整个楼道里臭气熏天，很多同单元业主的门前都有两只猫的便溺，这引起了业主们的强烈不满。业主们找到物业公司和业主委员会商量：以小区业主大会的名义书面致函赵女士，要求她按照有关规定饲养宠物，将猫笼子占用的楼道部分腾退出来。如果赵女士仍不理会，将向政府相关部门举报。业主大会将书面通知函交送赵女士后，赵女士声称："饲养狗和猫是我的权利，谁也管不着。业主大会算什么部门，我是业主，我的事我说了算！"那么，什么是业主大会？业主大会有权干预赵女士饲养动物吗？

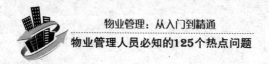
 专家解答

在小区内，业主对房屋的所有权属于《物权法》规定的业主的建筑物区分所有权。对共有部分，全体业主按照其房屋产权份额享有共有和共同管理的权利。因此，属于共同管理范畴的事务必须体现全体业主的利益。而业主大会就是代表全体业主行使共有和共同管理权利的业主自我管理组织。

业主大会由物业管理区域内的全体业主组成，是物业管理的权利和责任主体，其职责包括：制定和修改业主大会议事规则；制定和修改管理规约；选举业主委员会或者更换业主委员会成员；选聘和解聘物业服务企业；筹集和使用专项维修资金；改建、重建建筑物及其附属设施等有关共有和共同管理权利的事项。业主大会是经业主共同决定而设立的，代表全体业主的利益。因此，业主大会依据相关法律、法规以及管理规约、业主大会议事规则，对相关业主提出要求是正当的。

本案中，业主赵女士饲养的动物已经造成了噪声扰民，猫笼子长期安放在楼道也已构成侵占通道，损害了其他业主的合法权益。业主大会和业主委员会依法书面致函赵女士，要求其停止侵权行为是合法的。

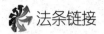 法条链接

《物权法》

第七十八条第一款 业主大会或者业主委员会的决定，对业主具有约束力。

第八十三条 业主应当遵守法律、法规以及管理规约。

业主大会和业主委员会，对任意弃置垃圾、排放污染物或者噪声、违反规定饲养动物、违章搭建、侵占通道、拒付物业费等损害他人合法权益的行为，有权依照法律、法规以及管理规约，要求行为人停止侵害、消除危险、排除妨害、赔偿损失。业主对侵害自己合法权益的行为，可以依法向人民法院提起诉讼。

《物业管理条例》

第十一条 下列事项由业主共同决定：

（一）制定和修改业主大会议事规则；

（二）制定和修改管理规约；

（三）选举业主委员会或者更换业主委员会成员；

（四）选聘和解聘物业服务企业；

（五）筹集和使用专项维修资金；

（六）改建、重建建筑物及其附属设施；

（七）有关共有和共同管理权利的其他重大事项。

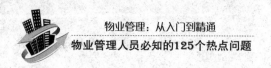

6. 物业公司是否有配合业主成立业主大会的义务？

 现实案例

为改善小区业主的居住生活环境，促使广大业主与物业公司平等对话，协商处理物业管理各项事宜，北京某小区5名热心业主向街道办事处提出了成立业主大会的书面申请。街道办事处表示理解和同意，并指定其中1名业主为筹备组组长，负责统筹业主大会的各项筹备工作。在筹备过程中，筹备组组长和业主代表找到开发商和物业公司，要求他们加入筹备组，共同推动业主大会的成立。开发商和物业公司都予以拒绝，认为成立业主大会是业主的事情。由于小区有1000多户业主，发选票征求意见的工作量较大，筹备组向物业公司提出由物业公司派出3名工作人员配合发选票的工作，物业公司以同样的理由拒绝了筹备组的请求。筹备组不认可物业公司的做法，认为物业公司应该与业主共同成立业主大会，并为业主大会的成立提供相关便利条件。那么，业主大会成立时，物业公司是否有配合义务？如果有，是何种配合义务？

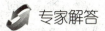 专家解答

业主大会由物业管理区域内全体业主组成，代表业主对物业管理事项行使共同管理权。《物权法》规定，业主可以设立业主大会，选举业主委员会。即业主可以成立业主大会，也可以不成立业主大会。本质上，成立业主大会是业主的事情。

成立业主大会涉及多方面工作。按照北京市的相关规定，在业主大会筹备过程中，街道办事处应指定首次业主大会会议筹备组组长，组织建设单位、业主代表成立首次业主大会会议筹备组。可见，建设单位有义务配合筹备组组长和业主代表成立筹备组，并开展相关筹备活动。这一规定主要是基于很多建设单位在小区都拥有一定份额的产权，尤其有些共用部分的经营权、管理权为其所有；还基于建设单位掌握了较完整的业主名册、业主专有部分面积、建筑物总面积等资料；此外，建设单位还应承担业主大会筹备及召开首次业主大会会议所需费用。因此，将建设单位纳入筹备组，让建设单位配合业主代表开展筹备活动是有根据的。

而物业公司是物业服务的提供者，按照相关法律规定及物业服务合同约定，专职为业主提供物业服务，除此之外，不承担任何其他义务。因此，筹备组组长、业主代表要求物业公司与其共同成立筹备组，要求物业公司派出工作人员协助发选票等都是没有根据的。从这一角度来讲，物业公司没有配合义务。当然，为了与将来

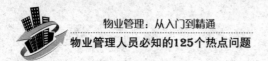
的业主委员会维持良好的关系，物业公司可以提供一些力所能及的协助和配合。就最低限度来说，物业公司不能干预或非法阻挠业主依法成立业主大会。

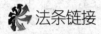 法条链接

《物权法》

第七十五条第一款 业主可以设立业主大会，选举业主委员会。

《物业管理条例》

第十条 同一个物业管理区域内的业主，应当在物业所在地的区、县人民政府房地产行政主管部门或者街道办事处、乡镇人民政府的指导下成立业主大会，并选举产生业主委员会。但是，只有一个业主的，或者业主人数较少且经全体业主一致同意，决定不成立业主大会的，由业主共同履行业主大会、业主委员会职责。

《业主大会和业主委员会指导规则》（建房〔2009〕274 号）

第十一条 筹备组中业主代表的产生，由街道办事处、乡镇人民政府或者居民委员会组织业主推荐。

筹备组应当将成员名单以书面形式在物业管理区域内公告。业主对筹备组成员有异议的，由街道办事处、乡镇人民政府协调解决。

建设单位和物业服务企业应当配合协助筹备组开展工作。

《北京市住宅区业主大会和业主委员会指导规则》（京建发〔2010〕739号）

第十一条第一款　街道办事处、乡镇人民政府应当自接到成立业主大会申请之日起60日内，指定首次业主大会会议筹备组组长，组织建设单位、业主代表成立首次业主大会会议筹备组。

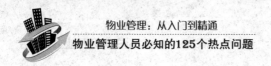
7. 什么是业主委员会?

 现实案例

2011年9月1日，某小区成立业主大会，选举产生了业主委员会，并在属地街道办事处完成备案。由于对物业公司的服务不满，业主委员会主任于当年10月说服业主委员会其他成员解聘现在的物业公司，重新选聘新的物业公司，并以业主委员会决定的形式形成了相关文件。随后，业主委员会向物业公司送达了终止物业服务合同，解聘物业公司的决定。物业公司经讨论研究，认为目前物业服务费欠缴率高，公司经营困难，同意业主委员会的决定，撤出小区。10月26日，物业公司在小区宣传栏张贴退出小区的正式公告。业主张先生看到物业公司张贴的公告后非常不满，认为物业公司的服务还可以，业主委员会不应当不经业主大会决议就解聘物业公司。业主委员会认为，当时物业服务合同签订双方是业主委员会和物业公司，现在双方都同意终止物业服务合同，因此，不需经业主大会表决同意，单个业主也不能提出异议。本案中，业主委员会有权自行解聘物业公司吗?

专家解答

按照《物业管理条例》的规定，业主委员会执行业主大会的决定事项，履行下列职责：召集业主大会会议，报告物业管理的实施情况；代表业主与业主大会选聘的物业服务企业签订物业服务合同；及时了解业主、物业使用人的意见和建议，监督和协助物业服务企业履行物业服务合同；监督管理规约的实施；业主大会赋予的其他职责。按照《物权法》，选举业主委员会或者更换业主委员会成员由业主共同决定。

由此可见，业主委员会是业主大会的执行机构。业主委员会由全体业主选出，作为业主大会/全体业主的常设执行机构存在，其本身并无物业管理重大事项的决定权。

选聘物业公司同样属于业主共同决定事项范畴，依法应当经专有部分占建筑物总面积过半数的业主且占总人数过半数的业主同意。在无业主大会决定或授权的情况下，业主委员会并无权决定解聘物业公司。

本案中，解聘物业公司的决定，是业主委员会主任说服业主委员会其他成员后形成的，属执行机构业主委员会的意志体现，并不能代表业主大会或全体业主。

❀ 法条链接

《物权法》

第七十六条 下列事项由业主共同决定：

（一）制定和修改业主大会议事规则；

（二）制定和修改建筑物及其附属设施的管理规约；

（三）选举业主委员会或者更换业主委员会成员；

（四）选聘和解聘物业服务企业或者其他管理人；

（五）筹集和使用建筑物及其附属设施的维修资金；

（六）改建、重建建筑物及其附属设施；

（七）有关共有和共同管理权利的其他重大事项。

决定前款第五项和第六项规定的事项，应当经专有部分占建筑物总面积三分之二以上的业主且占总人数三分之二以上的业主同意。决定前款其他事项，应当经专有部分占建筑物总面积过半数的业主且占总人数过半数的业主同意。

《物业管理条例》

第十五条　业主委员会执行业主大会的决定事项，履行下列职责：

（一）召集业主大会会议，报告物业管理的实施情况；

（二）代表业主与业主大会选聘的物业服务企业签订物业服务合同；

（三）及时了解业主、物业使用人的意见和建议，监督和协助物业服务企业履行物业服务合同；

（四）监督管理规约的实施；

（五）业主大会赋予的其他职责。

《合同法》

第四十八条　行为人没有代理权、超越代理权或者代理权终止后以被代理人名义订立的合同，未经被代理人追认，对被代理人不发生效力，由行为人承担责任。

相对人可以催告被代理人在一个月内予以追认。被代理人未作表示的，视为拒绝追认。合同被追认之前，善意相对人有撤销的权利。撤销应当以通知的方式作出。

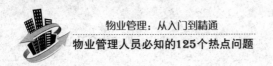

8. 欠费业主能进业主委员会吗？

 现实案例

北京某小区有 700 余户业主，2012 年 1 月开始，有 8 名业主联名书面申请成立小区的业主大会，其目的是成立业主大会后依法解聘物业公司。街道办事处同意了成立业主大会的申请，要求他们按照相关规定按时完成筹备工作，并顺利召开首次业主大会会议。但对于成立业主大会，小区业主却有两种截然不同的意见。同意成立业主大会一派认为，物业公司服务质量低下，服务态度差，应该尽快解聘目前的物业公司，而解聘物业公司必须先成立业主大会。反对成立业主大会的一派认为，物业公司的服务能够接受，不成立业主大会小区一样可以运转，而且提出成立业主大会申请的业主中有 5 个人都是长年拖欠物业费的，他们不能代表业主的合法利益，不能进入业主委员会。本案中，欠费业主能否被选举进入业主委员会？

专家解答

根据《物业管理条例》的规定，在物业管理活动中，业主的权利包含"依法享有选举业主委员会成员，并享有被选举权"。业主的义务包含"按时交纳物业服务费用"。建设部《业主大会和业主委员会指导规则》规定，业主委员会委员应当符合"遵守业主大会议事规则、管理规约，模范履行业主义务"的条件。欠费业主并没有充分履行业主义务，允许其参选业主委员会确实有违立法精神。但是，从法律效力来看，《业主大会和业主委员会指导规则》属于建设部的规范性文件，其效力显然低于《物业管理条例》，而《物业管理条例》并没有明确禁止欠费业主参选业主委员会。因此，原则上并不能禁止欠费业主进入业主委员会。

业主可通过《临时管理规约》《管理规约》《议事规则》约定欠费业主不得进入业主委员会。北京市的相关规定允许对拒付或者不按时交纳物业服务费用的业主的被选举权、表决权的行使予以限制。因此，如果过半数的业主同意欠费业主不得参选业主委员会，只需在《临时管理规约》《管理规约》《议事规则》等文件中予以约定即可。

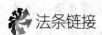 法条链接

《物业管理条例》

第六条 房屋的所有权人为业主。

业主在物业管理活动中，享有下列权利：

（一）按照物业服务合同的约定，接受物业服务企业提供的服务；

（二）提议召开业主大会会议，并就物业管理的有关事项提出

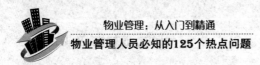

建议；

（三）提出制定和修改管理规约、业主大会议事规则的建议；

（四）参加业主大会会议，行使投票权；

（五）选举业主委员会成员，并享有被选举权；

（六）监督业主委员会的工作；

（七）监督物业服务企业履行物业服务合同；

（八）对物业共用部位、共用设施设备和相关场地使用情况享有知情权和监督权；

（九）监督物业共用部位、共用设施设备专项维修资金（以下简称专项维修资金）的管理和使用；

（十）法律、法规规定的其他权利。

第七条 业主在物业管理活动中，履行下列义务：

（一）遵守管理规约、业主大会议事规则；

（二）遵守物业管理区域内物业共用部位和共用设施设备的使用、公共秩序和环境卫生的维护等方面的规章制度；

（三）执行业主大会的决定和业主大会授权业主委员会作出的决定；

（四）按照国家有关规定交纳专项维修资金；

（五）按时交纳物业服务费用；

（六）法律、法规规定的其他义务。

《业主大会和业主委员会指导规则》（建房〔2009〕274号）

第三十一条 业主委员会由业主大会会议选举产生，由5至11人单数组成。业主委员会委员应当是物业管理区域内的业主，并符合下列条件：

（一）具有完全民事行为能力；

（二）遵守国家有关法律、法规；

（三）遵守业主大会议事规则、管理规约，模范履行业主义务；

（四）热心公益事业，责任心强，公正廉洁；

（五）具有一定的组织能力；

（六）具备必要的工作时间。

《北京市住宅区业主大会和业主委员会指导规则》（京建发〔2010〕739号）

第二十条 业主有损害业主共同权益行为的，包括不交存专项维修资金、拒付或者不按时交纳物业服务费用和其他应当分摊的费用等，业主大会可以在管理规约和业主大会议事规则中对其被选举权、表决权的行使予以限制，限制时限由业主大会在管理规约和业主大会议事规则中约定，业主大会备案或者变更备案事项时应当向街道办事处、乡镇人民政府予以说明。

管理规约和业主大会议事规则对业主权利的限制不免除其应承担的义务。

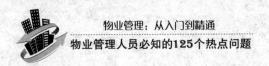

9. 业主的亲属能否进业主委员会?

 现实案例

陈女士为其父母在郊区买了一套商品房，供他们养老，但产权证上记载的产权人为陈女士。平时，这套商品房都是陈女士的父母居住，陈女士只有在节假日看望父母时回来住上几日。陈女士的父母都已退休，但其父亲仍想发挥余热，当他得知小区要筹备成立业主大会时，就积极要求加入业主委员会。相关负责人要求他提供业主委员会候选人自荐或推荐表、身份证明、产权证明（产权证或购房合同）、物业服务费交纳证明等一系列材料。当陈女士的父亲提交记载着陈女士为产权人的产权证时，相关负责人告知他不能参选业主委员会，只能由其女儿陈女士参选，因为陈女士才是业主，陈女士的父亲并非业主，不能进业主委员会。本案中，陈女士的父亲能否进业主委员会?

专家解答

房屋的所有权人为业主。业主依法享有物业管理的各项权利，包括参加业主大会会议，行使投票权；选举业主委员会成员，并享有被选举权等。物业使用人并不能等同于业主。法规规定了物业使用人的相关权利，但其在物业管理方面的权利是受限制的。

在法律、法规和管理规约等有关规定的框架范围内，业主与物业使用人可以约定物业使用人在物业管理活动中的权利义务。《物权法》和《物业管理条例》均规定，业主有被选举为业主委员会成员的权利，物业使用人无此权利。但是，在物业管理活动中，业主行使投票权属于民事法律行为，依法可以委托代理。即物业使用人可以接受业主的委托，代理业主投票表决，行使选举权。此时，物业使用人仅仅是代理人，代理的后果由被代理人（业主）承担。比如，物业使用人接受了业主的委托，代理投票被选举业主委员会委员，那么，物业使用人的投票行为视同为业主的投票行为，由业主承担投票的后果。

本案中，陈女士如果事先已与其父亲就物业管理活动中的权利义务进行了约定，或者陈女士的父亲获得了陈女士的授权委托，那么，陈女士的父亲可参与相关物业管理活动。此外，如果陈女士将房产证的产权人一列加上其父亲的姓名，则其父成为房屋的共有权人，此时其父依法亦享有包括被选举为业主委员会委员的业主权利。

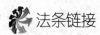 法条链接

《物业管理条例》

第四十七条 物业使用人在物业管理活动中的权利义务由业主和

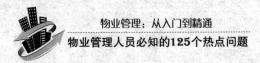

物业使用人约定，但不得违反法律、法规和管理规约的有关规定。

物业使用人违反本条例和管理规约的规定，有关业主应当承担连带责任。

《民法通则》

第六十三条第一款 公民、法人可以通过代理人实施民事法律行为。

10. 业主委员会活动经费应当由物业公司承担吗？

 现实案例

近日，某物业公司收到了来自小区业主委员会"关于要求拨付业主委员会活动经费及小区其他相关公用经费的函"，称"由于工作需要，业主委员会新聘请了一名秘书，需要购置一台电脑、一部电话、一部打印机，同时需要向其支付工资。现请你司拨付以下款项：办公用品一次性支付9000元；秘书工资每月支付2000元，可选择按月支付或按年支付。此外，计划下月举行第三次年度业主大会会议，预计费用为10000元，此款项请贵司以现金形式向我委支付，待本次业主大会结束后，再向贵司提交相关财务凭据，并根据实际情况多退少补。以上支付款项，请贵司在9月5日前支付"。本案中，业主委员会关于其活动经费的请求，可以向物业公司提出吗？

专家解答

从性质上看，合法的业委会活动经费属于为维护小区全体业主在物业管理活动中的权益而产生的费用，如无明确约定，应当属于

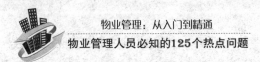

《物权法》上"建筑物及其附属设施的费用分摊、收益分配等事项"，按照业主专有部分占建筑物总面积的比例确定。

从法理上说，物业公司向业主提供物业服务，并向业主收取物业服务费。物业服务费除了部分用于支付管理服务人员的工资、社会保险和按规定提取的福利费用，办公经费，物业服企业固定资产折旧之外，其他基本全部用于物业共用部位、共用设施设备的日常运行、维护费用及其他为物业管理共同事项支付的费用。可见，物业服务费是维持物业管理服务正常运转的保障。除了物业服务费，物业公司没有其他收入来源。因此，要求物业公司支付业主委员会活动经费没有根据。

目前而言，要求物业公司承担业主委员会活动经费无法律依据。但建设部《业主大会和业主委员会指导规则》规定，业主大会、业主委员会工作经费由全体业主承担。工作经费可以由业主分摊，也可以从物业共有部分经营所得收益中列支。北京市规定，相关工作经费具体筹集和使用办法由业主大会决定。

法条链接

《业主大会和业主委员会指导规则》（建房〔2009〕274号）

　　第四十二条　业主大会、业主委员会工作经费由全体业主承担。工作经费可以由业主分摊，也可以从物业共有部分经营所得收益中列支。工作经费的收支情况，应当定期在物业管理区域内公告，接受业主监督。

工作经费筹集、管理和使用的具体办法由业主大会决定。

《北京市住宅区业主大会和业主委员会指导规则》（京建发〔2010〕739号）

第三十九条第一款 业主大会设立业主委员会，可以设立监事会，可以聘用财务人员和秘书等工作人员。相关工作经费具体筹集和使用办法由业主大会决定。

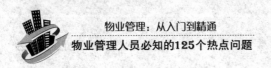

11. 物业管理用房中包括业主委员会的办公用房吗？

 现实案例

北京市某小区于2008年建成，业主入住后，开发商选聘了一家物业公司作为小区前期物业管理单位。2011年10月，小区业主委员会成立，但面临着没有办公用房的问题。另据了解，在小区竣工后交接查验时，开发商向物业公司提供了600平方米的办公场所。业主委员会遂找到物业公司，要求其提供100平方米作为业主委员会的办公用房，遭到物业公司的拒绝。物业公司称："物业管理用房是开发商提供，专门为物业公司办公所需，而且产权是开发商的，因此，不能提供给业主委员会。"业主委员会又向开发商主张权利，要求提供办公用房，未果。那么，物业管理用房性质如何？是否包含业主委员会的办公用房部分？

专家解答

按照《物业管理条例》的规定，开发商应当按照规定在物业管理区域内配置必要的物业管理用房。物业管理用房的所有权依法属于业主。《物权法》规定，"建筑区划内的其他公共场所、公用设施和物业服务用房，属于业主共有"。开发商配置物业管理用房应

当体现在房地产开发之初的规划图上，以及体现在之后的测绘报告上。即物业管理用房的具体位置和面积在小区规划总平面图及测绘报告资料上都应有标注。开发商在物业管理区域内不按照《物业管理条例》规定配置必要的物业管理用房的，房地产行政主管部门应责令其限期改正，给予警告，没收违法所得，并处罚款。

关于物业管理用房的用途，《物业管理条例》没有明确规定。如何使用物业管理用房属于业主共有和共同管理权利事项，如无特殊约定，应由业主共同决定，即经专有部分占建筑物总面积过半数的业主且占总人数过半数的业主同意。为避免争议，可就物业管理用房的用途在《临时管理规约》《管理规约》《物业服务合同》等文件中予以明确约定。

在北京，政策法规已明确了物业管理用房的面积、位置和用途，因此，较少产生争议。按照《北京市物业管理办法》的规定，物业服务用房建筑面积不得低于 150 平方米，不但包括物业公司的办公用房，还包括业主大会及业主委员会 30 平方米至 60 平方米的办公用房。

综上，本案中，开发商依法配建的物业管理用房中应当包含业主委员会的办公用房。

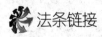 法条链接

《物权法》

第七十三条 建筑区划内的道路，属于业主共有，但属于城镇公

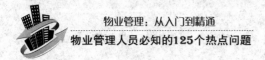

共道路的除外。建筑区划内的绿地，属于业主共有，但属于城镇公共绿地或者明示属于个人的除外。建筑区划内的其他公共场所、公用设施和物业服务用房，属于业主共有。

《物业管理条例》

第三十条　建设单位应当按照规定在物业管理区域内配置必要的物业管理用房。

第三十四条第二款　物业服务合同应当对物业管理事项、服务质量、服务费用、双方的权利义务、专项维修资金的管理与使用、物业管理用房、合同期限、违约责任等内容进行约定。

第三十七条　物业管理用房的所有权依法属于业主。未经业主大会同意，物业服务企业不得改变物业管理用房的用途。

《北京市物业管理办法》

第七条　新建住宅物业，建设单位应当配建物业服务用房，包括客服接待、项目档案资料保存、工具物料存放、人员值班备勤、业主大会及业主委员会办公用房等，并在房屋买卖合同中明确物业服务用房的坐落位置（具体到楼栋、房号）。物业服务用房建筑面积不得低于150平方米，其中地上房屋不得低于100平方米，业主大会及业主委员会办公用房建筑面积30至60平方米。

规划行政主管部门在规划许可、验收过程中，应当审查物业服务用房建筑面积、位置、配置等是否符合规划设计指标。房屋行政主管部门在办理房产测绘成果备案时应当核查物业服务用房配置情况。

12. 什么是（临时）管理规约？

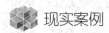 现实案例

　　家住某小区一层102房间的业主将自己的房屋租给了一家理发店。自从理发店开业后，为吸引顾客，他们经常用大功率音响放音乐，严重扰乱了左邻右舍的正常生活。同单元5层的一位业主最近刚刚生完孩子，更是无法忍受吵吵嚷嚷的环境。不仅如此，理发店到晚上12点才关门，为小区带来了安全隐患。"家是安静的港湾，怎么能允许理发店进小区？"业主对此强烈不满，在与理发店协商未果的情况下，只得找到物业公司，让物业公司出面协调。物业公司劝说了几次，刚开始理发店不再播放音乐，可是没过几天，又开始放音乐。其他业主搬出《临时管理规约》要求物业公司根据"业主、物业使用人违反法律法规或本规约规定，侵害他人合法权益的，物业服务企业有权要求其改正；业主、物业使用人拒不改正的，物业服务企业有权向人民法院提起诉讼"的约定，起诉102室的业主和店主非法经营，噪声扰民，赔偿相邻业主的损失。物业公司认为，其不应作为原告起诉，因为其已劝告店主，履行了相关职责，而《临时管理规约》仅对业主有效力。那么，物业公司是否也应当遵守《临时管理规约》的约定呢？临时管理规约对于物业公司的主要用途是什么？

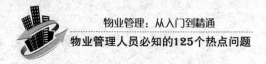

专家解答

临时管理规约是建设单位在销售物业之前制定的，其主要内容是对有关物业的使用、维护、管理，业主的共同利益，业主应当履行的义务，违反临时管理规约应当承担的责任等事项的约定。临时管理规约的效力及于建设单位、业主、物业使用人及物业服务企业。当然，涉及物业服务企业的条款相对较少。

管理规约与临时管理规约的相同点在于，所规定的内容大致相同，有物业项目"小宪法"之称；区别在于制定主体不同，临时管理规约由建设单位指定，管理规约是业主大会成立时业主表决通过而指定的，管理规约也可以做出相应修改。实践中，首次业主大会会议筹备组根据物业所在地房地产行政主管部门制定的示范文本制定管理规约，并提交业主大会会议表决，经专有部分占建筑物总面积过半数的业主且占总人数过半数的业主同意，管理规约即生效，对全体业主具有约束力。

本案中，物业公司请求法院判令业主承担恢复原状、停止侵害、排除妨害等相应民事责任，不仅具有法律依据，而且具有约定理由。按照最高人民法院的司法解释，物业公司对于业主违反法律、法规、管理规约的行为，有权诉请法院依法判决。小区《临时管理规约》也规定了"业主、物业使用人违反法律法规或本规约规定，侵害他人合法权益的，物业服务企业有权要求其改正；业主、物业使用人拒不改正的，物业服务企业有权向人民法院提起诉讼"。而小区 102 房间的业主将自己的房屋租给理发店进行经营的行为，属于住宅改商业用房，按照《物权法》规定，将住宅改为经营性用房，不得违反法律、法规以及管理规约。除此之外，102房间的业主将住宅改为经营性用房还应当经有利害关系的业主同意。102房间的业主未经有利害关系的业主同意，即将房屋租赁给他人当作理发店从事经营活动，还导致相关业主正常生活秩序被打乱，显然，这一行为违反了法律、法规以及管理规约。物业公司应当根据法律规定和相关约定，在劝说无效的情况下，起诉102房间业主和理发店。这不仅有利于维护其他业主的合法权益，还有利于物业公司正常地开展物业服务活动。

除了上述情况，对于业主欠缴物业服务费等侵害全体业主合法权益的行为，（临时）管理规约也可作出相应的违约责任约定。物业服务企业可据此维护其自身及小区业主的公共利益。

此外，应当注意，管理规约对全体业主具有约束力，包括通过二手房交易的新业主，也应遵守已经制定的管理规约，不能以其没有参与制定管理规约为由，否定管理规约对其具有约束力，但管理规约应当尊重社会公德，不得违反法律、法规或者损害社会公共利益，否则属于无效规定。

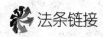 法条链接

《物权法》

第七十六条　下列事项由业主共同决定：

......

（二）制定和修改建筑物及其附属设施的管理规约；

......

决定前款第五项和第六项规定的事项，应当经专有部分占建筑物总面积三分之二以上的业主且占总人数三分之二以上的业主同意。决定前款其他事项，应当经专有部分占建筑物总面积过半数的业主且占总人数过半数的业主同意。

第七十七条 业主不得违反法律、法规以及管理规约，将住宅改变为经营性用房。业主将住宅改变为经营性用房的，除遵守法律、法规以及管理规约外，应当经有利害关系的业主同意。

《物业管理条例》

第十一条 下列事项由业主共同决定：

......

（二）制定和修改管理规约；

......

第十七条 管理规约应当对有关物业的使用、维护、管理，业主的共同利益，业主应当履行的义务，违反管理规约应当承担的责任等事项依法作出约定。

管理规约应当尊重社会公德，不得违反法律、法规或者损害社会公共利益。

管理规约对全体业主具有约束力。

第二十二条 建设单位应当在销售物业之前，制定临时管理规约，对有关物业的使用、维护、管理，业主的共同利益，业主应当履行的义务，违反临时管理规约应当承担的责任等事项依法作出约定。

建设单位制定的临时管理规约，不得侵害物业买受人的合法权益。

《最高人民法院关于审理物业服务纠纷案件具体应用法律若干问题的解释》

第四条 业主违反物业服务合同或者法律、法规、管理规约，实施妨害物业服务与管理的行为，物业服务企业请求业主承担恢复原状、停止侵害、排除妨害等相应民事责任的，人民法院应予支持。

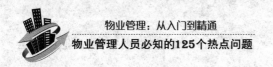

13. 什么是业主大会议事规则？

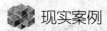 现实案例

北京市某小区经70%以上业主讨论通过了《××小区业主大会议事规则（表决稿)》，其中规定，"授权业主委员会采用邀请招标的方式选聘物业服务企业""授权业主委员会在物业服务合同到期或物业服务企业出现严重违约时终止物业服务合同"等。

属地监管业主大会和业主委员会的街道办事处认为，上述内容违反了法律、法规的规定，作出了撤销《××小区业主大会议事规则（表决稿)》的决定。

业委会不服街道办事处的决定，将其告上法庭，请求法院撤销街道办事处的决定。

法院经审理认为，街道办事处的决定有事实依据，符合法律、法规规定，驳回了业委会的诉讼请求。

专家解答

业主大会议事规则是全体业主关于业主大会组织架构与活动规范的约定，主要内容包括业主大会的议事方式、表决程序、业主委员会的组成和成员任期等事项。业主大会议事规则应当经业主大会会议表决，经专有部分占建筑物总面积过半数的业主且占总人数过半数的业主同意，对全体业主具有约束力。

本案中，关于业主委员会职权的约定，即选聘物业服务企业以及终止物业服务合同事项，按照《物权法》及《物业管理条例》，属于全体业主/业主大会权限范围内的事项，应当经专有部分占建筑物总面积过半数的业主且占总人数过半数的业主同意。由业主大会行使的专属权利授权由业主委员会行使，违反了法律法规的相关规定。

业主大会议事规则可以自主约定本物业项目相关事项，但必须以不违反法律法规的规定为前提。

因此，街道办事处的决定有事实和法律依据，应当驳回业主委员会的诉讼请求。

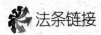 法条链接

《物权法》

第七十六条　下列事项由业主共同决定：

（一）制定和修改业主大会议事规则；

……

决定前款第五项和第六项规定的事项，应当经专有部分占建筑物总面积三分之二以上的业主且总人数三分之二以上的业主同意。决定前款其他事项，应当经专有部分占建筑物总面积过半数的业主且占

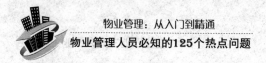

总人数过半数的业主同意。

第七十七条 业主不得违反法律、法规以及管理规约，将住宅改变为经营性用房。业主将住宅改变为经营性用房的，除遵守法律、法规以及管理规约外，应当经有利害关系的业主同意。

《物业管理条例》

第七条 业主在物业管理活动中，履行下列义务：

（一）遵守管理规约、业主大会议事规则；

……

第十一条 下列事项由业主共同决定：

（一）制定和修改业主大会议事规则；

……

第十三条 业主大会会议分为定期会议和临时会议。

业主大会定期会议应当按照业主大会议事规则的规定召开。经20%以上的业主提议，业主委员会应当组织召开业主大会临时会议。

第十八条 业主大会议事规则应当就业主大会的议事方式、表决程序、业主委员会的组成和成员任期等事项作出约定。

14. 什么时候可以召开业主大会会议？

 现实案例

老李是某小区的业主，自己虽然不是业主委员会成员，但丝毫没影响到他热衷小区公共事务，日常总爱到业委会办公室找人聊天，也时常提出一些意见和建议。近来，老李发现小区停车比较乱，便建议业委会将固定车位变成流动车位，缓解这一矛盾。业委会某委员告知他，这需要召开业主大会会议，但得等一等，没到开会的时候。老李有点不解，一定要等吗？

专家解答

按照《物业管理条例》的规定，业主大会会议分为定期会议和临时会议。业主大会定期会议应当按照业主大会议事规则的规定召开。经20%以上的业主提议，业主委员会应当组织召开业主大会临时会议。

同时，成立业主大会的小区都会制定本小区的《业主大会议事规则》，对于如何召开业主大会会议做出详细规定。

本案中，业委会委员所称业主大会会议还得等一等才能开，并不完全正确，其所指应当是指业主大会定期会议的情形，每年会在

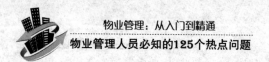
固定的时间召开。但是如果经20%以上的业主提议，可以召开业主大会临时会议，而不必等定期会议的会期。

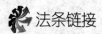

法条链接

《物业管理条例》

第十三条 业主大会会议分为定期会议和临时会议。

业主大会定期会议应当按照业主大会议事规则的规定召开。经20%以上的业主提议，业主委员会应当组织召开业主大会临时会议。

第十四条 召开业主大会会议，应当于会议召开15日以前通知全体业主。

住宅小区的业主大会会议，应当同时告知相关的居民委员会。

业主委员会应当做好业主大会会议记录。

二、前期物业管理

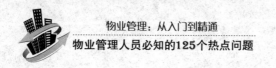

15. 物业公司开展物业管理服务必须取得资质证书吗？

 现实案例

2012 年，上海市某小区发生了多起入室盗窃案，有两家业主先后遭受了财产损失。业主们对物业公司的服务非常不满，并自发成立维权小组与物业公司理论，要求物业公司提供各类证照、公开近几年的账目。物业公司声称其是经过区工商局批准提供物业服务的合法企业，并提供了营业执照，但没有提供其他证明文件。业主认为这家物业公司可能存在问题，遂将其举报到区房管局。经查，该物业公司没有办理资质证书，涉嫌无资质经营，最终该物业公司被处以 5 万元罚款。从事物业服务的公司取得营业执照后，还必须取得资质证书吗？

专家解答

按照国家法规要求，从事物业管理活动的企业除了应当具有独立法人资格外，还应具备从事物业管理活动的资质。新设立的物业服务企业应当在领取营业执照之日起 30 日内向相关房地产主管部

门申请资质。取得资质之后，物业服务企业才可从事经营活动。因此，仅仅取得营业执照还不能从事物业管理经营活动。

但是，自 2017 年 1 月 12 日起，国家关于物业服务企业资质出台了最新政策。

2017 年 1 月 12 日，国务院发布《关于第三批取消中央指定地方实施行政许可事项的决定》（国发〔2017〕7 号），取消物业服务企业二级及以下资质认定。同时规定，取消审批后，住房城乡建设部要研究制定物业服务标准规范，通过建立黑名单制度、信息公开、推动行业自律等方式，加强事中事后监管。

2018 年 3 月 8 日，《住房城乡建设部关于废止〈物业服务企业资质管理办法〉的决定》发布。

综上，以 2017 年 1 月 12 日为起算点，此后从事物业服务的物业服务企业取得营业执照后，无须再取得资质证书。

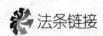 法条链接

《物业管理条例》

第三十二条　从事物业管理活动的企业应当具有独立的法人资格。

国家对从事物业管理活动的企业实行资质管理制度。具体办法由国务院建设行政主管部门制定。

第六十条　违反本条例的规定，未取得资质证书从事物业管理的，

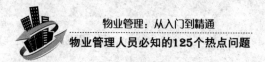

由县级以上地方人民政府房地产行政主管部门没收违法所得，并处 5 万元以上 20 万元以下的罚款；给业主造成损失的，依法承担赔偿责任。

16. 物业公司如何取得前期物业管理权?

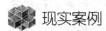 现实案例

　　某物业公司新成立不久,急需拓展业务。为尽快熟悉物业管理业务,有针对性地提供物业服务,该物业公司打算从前期物业管理入手,在物业项目可行性研究阶段或物业项目施工阶段介入,最迟在物业项目工程结束、准备竣工阶段介入。但是,该物业公司对于如何取得前期物业管理的资格并不清楚。那么,该物业公司通过何种途径才能获得前期物业管理权呢?

专家解答

　　对于前期物业管理服务,物业公司大致可以通过两种途径取得管理和服务的资格:第一种是投标,第二种是协议。

　　对于住宅物业项目,国家规定建设单位必须通过招投标的方式选聘具有相应资质的物业服务企业。对于住宅物业项目前期物业管理权的取得,国家是有强制性规定的。物业公司如果想取得住宅项目的物业管理权,就必须根据建设单位发布的招标公告进行投标,才有机会取得相应的管理和服务的资格。当然,其他类物业项目,国家虽然不作强制要求,建设单位亦可通过招投标方式选聘物业服

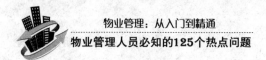

务企业。物业公司作为投标人参与投标时，应当按照建设单位招标文件的内容和要求编制投标文件，投标文件应当对招标文件提出的实质性要求和条件作出响应。投标文件一般包括投标函、投标报价、物业管理方案及招标文件要求提供的其他材料等内容。物业公司中标后，与建设单位按照招投标文件订立书面物业管理委托合同即可。

对于非住宅类物业项目，如商业、办公、工业、医院、学校等，建设单位可以通过协议选聘的方式，选择相应资质的物业服务企业提供服务。还有一种特殊情况，就是住宅物业项目，通过招投标方式选聘企业但投标人少于3个或者住宅规模较小的，经物业所在地的区、县人民政府房地产行政主管部门批准，可以采用协议方式选聘具有相应资质的物业服务企业。因此，以上两大类物业项目可以通过协议方式选聘物业服务企业。双方经协商，对物业管理事项、服务质量、服务费用、双方的权利义务、物业管理用房、合同期限、违约责任等内容达成一致后，通过订立前期物业服务合同的形式进行约定即可。

法条链接

《物业管理条例》

第二十一条 在业主、业主大会选聘物业服务企业之前，建设单位选聘物业服务企业的，应当签订书面的前期物业服务合同。

第二十四条 国家提倡建设单位按照房地产开发与物业管理相分离的原则，通过招投标的方式选聘具有相应资质的物业服务企业。

住宅物业的建设单位，应当通过招投标的方式选聘具有相应资质的物业服务企业；投标人少于3个或者住宅规模较小的，经物业所在地的区、县人民政府房地产行政主管部门批准，可以采用协议方式选聘具有相应资质的物业服务企业。

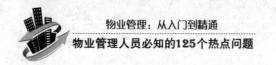

17. 物业公司在与建设单位签订前期物业服务合同时，应当如何约定合同期限？

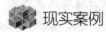 现实案例

　　某商品房小区，自2010年2月开始入住业主。业主在买房时，除了与开发商签订了商品房销售合同外，还同时签订了前期物业服务合同，约定由南京某物业管理有限公司提供前期物业服务，合同期限为3年。2011年10月，小区业主委员会成立。业委会成立后，组织业主召开了业主大会会议，决定解聘前期物业管理公司南京某物业管理有限公司，同时选聘了北京当地的一家物业公司。业主大会作出决议后，向南京某物业管理有限公司发函，要求其于2011年11月1日正式退出小区，并与业委会进行交接。南京某物业管理有限公司对此提出异议，认为前期物业服务合同中约定管理期限至2013年1月31日终止，现在还不能解除合同，遂不同意退出小区。本案中，南京某物业管理有限公司应否退出小区呢？物业公司在与建设单位签订前期物业服务合同时，应当如何约定合同期限？

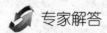 专家解答

　　按照《物业管理条例》第二十六条："前期物业服务合同可以

约定期限；但是，期限未满、业主委员会与物业服务企业签订的物业服务合同生效的，前期物业服务合同终止。"因此，业主委员会与物业服务企业签订的物业服务合同生效的，前期物业服务合同终止。本案中，小区业主委员会组织业主召开了业主大会会议，并已作出关于解聘前期物业管理单位南京某物业管理有限公司，同时选聘北京当地的一家物业公司的决议。因此，业主委员会与新物业公司之间的物业服务合同生效时，开发商与南京某物业管理有限公司之间签订的前期物业服务合同关系即行终止。物业服务合同的权利义务终止后，业主委员会请求前期物业服务企业退出物业服务区域、移交物业服务用房和相关设施，以及物业服务所必需的相关资料和由其代管的专项维修资金的，人民法院应予支持。因此，南京某物业管理有限公司应当于 2011 年 11 月 1 日退出小区，并与业主委员会进行物业项目交接。

物业公司在与开发商签订前期物业服务合同时，应当注意前期物业服务合同关于期限的特别规定。按照《物业管理条例》关于前期物业服务合同的规定，前期物业服务合同属于附终止期限的合同。此类合同，自期限届满时失效。物业公司如果希望签订一个固定期限合同，同时不希望出现如本案提前终止合同的结果，那么，在签合同时可以对此作出类似违约责任的约定。如果出现这种情况，开发商得补偿物业公司一定的损失。

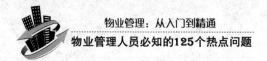

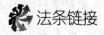

法条链接

《合同法》

第四十六条　当事人对合同的效力可以约定附期限。附生效期限的合同，自期限届至时生效。附终止期限的合同，自期限届满时失效。

《物业管理条例》

第二十六条　前期物业服务合同可以约定期限；但是，期限未满、业主委员会与物业服务企业签订的物业服务合同生效的，前期物业服务合同终止。

《最高人民法院关于审理物业服务纠纷案件具体应用法律若干问题的解释》

第十条第一款　物业服务合同的权利义务终止后，业主委员会请求物业服务企业退出物业服务区域、移交物业服务用房和相关设施，以及物业服务所必需的相关资料和由其代管的专项维修资金的，人民法院应予支持。

18. 建设单位与物业公司签订的《前期物业服务合同》对业主有约束力吗？

 现实案例

2009 年 5 月，某物业公司接受某小区开发商委托，作为小区的前期物业服务单位。赵某自 2009 年 7 月入住该小区起，从未交纳过物业费，物业公司曾多次打电话或发函催要，赵某无正当理由一直未支付物业费。物业是全体产权人的物业，物业公司不能因为赵某不交费而停止服务，因此赵某在欠费期间仍然享受了物业公司所提供的电梯、水泵、维修、保洁、保安等各项服务。2011 年 4 月，物业公司将赵某起诉到法院，要求赵某给付 2009 年 7 月 1 日至 2011 年 4 月 30 日所欠的物业费共计 3687.63 元，违约金 368.76 元，共计 4056.39 元；诉讼费由赵某负担；并要求赵某严格遵守公约，按时交费、履行业主义务。赵某辩称：双方因未签订任何物业服务合同，故并不存在物业合同关系；物业服务合同是物业公司与开发商之间签订的，未经其同意。而且，物业公司根本没有提供合格的物业服务：私自将绿地改停车位，私自出租 4 号楼地下室，绿化养护不管，电梯无保养和维修，经常关人、夹人，楼内卫生差等一系列问题。请求法院驳回物业公司的诉讼请求。本案中，赵某应否交纳物业公司提出的物业服务费呢？建设单位与前期物业公司签

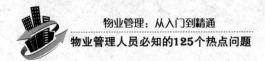

订的《前期物业服务合同》对业主有约束力吗？

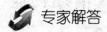 专家解答

　　物业管理涉及物业管理区域内全体业主的共同利益，而对新建小区来说，由于业主的入住是一个逐渐的过程。前期物业服务合同是在业主大会还未成立时，由建设单位和物业服务企业就物业的有关事项所达成的协议。合同的签订主体并非业主主要是因为小区在建设之初，面临着入住率低等现实情况，无法成立业主大会，不能行使选聘、管理等权利，所以由建设单位代为行使。因此，法规规定了由开发商选聘一家物业服务企业作为前期物业服务单位统一为整个物业项目服务。最高人民法院的司法解释明确规定，建设单位依法与物业服务企业签订的前期物业服务合同，对业主具有约束力。业主以其并非合同当事人为由提出抗辩的，人民法院不支持。

　　本案中，物业公司于 2009 年 5 月接受开发商委托对赵某所在小区进行物业管理，赵某也享受了物业服务，故赵某应交纳物业管理费。赵某以其与物业公司未签订物业管理合同为由不同意交纳物业管理费的辩称意见没有法律根据。

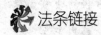 法条链接

《物业管理条例》

　　第二十五条　建设单位与物业买受人签订的买卖合同应当包含前

期物业服务合同约定的内容。

《最高人民法院关于审理物业服务纠纷案件具体应用法律若干问题的解释》

第一条　建设单位依法与物业服务企业签订的前期物业服务合同，以及业主委员会与业主大会依法选聘的物业服务企业签订的物业服务合同，对业主具有约束力。业主以其并非合同当事人为由提出抗辩的，人民法院不予支持。

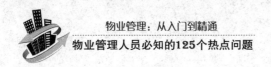

19. 建设单位是否有权更换前期物业服务企业？

 现实案例

　　某小区自 2007 年 9 月起开始入住。开发商通过招投标选定甲物业公司为前期物业服务企业，前期物业服务合同自 2007 年 9 月 10 日起至 2010 年 9 月 10 日止，期限为三年。业主王女士签订的购房合同中对前期物业服务作了以上约定。但 2008 年 1 月 2 日，乙物业公司经理找到王女士，声称其公司已接管该小区，并要求她交纳物业费。王女士予以拒绝，认为小区物业服务单位是甲物业公司，乙物业公司无权向业主收取物业费。乙物业公司辩称："甲物业公司不愿继续管理小区，开发商与甲物业公司已解除委托关系；我公司已正式与开发商签订委托管理合同，从现在起请您将物业服务费交给我公司。"业主王女士反驳说，截至 2008 年 1 月 1 日，90% 的小区业主已经全部入住，开发商虽在小区保留了部分产权，但仅是小区的业主之一，因此，开发商不具备再次选聘新物业公司的资格，无权自行更换物业公司，而只能由我们业主自己决定选聘新物业服务单位。另据了解，该小区至今未成立业主委员会。本案中，前期物业服企业已经确定后，开发商是否有权更换物业公司？

专家解答

开发商无权重新选聘物业服务企业。因为前期物业管理法律关系不是根据业主和物业服务企业之间签订的物业服务合同，而是根据开发商与物业服务企业签订的前期物业服务合同形成的。《物业管理条例》作出前期物业管理规定的在于解决业主共同意志缺失情况下的物业服务单位选聘问题。本案中，截至 2008 年 1 月 1 日，90%的小区业主已经全部入住，此时，开发商的身份仅是小区的一个业主而已，已大不同于项目开发之初或建设完成之时。此时，业主共同意志不再缺失。一个业主不能代替全体业主作出决策，况且，其他业主对开发商选聘乙物业公司作为新物业服务企业的决策并不知情。前期物业管理的真正内涵，在于前期物业管理仅仅存在于在业主、业主大会选聘物业服务企业之前的过渡时间。一旦业主大会成立或者全体业主选聘了物业服务企业，业主与物业服务企业之间签订的合同发生效力，就意味着前期物业管理阶段结束。换言之，只要业主有了自行选聘物业服务企业的条件，那么，这种选聘物业服务企业的权利就当然属于业主，而不属于任何其他个人或单位。从本质上说，前期物业管理阶段由开发商代为选聘物业服务企业，属于开发商的义务而不是权利。

本案中，首先，所有入住的业主所签收认可的前期物业服务合同中约定的前期物业管理单位是甲物业公司；其次，小区业主已入住90%，业主已经具备了自行选聘物业服务企业的条件。因此，不

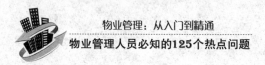

论何种原因导致已选定的甲物业公司不能继续提供物业服务而需另行选聘物业公司，都应当由业主共同决定。

由于该小区尚未成立业主委员会，可以通过召开临时业主大会会议的形式作出决定，即通过部分业主或地方人民政府有关部门组织召集业主行使共同决定权。

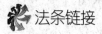 法条链接

《物权法》

第七十六条　下列事项由业主共同决定：

……

（四）选聘和解聘物业服务企业或者其他管理人；

……

决定前款第五项和第六项规定的事项，应当经专有部分占建筑物总面积三分之二以上的业主且占总人数三分之二以上的业主同意。决定前款其他事项，应当经专有部分占建筑物总面积过半数的业主且占总人数过半数的业主同意。

《物业管理条例》

第二十一条　在业主、业主大会选聘物业服务企业之前，建设单位选聘物业服务企业的，应当签订书面的前期物业服务合同。

20. 物业公司应当如何开展交接查验工作?

 现实案例

　　某小区先后有 A、B 两家物业公司提供物业服务。2010 年 8 月 16 日，小区业主委员会与 B 物业公司解除了物业服务合同。双方在街道办事处的协调下进行了档案资料交接，双方代表人在交接单上签了字。但业主委员会认为 B 物业公司不仅没有完全履行交接义务，未向业委会移交规划、水电等竣工图、会所竣工图、物业服务用房和相关设施，还损坏了小区的财产。小区路灯歪的歪，躺的躺，多处无灯泡，监控室设施要么无图像，要么模糊不清，失去了监控用途。健身器材部分不能使用。B 物业公司抗辩称，在其接管小区时，A 物业公司就没有向其移交物业管理资料，因此，B 物业公司也无法向业委会移交。另有一部分资料 A 物业公司移交给了业主委员会，而没有移交给 B 物业公司。小区目前有些设施是损坏的，但责任不应当完全由其承担，因为健身器材都是业主在使用过程中损坏的。那么，物业公司应当如何开展交接查验工作呢?

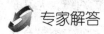 专家解答

　　从交接查验的范围来看，应该包括物业管理资料的移交和共用

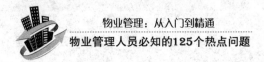

设施设备、相关场地等物业共用部分的查验交接。根据《物业管理条例》及《最高人民法院关于审理物业服务纠纷案件具体应用法律若干问题的解释》的规定，物业服务合同终止时，物业服务企业应当将物业管理用房和本条例第二十九条第一款规定的资料交还给业主委员会。《物业管理条例》第二十九条所列的资料包括：（1）竣工总平面图，单体建筑、结构、设备竣工图，配套设施、地下管网工程竣工图等竣工验收资料；（2）设施设备的安装、使用和维护保养等技术资料；（3）物业质量保修文件和物业使用说明文件；（4）物业管理所必需的其他资料。

本案中，业主委员会要求 B 物业公司向其移交相关物业管理相关资料，但 B 物业公司并非小区的第一任物业服务单位，其于接管小区提供物业服务时，曾接受哪些物业资料已难以证明。业主委员会如不能提供证据证明在 B 物业公司接管小区时接收的物业管理资料的内容，法院将无法支持其诉请。

物业共用部分的查验应当由业主委员会和 B 物业公司共同进行。对于查验出的小区路灯、监控室设施、健身器材等问题，如属 B 物业公司服务期间服务不到位造成的，则应由 B 物业公司承担损害赔偿责任。物业公司如能证明健身器材的损坏系由业主人为损坏，则在其提供相关证据后免除赔偿责任。

物业项目交接中，经常发生关于移交资料范围的纠纷，尤其是已经经历多家物业公司提供物业服务的小区，业主、业主委员会状告物业公司拒不移交相关资料的案件时有发生。因此，在物业项目交接问题上，物业公司从接管物业项目之时就应树立交接风险意识。合同到期或出现其他应当撤管物业项目的情况时，按照《物业管理条例》，物业公司有义务与业主委员会和下家物业公司做好交接工作。因此，为了以后能说明白自己接管小区时都接收了哪些档案资料，物业公司在接管时就应与移交方做好档案资料的承接查验，并进行记录，将查验时间、项目名称、查验范围、查验方法、存在问题、修复情况以及查验结论等内容作详细记录，并由各方签字确认。同时，物业公司应当加强档案资料的管理工作，谨防丢失或损坏。

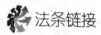 法条链接

《物业管理条例》

第二十九条　在办理物业承接验收手续时，建设单位应当向物业服务企业移交下列资料：

（一）竣工总平面图，单体建筑、结构、设备竣工图，配套设施、地下管网工程竣工图等竣工验收资料；

（二）设施设备的安装、使用和维护保养等技术资料；

（三）物业质量保修文件和物业使用说明文件；

（四）物业管理所必需的其他资料。

物业服务企业应当在前期物业服务合同终止时将上述资料移交给业主委员会。

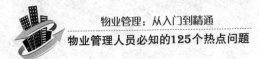
第三十条 建设单位应当按照规定在物业管理区域内配置必要的物业管理用房。

第三十七条 物业管理用房的所有权依法属于业主。未经业主大会同意，物业服务企业不得改变物业管理用房的用途。

第三十八条 物业服务合同终止时，物业服务企业应当将物业管理用房和本条例第二十九条第一款规定的资料交还给业主委员会。

物业服务合同终止时，业主大会选聘了新的物业服务企业的，物业服务企业之间应当做好交接工作。

《最高人民法院关于审理物业服务纠纷案件具体应用法律若干问题的解释》

第十条 物业服务合同的权利义务终止后，业主委员会请求物业服务企业退出物业服务区域、移交物业服务用房和相关设施，以及物业服务所必需的相关资料和由其代管的专项维修资金的，人民法院应予支持。

物业服务企业拒绝退出、移交，并以存在事实上的物业服务关系为由，请求业主支付物业服务合同权利义务终止后的物业费的，人民法院不予支持。

21. 物业公司承接查验时发现工程设备有质量问题怎么办？

 现实案例

　　某小区竣工后，开发商聘请了某物业管理公司作为前期物业管理单位。两年后，小区成立业主大会，选举产生业主委员会。不久，业主大会决定解聘前期物业管理单位。在交接查验中，业主委员会发现小区几处机动车车库不符合规划图纸要求，小区安防监控设备不能正常使用，小区绿地也不符合要求。因此，业主委员会要求物业公司解决好这些问题，才能办理交接手续。物业公司称，在其从开发商手中接管小区时，就存在上述问题，责任不在物业公司。本案中，物业公司的辩解理由是否成立？前期物业服务单位在承接查验时发现工程设备有质量问题怎么办？

专家解答

　　本案物业公司的辩解理由不能成立。物业服务企业在承接物业时，应当对物业共用部位、共用设施设备进行查验。如果发现属于建设单位的责任，则应采取相应的措施。而不能在退出小区，与业主委员会进行交接查验时，才将责任归咎于建设单位。

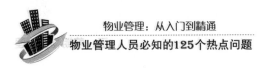

22. 建设单位对物业有何保修责任？

 现实案例

　　2009 年，李女士购买了一套两室一厅的商品房，房屋位于 1 号楼 2 单元的顶层。李女士拿到新房钥匙后，用了 2 个月的时间装修，装修完之后，一家人就入住新房了。可是，住了不到半年，李女士就发现屋顶漏水。李女士赶紧打电话给物业公司，要求其维修房顶。可得到的答复是，屋顶漏雨属于房屋质量问题，建议由建设单位解决。李女士又给建设单位打电话要求其帮助解决问题。但建设单位称，前期物业管理已全部委托给物业公司，并且向他们支付了相关维修费，应当由物业公司予以维修。本案中，李女士的房顶漏水问题应由谁解决呢？

　　专家解答

　　李女士的房顶漏水问题应当由建设单位解决。因为李女士刚入住不到 1 年，屋顶出现漏水属于物业保修责任。即建设单位对物业竣工验收后在保修期内出现不符合工程建筑强制性标准和合同约定的质量缺陷，应当保证修复。在正常使用条件下，屋面防水工程、有防水要求的卫生间、房间和外墙面的防渗漏的保修期为 5 年。显

然，李女士的屋面防水尚在保修期内，应当由建设单位承担保修责任。

本案中，应当正确区分物业保修责任和物业服务企业前期物业管理责任。（1）从责任主体来看，物业保修责任的主体是建设单位，前期物业管理责任的主体是前期物业服务企业。（2）从责任内容来看，物业保修责任的内容主要是法定的，保修范围有明确法律规定；保修范围包括地基基础工程、主体结构工程、屋面防水工程和其他土建工程，以及电气管线、上下水管线的安装工程，供热、供冷系统工程等项目。前期物业管理责任的内容主要是约定的，由前期物业服务合同进行约定。（3）从责任期限来看，根据不同的工程类别，物业保修责任期限有所不同。在正常使用条件下，基础设施工程、房屋建筑的地基基础工程和主体结构工程，为设计文件规定的该工程的合理使用年限；屋面防水工程、有防水要求的卫生间、房间和外墙面的防渗漏，为5年；供热与供冷系统，为2个采暖期、供冷期；电气管线、给排水管道、设备安装和装修工程，为2年。前期物业管理责任期限，由前期物业管理合同进行约定；但是，期限未满，业主委员会与物业服务企业签订的物业服务合同生效的，前期物业服务合同终止。

因此，业主在维权时应当辨别要维修的物业是否在保修期内，法定责任主体是谁，商品房销售合同及（前期）物业服务合同中的相关约定如何。

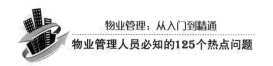

23. 物业管理服务包括哪些内容？

 现实案例

裴女士住在某高档商品房小区，物业公司按照7.9元/平方米·月的标准收取物业服务费。一天，家中的水龙头坏掉了，需要更换一个新的。裴女士就从商店买来一个新的水龙头，并打电话给物业公司，要求派维修人员上门服务。维修人员按照要求为裴女士更换了水龙头，维修结束后，工作人员要求裴女士支付5元的维修服务费。裴女士不解，"物业服务费我都交了，怎么还管我要钱？"维修人员回答说："帮您换水龙头不属于物业服务，而是特约维修服务。我们服务中心都已公示了服务事项和收费事项。请您配合。"本案中，裴女士应否交纳5元的维修服务费呢？物业管理服务的范围和基本内容都包括哪些？与特约维修服务有何区别？

专家解答

本案中的裴女士应当交纳5元的维修服务费。因为物业公司帮助业主更换户内的水龙头属于特约服务范围，而不属于物业服务范围。

物业服务，是指物业服务企业（前期物业管理阶段为建设单

25. 房屋空置

 现实案例

刘女士称，自己
公司却打电话让她……
物业公司应该根据……
费打一些折扣。"……
不享受物业公司提……
公司表示，业主即……
扫保洁、绿化维护……
全额收取。那么，……

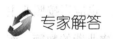 专家解答

空置房业主同……
不交或者减少交纳……

人们购买商品……
的"业主"，即"……
两个部分，一个部……
部分），另一个部……

位）按照其与业主签订的物业服务合同约定，对房屋及配套的设施设备和相关场地提供的维修、养护、管理服务，以及对物业管理区域内的环境卫生和相关秩序提供的维护服务。可见，物业服务的对象是物业的共用部位和物业共用设施设备及共用场地等，而不包括业主专有部分（业主户内部分）。物业服务收费也是根据物业服务合同约定的标准收取的。需补充说明的是，物业服务费标准有些特殊情况，如北京市的经济适用房小区就是按照0.55元/平方米·月的政府指导价收取。除此之外，均按照合同约定执行。

与物业服务不同，特约服务是为满足个别业主需求而单独提供的。比如，户内自用部位和设备（电灯、插座、水龙头、马桶等）的维修、更换，室内保洁、看护老人、儿童等。其收费标准需要接受服务的业主与物业公司单独另行约定，当然，也可一并附带写入物业服务合同中。物业公司应将各项服务明码标价，在物业管理区域内的显著位置，将服务内容、服务标准以及收费项目、收费标准等有关情况进行公示。

法条链接

《物业管理条例》

第二条 本条例所称物业管理，是指业主通过选聘物业服务企业，由业主和物业服务企业按照物业服务合同约定，对房屋及配套的设施设备和相关场地进行维修、养护、管理，维护物业管理区域内的环境

左栏（被裁切）：

专家

中国物

服务等级标

住房、房改

二级、三级

身物业服务

业服务合同

司双方具有

《普通住宅

公司发生纠

国家没有强

北京市

同样的，该

法条

《普通

北京市

26. 业主委员会收取物业服务费合法吗？

 现实案例

某小区于2005年12月组建了业主委员会并于2006年10月在主管部门备案。经业主大会决议，该小区从2007年1月起进行"自管"，业主向业主委员会交纳物业费，由业主委员会聘请专业人员提供物业服务。小区开发商拥有小区楼体地下一层及地上一层至三层的大部分物业，总建筑面积6090.02平方米。但开发商未向业主委员会交纳2007年度和2008年度的物业费。经催告后，开发商仍然拒绝交纳相关费用。业主委员会遂将开发商诉至法院，要求法院判令被告开发商支付上述物业费及利息。被告开发商辩称，本案不属于法院管辖范围，应当驳回起诉。此外，被告认为，原告业主委员会不具有物业服务资格，不能以物业服务企业标准收取费用，被告没有接受过原告的服务，且召开业主大会时没有通知开发商参加，相应决议应属无效，所以其没有义务交纳物业费。

法院经审理认为，本案属于法院管辖范围，被告开发商无法推翻某小区业主委员会从事物业服务的相关事实，且小区物业服务是多种服务的集合，开发商以其没有接受物业服务而拒交物业费，违反了业主应当承担的义务。同时法院认为，业主委员会物业费收取标准是合法的。法院还认为，某小区2007年和2008年在没有选聘

其他物业服务企业的情况下一直由小区业主委员会提供物业服务，这种事实上的物业服务关系决定了作为业主的开发商应当向服务提供者支付相应的服务费用，而不以业主大会或业主委员会的决议有效为前提。最后，法院判令被告开发商向原告小区业主委员会支付2007年和2008年的物业费及相应的利息。

专家解答

本案争议焦点有三：一是本案是否属于法院管辖范围？或者说某小区业主委员会是否有诉讼主体资格？二是业主委员会是否有资格收取物业费（自管小区的物业费收取问题）？三是业主大会相关决议的有效性是否影响被告履行交纳物业费义务？

（一）法院管辖权及业主委员会诉讼主体资格问题

《物权法》第七十八条第二款规定："业主大会或者业主委员会作出的决定侵害业主合法权益的，受侵害的业主可以请求人民法院予以撤销。"可见，业主委员会在特定情形下可以作为被告，具有诉讼主体资格。2003年8月20日，《最高人民法院关于金湖新村业主委员会是否具备民事诉讼主体资格请示一案的复函》中指出，根据《民事诉讼法》第四十九条、《最高人民法院关于适用〈中华人民共和国民事诉讼法〉若干问题的意见》第四十条的规定，金湖新村业主委员会符合"其他组织"条件，对房地产开发单位未向业主委员会移交住宅区规划图等资料、未提供配套公用设施、公用设

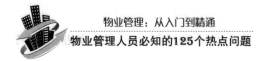
会作出决定所要求的投票比例要求。该次会议还就 2007 年实行 2.00 元/平方米·月的物业费收费标准及费用节余分配方式形成了决议。

被告开发商认为，业主大会没有通知开发商参加，相应决议应属无效。决议是否有效的标准在于这个决议是否符合法律和《业主大会议事规则》等规定或约定的程序和实体要件，而不一定以某一个业主是否参加投票为标准。

我们从上面提到的业主大会会议参加人数和投票结果可以认定被告的这种主张是不成立的。在被告没有相反证据证明业主大会决议无效的情况下，该次业主大会会议是合法有效的。

2. 业主交纳物业费的义务问题

我们还应当看到，即使小区业主大会决议是无效的，仍然不能认为被告开发商拒交物业费是正当的。因为业主交纳物业费的义务，一方面是基于物业服务合同的合同义务；另一方面也是更重要的一个方面，是基于法律规定，是一种法定义务。

从合同义务角度来看，某小区 2007 年和 2008 年在没有选聘其他物业服务企业的情况下一直由小区业主委员会提供物业服务。这种事实上的物业服务关系，已经使得原告与被告之间形成了一种服务合同关系。根据《北京市高级人民法院关于审理物业管理纠纷案件的意见（试行）》关于事实服务情况下业主应当交纳物业费的精神以及《合同法》有关规定，作为业主的开发商应当向服务提供者支付相应的服务费用，而不以业主大会或业主委员会的决议有效为前提。

从法定义务来看，《物权法》规定，业主对建筑物专有部分以外的共有部分，享有权利，承担义务；不得以放弃权利不履行义务。建筑物及其附属设施的费用分摊等事项，有约定的，按照约定；没有约定或者约定不明确的，按照业主专有部分占建筑物总面积的比例确定。《物业管理条例》明确规定，业主在物业管理活动中，负有按时交纳物业服务费用的义务。

因此，不论业主大会决议有效与否，被告开发商均无权拒交物业费。

综上所述，被告开发商应当向原告业主委员会支付 2007 年至 2008 年度物业费及利息。

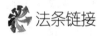 法条链接

《物权法》

第七十八条　业主大会或者业主委员会的决定，对业主具有约束力。

业主大会或者业主委员会作出的决定侵害业主合法权益的，受侵害的业主可以请求人民法院予以撤销。

《北京市高级人民法院关于审理物业管理纠纷案件的意见（试行）》（京高法发〔2003〕389 号）

三、关于诉讼主体

7. 业主委员会于下列情形下可作为原告参加诉讼，以其主要

分公司？

当事人在不违反法律、行政法规的强制性规定的情况下，出于真实意思表示签订的合同，应为有效合同。当事人应当依法履行合同义务。另外，根据《最高人民法院关于贯彻执行〈中华人民共和国民法通则〉若干问题的意见（试行）》规定，企业法人的分支机构不具有法人资格。分支机构以自己的名义对外签订的保证合同，一般应当认定无效。但因此产生的财产责任，分支机构如有偿付能力的，应当自行承担；如无偿付能力的，应由企业法人承担。而电梯公司与物业第一分公司签订的《电梯维修保养合同》系当事人真实意思表示，并不违反法律、行政法规的强制性规定，属有效合同。物业第一分公司系物业总公司的分支机构，物业总公司作为企业法人，应承担民事责任。

分公司虽有公司字样但并非真正意义上的公司，分公司是总公司管辖的分支机构，分公司不具有企业法人资格，其民事责任应由总公司承担。物业服务企业在处理相关业务时，应当掌握以下关于总公司与分公司的关系：

一、有限责任公司或股份有限公司设立的分公司不具有企业法人资格，其民事责任由该总公司承担。

二、依法设立的分公司可以作为民事诉讼的当事人，具有诉讼资格，另外分公司也具有独立的缔约能力。

三、提起诉讼时，可以直接把分公司与总公司列为共同被告要求他们承担责任。

 法条链接

《合同法》

第一百零九条 当事人一方未支付价款或者报酬的，对方可以要求其支付价款或者报酬。

《最高人民法院关于贯彻执行〈中华人民共和国民法通则〉若干问题的意见（试行）》

107. 不具有法人资格的企业法人的分支机构，以自己的名义对外签订的保证合同，一般应当认定无效。但因此产生的财产责任，分支机构如有偿付能力的，应当自行承担；如无偿付能力的，应由企业法人承担。

交；逾期仍不移交有关资料的，可对物业公司实施通报、罚款等行政措施。二、通过诉讼或者仲裁的方式，追究物业公司的相关责任。

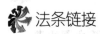 法条链接

《物业管理条例》

第二十九条 在办理物业承接验收手续时，建设单位应当向物业服务企业移交下列资料：

（一）竣工总平面图，单体建筑、结构、设备竣工图，配套设施、地下管网工程竣工图等竣工验收资料；

（二）设施设备的安装、使用和维护保养等技术资料；

（三）物业质量保修文件和物业使用说明文件；

（四）物业管理所必需的其他资料。

物业服务企业应当在前期物业服务合同终止时将上述资料移交给业主委员会。

第五十八条 违反本条例的规定，不移交有关资料的，由县级以上地方人民政府房地产行政主管部门责令限期改正；逾期仍不移交有关资料的，对建设单位、物业服务企业予以通报，处 1 万元以上 10 万元以下的罚款。

《北京市物业管理办法》

第十条第一款 业主共同决定解除前期物业服务合同的，建设单

位应当与全体业主进行物业共用部分查验交接，撤出物业管理区域，并移交下列资料：

（一）物业管理区域划分资料；

（二）建设用地规划许可证和建设工程规划许可证的附件、附图；

（三）竣工验收报告及竣工总平面图，单体建筑、结构、设备竣工图，配套设施、地下管网工程竣工图、消防验收等竣工验收资料；

（四）设施设备的出厂随机资料，安装、验收、使用、维护保养和定期检验等技术资料，运行、维护保养记录；

（五）物业质量保修文件和物业使用说明文件；

（六）业主名册；

（七）物业管理必需的其他资料。

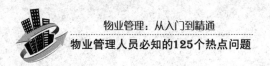
29. 老物业公司拒不撤出小区怎么办？

 现实案例

2009年7月1日，某商品房小区业主委员会（甲方）代表小区全体业主与北京某物业公司（乙方）签订物业服务合同，约定甲方委托乙方对小区进行物业服务，服务期限自2009年7月1日至2011年6月30日。合同第十条约定"甲乙双方中任何一方决定在服务期限届满后不再续约的，均应当在期满3个月前书面通知对方"，第十六条约定"本合同终止后，新的物业服务企业接管本物业前，应甲方的要求乙方应当暂时继续提供物业服务，一般不超过3个月，双方的权利义务继续按本合同执行"。2011年2月10日，业主委员会书面通知物业公司，"合同到期后将不再续签下一年度合同"，物业公司的工作人员签收了书面通知。而且，按照合同约定，在新的物业服务企业接管物业前，老物业公司应暂时继续提供3个月的物业服务。之后，业主委员会选聘出了新的物业服务企业，并要求原物业服务企业退出物业服务区域。经多次催促未果，业主委员会将原物业服务企业北京某物业公司诉至法院，请求法院判令被告退出小区，向原告移交物业服务用房和相关设施设备资料，本案诉讼费用由被告负担。物业公司辩称：原告起诉被告撤出小区所依据的解聘决议因违法而无效；业主委员会代表全体业主与

物业公司签合同，合同权利义务的行使应由全体业主承担；选聘与解聘物业公司应召开业主大会并经过占有总建筑面积一半以及全体业主人数的一半的双过半数业主的同意，方能通过；业主委员会没有提前召开业主大会，也没有以合法的方式征求业主的意见。因此，他们不同意退出小区。本案中，北京某物业公司应否退出小区呢？物业公司拒绝撤出小区怎么办？

专家解答

按照《物权法》第七十六条和《物业管理条例》第十一条、第十二条的规定，选聘和解聘物业服务企业由业主共同决定，应当经专有部分占建筑物总面积过半数的业主且占总人数过半数的业主同意。可见，业主委员会与北京某物业公司之间签订的物业服务合同的解除属于业主大会的职责范围，应由业主共同决定，应当经小区经专有部分占建筑物总面积过半数的业主且占总人数过半数的业主同意。但是应当注意，法律法规此处所表述的解聘物业服务企业一般仅指物业服务合同期内业主共同决定解聘物业服务企业。物业服务合同期满合同双方的权利义务关系自然终止的，并非真正意义上的业主共同决定解聘物业服务企业。本案中，业主委员会按照物业服务合同约定提前3个月通知物业公司退出物业服务区域，仅仅是履行了通知的义务，不应视为一种决定权。在物业服务合同的权利义务终止后，业主委员会请求老物业公司退出物业服务区域以及

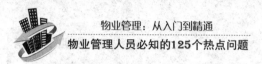

移交相关资料，依据《最高人民法院关于审理物业服务纠纷案件具体应用法律若干问题的解释》第十条的规定是合法的。因此，老物业公司在合同到期自然终止后，应当依约退出小区，并向小区业主委员会移交物业服务用房和相关设施，以及物业服务所必需的相关资料。

物业公司应当撤出小区而拒不撤出时，业主委员会可代表全体业主按照相关法律主张权利。此时，老物业公司将面临被处罚的风险。按照《北京市物业管理办法》《北京市物业项目交接管理办法》，物业服务合同届满情况下的项目交接，自物业服务合同期限届满之日起 60 日内，物业服务企业应当与全体业主完成交接，并撤出物业管理区域。按照《北京市物业管理办法》第四十三条第二款的规定："……原物业服务企业局部拒不撤出物业管理区域的，由区县房屋行政主管部门责令限期撤出；逾期不撤出的，可处 10 万元罚款……"因此，老物业公司如果始终坚持不撤出小区，则极有可能面临被处罚的后果。对此，物业服务企业应当有充分认识。

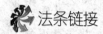法条链接

《物权法》

第七十六条 下列事项由业主共同决定：

（一）制定和修改业主大会议事规则；

（二）制定和修改建筑物及其附属设施的管理规约；

（三）选举业主委员会或者更换业主委员会成员；

（四）选聘和解聘物业服务企业或者其他管理人；

（五）筹集和使用建筑物及其附属设施的维修资金；

（六）改建、重建建筑物及其附属设施；

（七）有关共有和共同管理权利的其他重大事项。

决定前款第五项和第六项规定的事项，应当经专有部分占建筑物总面积三分之二以上的业主且占总人数三分之二以上的业主同意。决定前款其他事项，应当经专有部分占建筑物总面积过半数的业主且占总人数过半数的业主同意。

《合同法》

第九十一条 有下列情形之一的，合同的权利义务终止：

（一）债务已经按照约定履行；

（二）合同解除；

……

《最高人民法院关于审理物业服务纠纷案件具体应用法律若干问题的解释》

第一条 建设单位依法与物业服务企业签订的前期物业服务合同，以及业主委员会与业主大会依法选聘的物业服务企业签订的物业服务合同，对业主具有约束力。业主以其并非合同当事人为由提出抗辩的，人民法院不予支持。

第十条第一款 物业服务合同的权利义务终止后，业主委员会请求物业服务企业退出物业服务区域、移交物业服务用房和相关设施，

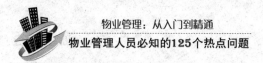

以及物业服务所必需的相关资料和由其代管的专项维修资金的，人民法院应予支持。

《北京市物业管理办法》

第四十三条 违反本办法第二十七条规定，原物业服务企业未按规定交接的，由区县房屋行政主管部门责令限期交接；逾期不交接的，可处3万元罚款。

违反本办法第二十七条规定，原物业服务企业拒不撤出物业管理区域的，由区县房屋行政主管部门责令限期撤出；逾期不撤出的，可处10万元罚款；不能维持正常物业管理秩序的，由区县人民政府责成区县房屋行政主管部门、物业所在地街道办事处、乡镇人民政府及公安机关组织接管。

……

30. 什么是事实物业服务？

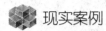 现实案例

2006 年，某小区竣工验收后，开发商委托北京某物业管理公司为该小区提供前期物业管理服务，管理期限为两年，自 2006 年 12 月 31 日起至 2008 年 12 月 31 日止。前期物业服务合同期间，小区未成立业主委员会。合同到期后，对下一步的物业管理服务，开发商和小区业主都未提出意见。物业公司继续为该小区提供物业服务至今，物业公司按照 0.6 元/平方米·月的原收费标准收取物业服务费。大部分业主交纳了物业服务费，但有少部分业主经催告仍不缴纳。物业公司于 2010 年 4 月 2 日起诉了李先生等 3 户业主。李先生答辩称：《前期物业服务合同》期限为 2 年，合同到期后，双方未就是否继续履行合同达成一致意见，也未签订新的协议，在此种情况下，物业公司应及时撤离物业管理现场，而不应继续在无任何合同约束的情况下进行所谓的物业管理工作，因此，对于物业公司要求确认的物业管理费中，2008 年 12 月 31 日之后的部分，因无任何的法律和合同依据，不予认可。本案中，业主李先生应否向物业公司交纳物业服务费？

专家解答

本案属于事实物业服务合同纠纷。事实服务合同并非法律专业

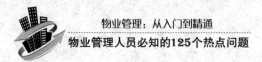

术语，一般是指，在没有书面物业服务合同或者书面物业服务合同到期后，物业服务企业继续向业主提供物业服务，在业主与物业服务企业之间形成的一种事实上的债权债务关系。物业服务企业在事实上提供了物业服务的，业主应当依法交纳物业服务费，业主仅以没有物业服务合同而拒付物业服务费的抗辩理由不能成立。

小区开发商与北京某物业管理公司签订的前期物业服务合同，是双方当事人的真实意思表示，未违反法律法规的强制性规定，合同应为合法有效。合同签订后，物业公司应依约定提供物业服务，业主李先生应依约定支付物业费，合同到期后，李先生等业主、开发商均未就以后的物业服务签订合同，亦未解除合同，根据《北京市高级人民法院关于审理物业管理纠纷案件的意见（试行）》第十五条第二款规定，物业服务合同到期后，双方没有解除合同并继续履行合同的，视为合同自动延续，且物业公司在合同到期后至今，一直为李先生在内的业主提供物业服务，因此李先生应当向物业公司支付物业服务合同到期后的物业费。

法条链接

《最高人民法院关于审理物业服务纠纷案件具体应用法律若干问题的解释》

第五条第一款　物业服务企业违反物业服务合同约定或者法律、法规、部门规章规定，擅自扩大收费范围、提高收费标准或者重复收费，业主以违规收费为由提出抗辩的，人民法院应予支持。

《北京市高级人民法院关于审理物业管理纠纷案件的意见（试行）》

第十五条第二款 物业服务合同到期后，双方没有解除合同并继续履行合同的，视为合同自动延续。

《北京市物业管理办法》

第二十六条 物业服务企业未与业主签订书面物业服务合同，但事实上提供了物业服务，并履行了告知义务的，物业服务企业有权要求业主履行相关义务。

业主共同决定不再接受物业服务的，物业服务企业不得强行提供物业服务，不得以事实服务为由向业主收取物业服务费用。物业服务企业决定不再提供物业服务的，应当提前三个月告知业主。

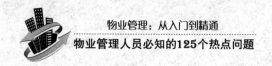
31. 物业公司是否可以将物业管理的专项服务委托给专业公司？

现实案例

北京某物业公司是国家最早一批成立的物业公司，业绩显著，深受业主好评。某小区拟新选聘一家物业公司，上述物业公司成为首选对象。经谈判，业主大会形成决议，同意该公司为小区提供物业服务，服务期限为两年。该物业公司进驻接管小区后，业主反映普遍较好。某天，业主委员会主任发现在门口站岗的保安着装为"北京保安"。经询问，小区保安系"北京某保安服务公司"的员工，保安公司接受物业公司委托后前来提供保安服务。业主委员会主任找到物业公司的负责人后被告知，"为节约成本，物业公司已将小区内的秩序维护服务全部委托给了北京某保安服务公司"。业主委员会主任认为物业公司的这种行为十分不负责任，要求物业公司立即改正错误行为，"本来基于对物业公司的信任，才选聘其作为服务单位，该公司却将服务转包给其他公司"。本案中，物业公司是否有权将公共秩序维护转委托给保安服务公司？物业公司能否将物业管理的专项服务委托专业公司呢？

专家解答

北京某物业公司接受业主的委托为小区提供物业服务之后，即在业主与物业公司之间形成了委托与受委托的法律关系。全体业主是委托人，物业公司是受托人。按照《合同法》的规定，受托人应当亲自处理委托事务。经委托人同意，受托人可以转委托。如果转委托未经同意，受托人应当对转委托的第三人的行为承担责任。同时，《物业管理条例》也规定了物业公司可将专项服务委托给专业性服务企业。实践中，物业公司将专项服务外包的情况比较常见，主要表现在秩序维护（保安）、保洁、绿化等专项服务领域。

本案中，物业公司可以将公共秩序维护服务委托给保安服务公司。但是，如果物业公司需要外包专项服务，他们在与业主签订物业服务合同时，就应当进行专门约定，并且将该项服务过程中业主、物业公司、专业性服务企业的相关权利义务约定明确。未经事先约定，物业公司将专项服务委托给专业性服务企业并不为法律所禁止，但物业公司应当对专业性服务企业的行为承担责任。

法条链接

《物业管理条例》

第三十九条 物业服务企业可以将物业管理区域内的专项服务业务委托给专业性服务企业，但不得将该区域内的全部物业管理一并委

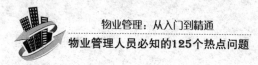

托给他人。

《合同法》

第四百条 受托人应当亲自处理委托事务。经委托人同意，受托人可以转委托。转委托经同意的，委托人可以就委托事务直接指示转委托的第三人，受托人仅就第三人的选任及其对第三人的指示承担责任。转委托未经同意的，受托人应当对转委托的第三人的行为承担责任，但在紧急情况下受托人为维护委托人的利益需要转委托的除外。

32. 物业公司之间能否转包物业服务项目？

 现实案例

兰州某商品房小区共有电梯30余部，目前因失修、年检不合格等原因有11部电梯已经关停了，其余多部电梯也仍在"带病"运行中。而大面积关停电梯已至少有两个月时间，部分电梯关停已大半年之久，这给多数业主出行及日常工作、生活带来极大的不便。而在此之前，小区也频频发生坠梯等事故，多位业主都有过类似遭遇。

据业主委员会调查，在该小区管理混乱的背后，是物业管理服务的不到位和严重违规。该小区原本由A物业公司进行管理，而在2006年，A物业公司将物业管理服务全部转包给了B物业公司。在转包以后，A、B两家物业公司对B物业公司收取的物业管理费以及小区其他收入进行利润分成。而这种转包行为成了业主和物业公司争议的焦点，因为这直接压缩了真正服务于小区的物业公司的利润空间，导致服务质量下降。业主委员会将该情况反映到了政府相关部门，请求依法处理物业公司。本案中，A、B两家物业公司是否存在违规行为呢？物业公司之间能否转包物业管理服务业务呢？

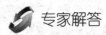 专家解答

物业服务企业可以将物业管理区域内的专项服务业务委托给专

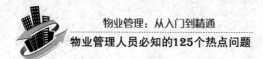

业性服务企业，但不允许物业服务企业将该区域内的全部物业管理一并委托给他人。通俗地说，可以分包，不得转包。最高人民法院的司法解释规定，业主委员会或者业主请求确认"物业服务企业将物业服务区域内的全部物业服务业务一并委托他人而签订的委托合同"无效的，人民法院应予支持。而且，"分包"一般是指物业服务企业将专项服务业务委托给专业性服务企业，而不是委托给另外一家物业服务企业。此外，《物业管理条例》还规定，一个物业管理区域只能由一个物业服务企业实施物业管理。

本案中，A物业公司将物业管理服务全部转包给了B物业公司，已经违反了物业服务企业"不得将该区域内的全部物业管理一并委托给他人"的规定。更为严重的是，A、B两家物业公司在签订转包合同后，又达成将B物业公司收取的物业管理费以及小区其他收入进行利润分成的约定，这必然会导致B物业公司服务质量的下降，引发本案纠纷。

综上，A、B两家物业公司的行为是违法的。物业公司之间不得转包物业管理服务业务。

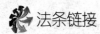 **法条链接**

《物权法》

第八十二条 物业服务企业或者其他管理人根据业主的委托管理建筑区划内的建筑物及其附属设施，并接受业主的监督。

《物业管理条例》

第三十三条 一个物业管理区域由一个物业服务企业实施物业管理。

第三十九条 物业服务企业可以将物业管理区域内的专项服务业务委托给专业性服务企业，但不得将该区域内的全部物业管理一并委托给他人。

《最高人民法院关于审理物业服务纠纷案件具体应用法律若干问题的解释》

第二条 符合下列情形之一，业主委员会或者业主请求确认合同或者合同相关条款无效的，人民法院应予支持：

（一）物业服务企业将物业服务区域内的全部物业服务业务一并委托他人而签订的委托合同；

（二）物业服务合同中免除物业服务企业责任、加重业主委员会或者业主责任、排除业主委员会或者业主主要权利的条款。

前款所称物业服务合同包括前期物业服务合同。

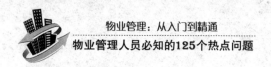
33. 物业服务合同尚未到期，业主委员会能否通过业主大会解除合同？

现实案例

北京某物业管理有限责任公司为北京市某住宅小区提供前期物业管理服务。小区业主委员会成立后不久，便把该物业公司解聘，并重新选聘了新的物业服务企业 W 物业管理公司，双方在物业服务合同第五条约定，"物业服务范围包括小区内保安、保洁、供水、供电、供暖、地下车库等服务管理。"合同第十二条约定，"合同期限为三年，至 2008 年 10 月 31 日合同终止"。2007 年 6 月，业主委员会组织召开了业主大会会议，主要议题为是否同意解聘 W 物业管理公司，并通过公开招投标的形式选聘新的物业服务企业。业主委员会工作人员向小区内住户送达了书面征求意见函，投票结束后经统计，专有部分占建筑物总面积过半数的业主且总人数过半数的业主均投了赞成票。社区居委会全程参与了业主大会的监督指导工作。2007 年 8 月 19 日，业主委员会组织完成招标工作，并与中标的 H 物业公司签订了正式的《物业服务合同》，同时要求与 W 物业管理公司解除合同并做好物业移交的准备工作。但 W 物业管理公司拒绝了业主委员会提出的物业移交要求。业主委员会将其诉至法院，要求法院判令：1. 解除其与 W 物业管理公司的物业服务合同，并要求 W 物业公司立即从小区撤出；2. W 物业管理公司依据《物业管理条例》第二十九条规定的内容移交资料。

W 物业管理公司答辩称：业主委员会召开小区业主大会不合法，因为双方的物业服务合同约定了明确的期限，在期限未届满的情况下，业主委员会无端要求物业公司停止服务撤出小区不合法。双方也没有约定这种合同解除条件。因此，W 物业管理公司不同意撤出小区。W 物业管理公司不同意业主委员会的诉讼请求，请求法院予以驳回。

本案中，在物业服务合同期限尚未届满的情况下，业主委员会组织召开业主大会会议，通过解聘物业公司的决议，W 物业管理公司是否有义务与业委会解除合同并撤出小区呢？

专家解答

按照《合同法》规定，当事人应当遵循诚实信用原则，按照约定全面履行自己的义务。一般情况下，物业服务合同双方当事人也应当按照《合同法》的规定履行义务。但是，对于物业服务合同有特殊规定，即最高人民法院的司法解释规定，如果在业主大会按照法律规定的程序作出解聘物业服务企业的决定后，业主委员会就有权请求解除物业服务合同。换言之，即使物业服务合同尚未到期，如果业主大会通过了解聘物业服务企业的决议，那么，业主委员会就取得了物业服务合同解除权，从而可以要求物业公司撤出小区。这属于关于物业服务合同的法定解除权。

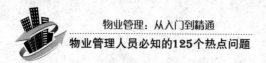

本案中，业主委员会与 W 物业管理公司签订的物业服务合同中的第十二条约定，"合同期限为三年，至 2008 年 10 月 31 日合同终止"。在 2007 年 6 月，业主委员会组织召开了业主大会会议，经专有部分占建筑物总面积过半数的业主且总人数过半数的业主同意解聘 W 物业管理公司，并通过公开招投标的形式选聘新的物业服务企业。业主大会的决议是符合《物权法》第七十六条规定的程序要求的。因此，业主委员会要求解除合同，并要求 W 物业管理公司做好物业移交的准备工作是符合规定的。当然，按照诚实信用原则，业主委员会应当履行必要的通知义务。

法条链接

《合同法》

第九十三条 当事人协商一致，可以解除合同。

当事人可以约定一方解除合同的条件。解除合同的条件成就时，解除权人可以解除合同。

第九十四条 有下列情形之一的，当事人可以解除合同：

（一）因不可抗力致使不能实现合同目的；

（二）在履行期限届满之前，当事人一方明确表示或者以自己的行为表明不履行主要债务；

（三）当事人一方迟延履行主要债务，经催告后在合理期限内仍未履行；

（四）当事人一方迟延履行债务或者有其他违约行为致使不能实

现合同目的；

（五）法律规定的其他情形。

《物权法》

第七十六条　下列事项由业主共同决定：

（一）制定和修改业主大会议事规则；

（二）制定和修改建筑物及其附属设施的管理规约；

（三）选举业主委员会或者更换业主委员会成员；

（四）选聘和解聘物业服务企业或者其他管理人；

（五）筹集和使用建筑物及其附属设施的维修资金；

（六）改建、重建建筑物及其附属设施；

（七）有关共有和共同管理权利的其他重大事项。

决定前款第五项和第六项规定的事项，应当经专有部分占建筑物总面积三分之二以上的业主且占总人数三分之二以上的业主同意。决定前款其他事项，应当经专有部分占建筑物总面积过半数的业主且占总人数过半数的业主同意。

《最高人民法院关于审理物业服务纠纷案件具体应用法律若干问题的解释》

第八条　业主大会按照物权法第七十六条规定的程序作出解聘物业服务企业的决定后，业主委员会请求解除物业服务合同的，人民法院应予支持。

物业服务企业向业主委员会提出物业费主张的，人民法院应当告知其向拖欠物业费的业主另行主张权利。

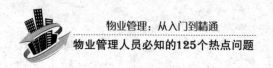

34. 业主委员会提前终止物业服务合同，物业公司能否追索违约金？

 现实案例

2010 年 7 月 29 日，朝阳区某商厦的业主委员会与物业公司签订《物业管理委托合同》，合同期限为 5 年。双方约定：若物业公司未能达到约定的管理目标，业主委员会有权要求对方限期整改，逾期未整改的，业主委员会有权终止合同；物业公司造成业主经济损失的，应进行赔偿。任何一方无正当理由提前终止合同的，应向对方支付 50 万元的违约金。

2011 年 9 月 25 日，朝阳区公安消防大队向物业公司发出责令限期整改书，认为该商厦存在火灾自动报警系统因损坏无法正常使用、一层店面占用疏散通道、楼梯间内火灾事故应急照明灯损坏且数量不足等消防隐患，要求物业公司于 10 月 30 日前整改。之后，消防大队对商厦进行复查，结果仍不合格。

截至 2012 年 3 月 31 日，物业公司管理期间，商厦拖欠水费、水费滞纳金等共计 10 多万元。同日，业主委员会在商厦内贴出一份有 100 多名业主签名的公告，决定解聘该物业公司，并通过法律手段追回其所欠的巨额水费。同年 5 月初，该物业公司不再对这个小区进行物业管理，并将商厦业主委员会告上法庭，要求其支付提

前解约的 50 万元违约金。终审法院经审理认为，业委会提前解聘物业公司并未违约，驳回了物业公司的诉讼请求。那么，业委会应否向物业公司支付 50 万元违约金呢？

专家解答

业委会与物业公司之间签订的《物业管理委托合同》已经明确约定了向对方支付违约金的条件，即"无正当理由提前终止合同"。言外之意是，如果有正当理由，即使提前终止合同也无须向对方支付违约金。本案中，业委会提前终止合同有无正当理由呢？在物业管理期间，物业公司对商厦消防设施、设备的维修、养护未能实现合同约定的要求，在消防部门通知其整改的期限内，仍未能完成整改。按照业委会与物业公司双方的约定，"若物业公司未能达到约定的管理目标，业委会有权要求对方限期整改，逾期未整改的，业委会有权终止合同"。可见，业委会终止物业管理委托合同有正当理由，符合合同约定。

此外，违约金在特定情况下可由法院或者仲裁机构决定免除。作为赔偿损失额预定的违约金，有推定损失发生的效力，因而如果没有损失发生，或者损益相抵触时，违约方又非故意违约，就可以免除违约责任。

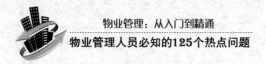
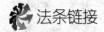法条链接

《合同法》

第一百零七条 当事人一方不履行合同义务或者履行合同义务不符合约定的，应当承担继续履行、采取补救措施或者赔偿损失等违约责任。

第一百一十四条 当事人可以约定一方违约时应当根据违约情况向对方支付一定数额的违约金，也可以约定因违约产生的损失赔偿额的计算方法。

约定的违约金低于造成的损失的，当事人可以请求人民法院或者仲裁机构予以增加；约定的违约金过分高于造成的损失的，当事人可以请求人民法院或者仲裁机构予以适当减少。

当事人就迟延履行约定违约金的，违约方支付违约金后，还应当履行债务。

35. 业主委员会与物业公司之间解除物业服务合同的协议有效吗?

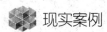 现实案例

2010 年 11 月，某住宅小区选举产生业主委员会，并在区街道办事处完成备案。业主委员会成立后，向物业公司申请 3 万元的活动经费，被物业公司拒绝。业主委员会主任对此极为不满，并于当晚召集业主委员会副主任及其他成员，讨论研究解聘物业公司。业主委员会 7 名成员当中，有 5 名赞成，有 1 名反对，还有 1 名委员弃权。最终，他们形成了解聘物业公司的"业主委员会决定（业委会〔2010〕1 号）"文件。第二天，业主委员会给物业公司发函，称"业委会已作出解聘你公司的决定，请你公司即日起撤出小区，并向业主委员会移交物业管理相关资料"。在函件的后面附了一份解除物业服务合同协议。物业公司接到业主委员会的函后，向业主委员会主任求证，业主委员会主任声称，"鉴于你公司不配合业委会的工作，我们才决定解聘你公司"。该物业公司认为他们无法再继续正常经营下去，就签署了关于解除物业服务合同的协议。5 天后，物业公司工作人员全部撤出小区。由于没有选聘出新的物业公司，老物业公司临走时还破坏了小区内的门禁、监控、水泵房、消防器材等设施设备，小区陷入了混乱。

本案中，业主委员会有权直接解聘物业公司吗？物业公司能否根据业主委员会的决定撤出小区？业主委员会与物业公司之间解除物业服务合同的协议有效吗？

专家解答

按照《物权法》和《物业管理条例》的规定，选聘和解聘物业服务企业或者其他管理人由业主共同决定，应当经专有部分占建筑物总面积过半数的业主且占总人数过半数的业主同意。就本案而言，即使解除物业服务合同是业主委员会与物业公司双方的真实意思表示，该协议亦属无效。因为是否同意与物业公司解除合同以及对解除合同后续事宜的处理，属于业主大会的职责范围，应当通过全体业主表决或授权业主委员会来行使相应权力。在无业主大会决定或授权的情况下，作为业主大会执行机构的业主委员会并无权代表业主大会决定解除合同。

业主委员会并不完全等同于整个小区或全体业主。说到底，业主委员会是一个执行机构，当它越权行使了权力机构的职权时，这个行为必然是不能生效的。如果业主委员会行使了本属于业主大会的权力，属于越权。如果物业公司根据无效的业主委员会决定而撤出小区，则属于擅自停止物业服务。

因此，未经业主大会授权，业主委员会与物业公司之间解除物业服务合同的协议是无效的。

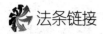 法条链接

《物权法》

第七十六条 下列事项由业主共同决定：

（一）制定和修改业主大会议事规则；

（二）制定和修改建筑物及其附属设施的管理规约；

（三）选举业主委员会或者更换业主委员会成员；

（四）选聘和解聘物业服务企业或者其他管理人；

（五）筹集和使用建筑物及其附属设施的维修资金；

（六）改建、重建建筑物及其附属设施；

（七）有关共有和共同管理权利的其他重大事项。

决定前款第五项和第六项规定的事项，应当经专有部分占建筑物总面积三分之二以上的业主且占总人数三分之二以上的业主同意。决定前款其他事项，应当经专有部分占建筑物总面积过半数的业主且占总人数过半数的业主同意。

《物业管理条例》

第十五条 业主委员会执行业主大会的决定事项，履行下列职责：

（一）召集业主大会会议，报告物业管理的实施情况；

（二）代表业主与业主大会选聘的物业服务企业签订物业服务合同；

（三）及时了解业主、物业使用人的意见和建议，监督和协助物业服务企业履行物业服务合同；

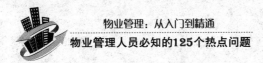
（四）监督管理规约的实施；

（五）业主大会赋予的其他职责。

《合同法》

第四十八条 行为人没有代理权、超越代理权或者代理权终止后以被代理人名义订立的合同，未经被代理人追认，对被代理人不发生效力，由行为人承担责任。

相对人可以催告被代理人在一个月内予以追认。被代理人未作表示的，视为拒绝追认。合同被追认之前，善意相对人有撤销的权利。撤销应当以通知的方式作出。

36. 质疑业主大会的解聘决议，物业公司如何告赢业主委员会？

 现实案例

2012 年 5 月，某住宅小区业委会在小区里贴出一张公告，罗列了物业公司的三大罪状：物业服务不到位、住宅专项维修资金收支账目不透明、部分公共收益未移交到业主委员会专用账户。因此，业主委员会打算提前解聘为小区服务的物业公司。5 月 28 日，业主委员会组织召开了业主大会，并达成户数和面积"双过半"的业主同意提前解聘物业公司的结果，在小区公告了解聘决议。但物业公司对业主大会决议的合法性提出了质疑。物业公司提出参加业主大会投票的业主只有数十人。对此，业主委员会称，小区共有业主620 户，但常住人口只有100 多户，有300 多户业主签订了授权委托书，委托业主委员会代为行使选聘和解聘物业的相关权利。但是，在法庭上，业主委员会未举证证明业主委员会主任等人确受他人委托，法院对这些人代他人行使投票的权利和行为不予认可。此外，部分业主的投票时间已超过投票截止时间、个别业主票数重复计算。法院最终认为，业主委员会提供的证据不足以证明投票结果达到"双过半"要求。法院遂作出判决：确认业主委员会做出的终止物业服务合同的决议无效。本案中，解聘物业公司的业主大会决

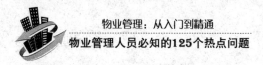

议有效吗？物业公司胜诉的关键何在？

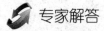 专家解答

本案的焦点问题在于，业主委员会是否通过合法程序解聘了物业公司。

业主大会决议是否合法有效取决于实体和程序两个方面。在实体方面，要看是否经过专有部分占建筑物总面积过半数且总人数过半数的业主同意。即表决权数是否符合法定的双过半数要求。如果达到了双过半数的要求，那么业主大会的决议在实体方面就不存在问题。在程序方面，应当履行会前通知义务、会议符合法定形式（包括集体讨论、书面征集意见）等。

本案中，业主委员会通过"集体讨论"加"书面征求意见"相混合的方式进行业主大会投票。其中，有10人左右通过现场投票，其他均通过书面征求意见的方式进行投票。但是，在投票主体上，业主委员会成员代业主投票，却无法提供合法的授权委托书，因此，这部分投票不能认定为合法有效。对于投票超过投票截止期限，以及重复投票的票数的亦不能算作合法投票。因此，业主委员会组织的解聘物业公司的业主大会作出的决议是无效的。

法律并不禁止委托投票。但是，应当注意委托授权方式。业主在委托投票时，建议出具书面授权委托书，载明委托人、受托人、房号及面积、具体的委托事项、委托时间及委托权限（应避免使用

"全权委托")。

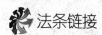 法条链接

《物权法》

第七十六条 下列事项由业主共同决定：

……

（四）选聘和解聘物业服务企业或者其他管理人；

……

决定前款第五项和第六项规定的事项，应当经专有部分占建筑物总面积三分之二以上的业主且占总人数三分之二以上的业主同意。决定前款其他事项，应当经专有部分占建筑物总面积过半数的业主且占总人数过半数的业主同意。

《物业管理条例》

第十二条 业主大会会议可以采用集体讨论的形式，也可以采用书面征求意见的形式；但是，应当有物业管理区域内专有部分占建筑物总面积过半数的业主且占总人数过半数的业主参加。

业主可以委托代理人参加业主大会会议。

……

《民法通则》

第六十三条 公民、法人可以通过代理人实施民事法律行为。

代理人在代理权限内，以被代理人的名义实施民事法律行为。被

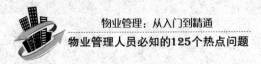

代理人对代理人的代理行为，承担民事责任。

依照法律规定或者按照双方当事人约定，应当由本人实施的民事法律行为，不得代理。

第六十五条 民事法律行为的委托代理，可以用书面形式，也可以用口头形式。法律规定用书面形式的，应当用书面形式。

书面委托代理的授权委托书应当载明代理人的姓名或者名称、代理事项、权限和期间，并由委托人签名或者盖章。

委托书授权不明的，被代理人应当向第三人承担民事责任，代理人负连带责任。

37. 业主养宠物扰民，物业公司该怎么办？

 现实案例

　　业主陈先生喜欢饲养各种小动物，家中养了两条狗、一只猫、两条蟒蛇、两条蜥蜴、五只鸟。陈先生家中角角落落都是小动物。不仅如此，他还经常将自己的一些动物放出来。遛狗是陈先生每天的必修课。由于他饲养的狗个头比较大，很多邻居见了都害怕，邻居为此多次找物业公司出面协调，但没有任何效果。由于陈先生的妻子怀孕，为避免寄生虫感染，他将猫笼子搬到了楼道，还每天定时将猫放出来"自由活动"，上下几层的楼道臭气熏天，很多同单元业主的门前都有猫的便溺，这引起了其他业主的强烈不满。更有甚者，陈先生养的一条蟒蛇，有一次从家里跑了出来，刚好被一个老太太碰见，老太太吓得被送进了医院。业主们再也无法忍受了，除了跟陈先生理论，他们还找到物业公司要求物业公司必须解决问题，否则，其他业主将拒绝交纳物业费。物业公司应当怎么办呢？

专家解答

　　饲养宠物属于业主的权利，但任何权利都是有限制的，如果饲养不当，违反了相关的法律、法规和相关约定，业主就要承担相应

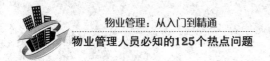

的责任。本案中，业主陈先生饲养动物，显然已经侵害了相邻业主的利益。其行为破坏了公共环境卫生、侵占共用部位损害了单元门内其他业主合法权益，甚至危害到他人身体健康，也严重影响了正常的物业管理秩序。

从法律规定层面来看，《物权法》规定，对违反规定饲养动物的行为，业主大会和业主委员会有权依照法律、法规以及管理规约，要求行为人停止侵害、消除危险、排除妨害、赔偿损失。《物业管理条例》规定，对物业管理区域内违反有关治安、环保、物业装饰装修和使用等方面法律、法规规定的行为，物业服务企业应当制止，并及时向有关行政管理部门报告。最高人民法院的司法解释规定，对于违反业主物业服务合同或者法律、法规、管理规约，实施妨害物业服务与管理的行为，物业服务企业向法院诉请判决业主承担恢复原状、停止侵害、排除妨害等相应民事责任的，人民法院将予支持。《侵权责任法》规定对饲养的动物造成他人损害的，动物饲养人或者管理人应当承担民事责任。

从相关约定层面来看，如果《物业服务合同》《临时管理规约》《管理规约》约定了不按照规定饲养动物的责任，相关业主应当承担相应责任。

对于本案，物业公司首先有义务劝阻业主陈先生，劝阻无效的，可按照上述法律规定及相关约定，起诉陈先生停止侵害、赔偿损失。此外，对陈先生侵害自己合法权益的行为，业主也有权依法向人民法院提起诉讼。

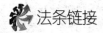 法条链接

《物权法》

第八十三条 业主应当遵守法律、法规以及管理规约。

业主大会和业主委员会，对任意弃置垃圾、排放污染物或者噪声、违反规定饲养动物、违章搭建、侵占通道、拒付物业费等损害他人合法权益的行为，有权依照法律、法规以及管理规约，要求行为人停止侵害、消除危险、排除妨害、赔偿损失。业主对侵害自己合法权益的行为，可以依法向人民法院提起诉讼。

《物业管理条例》

第十七条 管理规约应当对有关物业的使用、维护、管理，业主的共同利益，业主应当履行的义务，违反管理规约应当承担的责任等事项依法作出约定。

管理规约应当尊重社会公德，不得违反法律、法规或者损害社会公共利益。

管理规约对全体业主具有约束力。

第四十五条第一款 对物业管理区域内违反有关治安、环保、物业装饰装修和使用等方面法律、法规规定的行为，物业服务企业应当制止，并及时向有关行政管理部门报告。

《民法通则》

第一百二十七条 饲养的动物造成他人损害的，动物饲养人或者管理人应当承担民事责任；由于受害人的过错造成损害的，动物饲养

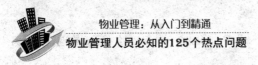

人或者管理人不承担民事责任；由于第三人的过错造成损害的，第三人应当承担民事责任。

《最高人民法院关于审理物业服务纠纷案件具体应用法律若干问题的解释》

第四条　业主违反物业服务合同或者法律、法规、管理规约，实施妨害物业服务与管理的行为，物业服务企业请求业主承担恢复原状、停止侵害、排除妨害等相应民事责任的，人民法院应予支持。

38. 宠物丢失，物业公司应赔偿业主吗？

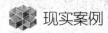 现实案例

业主刘女士花 1000 元买了只宠物狗。有一天，她准备出去散步，随身带着宠物狗。下楼后，刘女士突然想到忘记拿东西了就上楼去取。可等她下楼后，发现小狗不见了。刘女士当时找遍了整个小区，也没见到小狗的影子，她感觉小狗肯定是跑出去了。刘女士认为，小区门口有物业公司保安值班，如果小狗跑出去而保安没管，就是物业保安存在失职，物业公司就应该赔她一只宠物狗。物业公司李经理认为，物业公司有义务保护小区住户的财产安全，但小狗是个活体，本身就有活动能力，跑到哪里和物业公司无关。那么，物业公司应当赔偿业主刘女士的宠物狗吗？

专家解答

刘女士要求物业公司赔偿其丢失的宠物狗没有根据。宠物狗属于刘女士的个人财产，刘女士系狗的饲养人和管理人，对狗具有饲养、看管和保护的责任。宠物狗丢失的直接原因是刘女士疏忽大意，自己上楼却将狗放在楼下，过错在刘女士，而物业公司没有过错。按照侵权责任规则原则，行为人因过错侵害他人民事权益，应

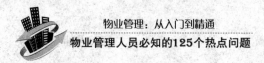

当承担侵权责任。物业公司无过错，所以不承担赔偿责任。

本案例如果延伸一下，丢失的狗将他人咬伤，那么承担责任的可能仍然是刘女士。因为按照《侵权责任法》的规定，遗弃、逃逸的动物在遗弃、逃逸期间造成他人损害的，由原动物饲养人或者管理人承担侵权责任。

法条链接

《侵权责任法》

第六条第一款　行为人因过错侵害他人民事权益，应当承担侵权责任。

第八十二条　遗弃、逃逸的动物在遗弃、逃逸期间造成他人损害的，由原动物饲养人或者管理人承担侵权责任。

第八十四条　饲养动物应当遵守法律，尊重社会公德，不得妨害他人生活。

39. 物业公司能对业主进行罚款吗？

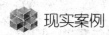 现实案例

　　为了保证小区物业的高品质，某高档商品房小区物业公司准备从源头上抓起，禁止业主私搭乱建、违反规定饲养宠物等行为，并制定了小区《日常行为管理制度》，对于违反制度要求的分别作出了不同数额罚款的规定。董女士在该小区购买了一套房子，装修时，将露天的阳台进行了封闭处理。物业公司发现后，对业主董女士作出了罚款 200 元的决定。董女士提出异议，表示不能接受，物业公司认为小区《日常行为管理制度》对所有的业主都是有效的，有私搭乱建行为就应当罚款 200 元。那么，物业公司有权对业主进行罚款吗？

专家解答

　　物业公司无权对业主进行罚款。按照《行政处罚法》的规定，罚款属于行政处罚的一种。而行政处罚必须遵循处罚法定原则，这包括法无明文规定不处罚，即行政处罚必须依据法律、法规，或者规章的规定。处罚权，只能由行政机关或司法机关或其他有处罚权的组织在其法定职权范围内行使。小区《日常行为管理制度》不属于"法"，当然不能作为对业主进行罚款的依据。而且，行政处罚

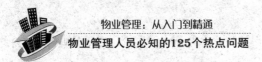
应当由行政机关或者行政机关委托的组织实施，物业公司作为一个企业法人，不属于行政机关，也不属于行政机关委托的组织。业主与物业公司之间是一种平等的合同关系，物业公司不能凌驾于业主之上设立处罚权。

当然，本案中，物业公司并非不能干预业主私搭乱建，但应当注意方式方法。首先，物业公司可以根据《物业管理条例》《住宅室内装饰装修管理办法》等的规定，报请有关行政管理部门处理；其次，物业公司也可以根据小区《管理规约》以及相关民事法律规定，通过诉讼途径追究业主的责任。

 法条链接

《行政处罚法》

第三条 公民、法人或者其他组织违反行政管理秩序的行为，应当给予行政处罚的，依照本法由法律、法规或者规章规定，并由行政机关依照本法规定的程序实施。

没有法定依据或者不遵守法定程序的，行政处罚无效。

第八条

行政处罚的种类：

……

（二）罚款；

……

《物业管理条例》

第四十五条 对物业管理区域内违反有关治安、环保、物业装饰装修和使用等方面法律、法规规定的行为，物业服务企业应当制止，并及时向有关行政管理部门报告。

有关行政管理部门在接到物业服务企业的报告后，应当依法对违法行为予以制止或者依法处理。

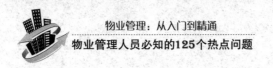
40. 物业管理与社区 O2O 是什么关系？

现实案例

武汉某物业公司成立于 2000 年，是国家一级资质物业服务企业。进入 2015 年，在新常态的形势下，该物业公司在社区 O2O 的道路上不断创新突破。2015 年 4 月，武汉首个万人社区 APP 在物业公司管理的项目上线，可以直接下载"小区 APP"，业主们发现，开门、报修、拼车等，都可通过手机实现。点击"报修"后，手机把需要维修的地方拍照，简单描述问题后提交，物业工作人员的手机上就会立即收到报修信息，系统设定工作人员须 15 分钟内回复。如果没有限时回复，该报修信息就会自动发送给物业负责人，工作人员也会受处罚。"小区 APP"是全免费的，其运营模式就是通过这些便民功能，增加"小区 APP"在业主中的使用率。APP 附有电商功能，可提供农产品、生活用品等交易，未来要做的是带动小区的电子商务，实现增值业务的回报。那么什么是社区 O2O？社区 O2O 与物业管理是一种什么关系？如何看待案例中的现象？

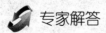

专家解答

所谓 O2O，就是 Online To Offline 的缩写，即"在线离线/线

上到线下"，是指将线下的商务机会与互联网结合，让互联网成为线下交易的平台。而社区O2O是指以互联网和一定社区为平台，社区内的资源和商务机会与互联网相结合，从而实现特定商业目的。

本案中，物业公司开发APP，也就是一个覆盖其管理小区的生活服务客户端，实现对管理服务流程的控制和优化，提高服务效率，未来通过APP附带的电商功能来带动小区的电子商务发展，如以后该小区业主通过这个APP就可以实现购买生活消费品、请人上门提供家政服务等，这样既方便了业主，物业公司也有机会从中获取一定经济利益。基于物业小区的社区O2O，无论是物业公司自营模式，还是物业公司嫁接到其他电商模式，最根本的条件是利用物业公司掌握的大量业主信息资源。

自从政府提出"互联网＋"概念后，"互联网＋"便如雨后春笋般诞生。很多电商、专业的物业公司、第三方服务公司也都跃跃欲试这些新的项目。本案中，物业公司的做法是一种有益尝试，如果实践证明确实提高了业主满意度，提升了物业服务水平，不妨继续尝试，并可在有条件的居住区进行推广。但开发一个APP绝非社区O2O的全部，物业公司也不可舍本逐末，如果一味地追求社区O2O开发过程中蕴藏的商业利益，而忽略了立足为业主提供专业物业管理和服务，那么不管什么模式的社区O2O都难以取得持续发展。

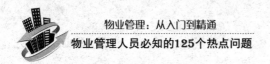
41. 什么是物业公司并购？

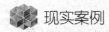
现实案例

C集团有限公司（以下简称C集团）是一家香港主板上市公司，主要业务是提供物业管理服务，工程服务，小区租赁、销售及其他服务。就收购K物业公司（以下简称K公司）一事，C集团于2015年6月19日发布公告称"协议所载完成的全部先决条件已获达成，其后，于2015年6月17日，已完成办理销售股份转让登记手续及获有关监管机构发出目标公司经修订营业执照。代价并无根据协议的条款及条件作出任何调整。因此，总代价人民币330000000元中，人民币266200000元已于2015年6月19日支付予卖方，余款63800000元由买方就中国税项预扣。卖方将于中国法律所规定时限内，向中国有关税务机构缴付有关预扣税。因此，收购已落实完成"。

据了解，2014年C集团新增服务面积中60%是通过收购得来，40%是新承接面积。C集团与K公司原有自然人股东达成协议后完成对K公司100%权益的收购。据悉，这是迄今为止国内物业管理行业出现的规模最大的一宗并购案例。那么什么是物业公司并购？这对物业公司有何影响？

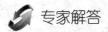 专家解答

并购（Mergers and Acquisitions, M&A）一般包括兼并和收购两种类型或含义。兼并和收购合在一起使用，统称为 M&A，在我国称为并购。兼并又称吸收合并，即不同企业合并成一体，指两家或者更多的独立企业合并组成一家企业，通常由一家占优势的公司吸收一家或者多家公司。收购指一家企业用现金或者有价证券购买另一家企业的股票或者资产，以获得对该企业的全部资产或者某项资产的所有权，或对该企业的控制权。并购主要包括资产收购、股权收购、吸收合并、新设合并。

本案例属于股权收购。在本案的并购交易中，买方 C 集团收购 K 公司 100% 的股权，并向 K 公司支付 3.3 亿元的对价。实际上，并购行为是企业法人行使产权的行为，是企业资本运作和经营的一种形式，在这个过程中，被并购方企业权利主体发生变换。C 集团收购 K 公司的股权后，C 集团成为 K 公司的唯一股东，C 集团取得了对 K 公司的控制权，K 公司原有股东丧失相应的经营权、收益权等权利。K 公司所管理的物业项目将全部由 C 集团进行管理。

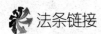 法条链接

《公司法》

第七十一条 有限责任公司的股东之间可以相互转让其全部或者

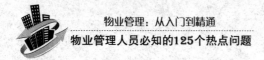
部分股权。

股东向股东以外的人转让股权，应当经其他股东过半数同意。股东应就其股权转让事项书面通知其他股东征求同意，其他股东自接到书面通知之日起满三十日未答复的，视为同意转让。其他股东半数以上不同意转让的，不同意的股东应当购买该转让的股权；不购买的，视为同意转让。

经股东同意转让的股权，在同等条件下，其他股东有优先购买权。两个以上股东主张行使优先购买权的，协商确定各自的购买比例；协商不成的，按照转让时各自的出资比例行使优先购买权。

公司章程对股权转让另有规定的，从其规定。

《证券法》

第八十五条 投资者可以采取要约收购、协议收购及其他合法方式收购上市公司。

第八十六条 通过证券交易所的证券交易，投资者持有或者通过协议、其他安排与他人共同持有一个上市公司已发行的股份达到百分之五时，应当在该事实发生之日起三日内，向国务院证券监督管理机构、证券交易所作出书面报告，通知该上市公司，并予公告；在上述期限内，不得再行买卖该上市公司的股票。

投资者持有或者通过协议、其他安排与他人共同持有一个上市公司已发行的股份达到百分之五后，其所持该上市公司已发行的股份比例每增加或者减少百分之五，应当依照前款规定进行报告和公告。在报告期限内和作出报告、公告后二日内，不得再行买卖该上市公司的股票。

四、物业服务收费

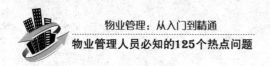
42. 物业服务费由哪些部分构成？

现实案例

某商品房小区于 2008 年建成并投入使用，开发商选聘了北京某物业公司作为前期物业管理单位。在前期物业服务合同中，对物业服务事项和收费标准作出了约定，合同第五条约定："物业公司提供的物业服务包括以下主要内容：负责本物业管理区域内共用部位的日常维修、养护和管理；负责本物业管理区域内共用设施设备的日常维修、养护、运行和管理；负责绿化和景观的养护和管理；负责清洁卫生服务；做好小区的安全防范工作；业主委员会交代的其他涉及物业管理的临时性工作。"第七条约定："本物业管理区域内的物业服务收费实行包干制，收费标准为：【住宅】2.8 元/平方米·月；【商业物业】5.6 元/平方米·月。"物业服务合同签订后，业主入住时按照约定交纳了一年的物业服务费。2009 年，物业公司开始收取下一年度的物业费，在收费时物业公司每平方米加收大、中修费 0.5 元，对此物业公司的解释是"大、中修费也是物业费的组成部分"。有的业主按照要求交纳了，也有部分业主提出异议。本案中，物业公司另外收取的费用合法吗？物业服务费到底由哪些部分构成？

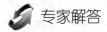 专家解答

物业服务费的组成因收费方式的不同而有所区别。实行包干制的物业服务费由三部分组成：物业服务成本、法定税费和物业管理企业的利润。实行酬金制的物业服务费组成为：管理服务人员的工资、社会保险和按规定提取的福利费等；物业共用部位、共用设施设备的日常运行、维护费用；物业管理区域清洁卫生费用；物业管理区域绿化养护费用；物业管理区域秩序维护费用；办公费用；物业管理企业固定资产折旧；物业共用部位、共用设施设备及公众责任保险费用；经业主同意的其他费用9部分。

在最终收取数额上，包干制完全根据物业服务合同的约定执行，而不论物业公司实际的收支情况、盈亏状况；实行酬金制的，物业公司仅是"预收"，实际费用发生后，实行"多退少补"。

本案中，物业服务收费实行包干制，住宅物业按照2.8元/平方米·月的标准收取，商业物业按照5.6元/平方米·月的标准收取。物业公司和业主均应按照约定的这个标准收取和交纳。物业公司提出加收大、中修费0.5元是没有根据的。大、中修费是在公共维修资金建立之前，为满足物业日后的维修养护而由业主按年交纳的费用。而国家在2007年出台了《住宅专项维修资金管理办法》，规定住宅专项维修资金用于物业共用部位和共用设施设备的维修、更新和改造。如果物业公司再次收取大、中修费，显然属于重复收费，业主可以拒绝交纳。

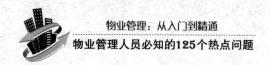
✴ 法条链接

《物业服务收费管理办法》

第九条第二款 包干制是指由业主向物业管理企业支付固定物业服务费用，盈余或者亏损均由物业管理企业享有或者承担的物业服务计费方式。

第十一条 实行物业服务费用包干制的，物业服务费用的构成包括物业服务成本、法定税费和物业管理企业的利润。

实行物业服务费用酬金制的，预收的物业服务资金包括物业服务支出和物业管理企业的酬金。

物业服务成本或者物业服务支出构成一般包括以下部分：

1. 管理服务人员的工资、社会保险和按规定提取的福利费等；

2. 物业共用部位、共用设施设备的日常运行、维护费用；

3. 物业管理区域清洁卫生费用；

4. 物业管理区域绿化养护费用；

5. 物业管理区域秩序维护费用；

6. 办公费用；

7. 物业管理企业固定资产折旧；

8. 物业共用部位、共用设施设备及公众责任保险费用；

9. 经业主同意的其他费用。

物业共用部位、共用设施设备的大修、中修和更新、改造费用，应当通过专项维修资金予以列支，不得计入物业服务支出或者物业服务成本。

《住宅专项维修资金管理办法》（建设部、财政部令第 165 号）

第二条第二款　本办法所称住宅专项维修资金，是指专项用于住宅共用部位、共用设施设备保修期满后的维修和更新、改造的资金。

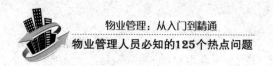

43. 物业服务收费定价方式有哪些?

 现实案例

郭女士在北京购买了一套商品房，按照物业服务合同约定，她需按照3.2元/平方米·月向物业公司交纳物业费。后来她得知，紧挨着她所在的小区也有一个住宅小区，物业费标准是0.55元/平方米·月。郭女士对此感到十分不满，她认为："都是住宅小区，而且从外观看，旁边的小区也不错。为什么我要比那个小区的业主多交纳好几倍的物业费?"据了解，旁边小区是经济适用房小区。那么，物业服务收费定价方式有哪些呢? 收费存有差距的原因何在?

专家解答

在我国，物业服务费的定价方式，曾有过政府定价、政府指导价和市场调节价三种。政府定价是指政府相关部门直接决定物业服务费的标准。此种方式早在2003年即已取消。目前，有效的定价方式有两种，即政府指导价和市场调节价。

政府指导价是指有定价权限的人民政府价格主管部门应当会同房地产行政主管部门根据物业管理服务等级标准等因素制定相应的

基准价及其浮动幅度，并定期公布的定价形式。具体的收费标准由业主与物业管理企业根据规定的基准价和浮动幅度在物业服务合同中约定。在北京，经济适用住房小区、危改回迁小区，在未成立业主大会前，物业服务收费实行政府指导价，即业主按照 0.55 元/平方米·月的标准交纳物业费。

市场调节价，是指由业主与物业服务企业在物业服务合同中约定物业服务收费标准的定价方式。这是一种双方合意决定价格高低的定价形式。因此，同为市场调节价，可能会有很大差别。其影响因素主要包括以下几方面：（1）物业服务事项的多寡。一般来说，服务项目多，成本就高，物业服务费标准相对也较高。（2）物业服务标准的高低。同样多的服务事项，服务标准高，物业服务收费标准也会较高。（3）物业本身的品质高低。同样是住宅小区，建筑质量较高，楼间距大，公共部分面积较大，物业服务费标准相对较高。（4）区位因素的影响。有的区位较热门，如在二环的房屋比远郊的房屋就相对较热门，同样该地区人工等成本也较高，物业服务费就会较高。（5）物业服务供求状况。一般而言，供过于求，价格就会下跌；供不应求，价格便会上涨。

本案中，相邻的两个住宅小区物业服务价格却相差很远，主要原因在于两个小区的物业服务费定价方式不同，经济适用房的物业费按照政府指导价收取；普通商品房物业费按照市场调节价由合同双方协商确定。

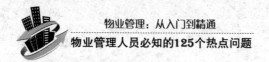

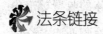 法条链接

《物业服务收费管理办法》

第六条　物业服务收费应当区分不同物业的性质和特点分别实行政府指导价和市场调节价。具体定价形式由省、自治区、直辖市人民政府价格主管部门会同房地产行政主管部门确定。

第七条　物业服务收费实行政府指导价的，有定价权限的人民政府价格主管部门应当会同房地产行政主管部门根据物业管理服务等级标准等因素，制定相应的基准价及其浮动幅度，并定期公布。具体收费标准由业主与物业管理企业根据规定的基准价和浮动幅度在物业服务合同中约定。

实行市场调节价的物业服务收费，由业主与物业管理企业在物业服务合同中约定。

《北京市物业服务收费管理办法（试行）》

第六条第一款　经济适用住房小区、危改回迁小区，在未成立业主大会前，物业服务收费实行政府指导价，执行经济适用住房小区物业服务收费政府指导价标准。

44. 什么是物业管理的酬金制?

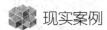 现实案例

　　李某在某小区物业公司从事卫生清洁工作，工作半年后，他发现公司经常出现拖欠工资的情况，李某找到公司领导要求按时发放工资。公司领导称，现在资金运转困难，还得等一段时间才能补齐拖欠的工资。李某遂将物业公司起诉到法院，要求解除劳动合同，补齐拖欠的工资，并赔偿经济损失。法院认定物业公司违反《劳动合同法》规定，未及时足额向李某支付劳动报酬，须承担经济补偿金。物业公司认为李某系为小区服务的，因此应当将经济补偿金这部分支出列入小区管理的成本。业主提出异议，认为小区物业管理实行酬金制收费方式，物业公司应当向李某承担的经济补偿金系物业公司管理不善造成的，不同意将这部分费用计入物业管理成本。那么，什么是物业管理的酬金制？经济补偿金应否计入物业管理成本呢？

专家解答

　　酬金制是指在预收的物业服务资金中按约定比例或者约定数额提取酬金支付给物业管理企业，其余全部用于物业服务合同约定的

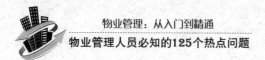
支出，结余或者不足均由业主享有或者承担的物业服务计费方式。实行物业服务费用酬金制的，预收的物业服务资金包括物业服务支出和物业管理企业的酬金。而物业服务支出一般包括以下部分：管理服务人员的工资、社会保险和按规定提取的福利费等；物业共用部位、共用设施设备的日常运行、维护费用；物业管理区域清洁卫生费用；物业管理区域绿化养护费用；物业管理区域秩序维护费用；办公费用；物业管理企业固定资产折旧；物业共用部位、共用设施设备及公众责任保险费用；经业主同意的其他费用。

本案中，由于物业公司未按时向员工李某支付劳动报酬，导致李某提出解除劳动合同，并要求经济补偿。显然，这部分经济补偿是由于物业公司自身管理问题造成的，过错在物业公司。从上述法律规定也可看出，除非业主同意，否则本案中的经济补偿不能列入物业服务支出，不应由业主承担，而只能由物业公司承担。

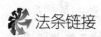 法条链接

《物业服务收费管理办法》

第九条第三款 酬金制是指在预收的物业服务资金中按约定比例或者约定数额提取酬金支付给物业管理企业，其余全部用于物业服务合同约定的支出，结余或者不足均由业主享有或者承担的物业服务计费方式。

第十一条第二款 第三款 实行物业服务费用酬金制的，预收的

物业服务资金包括物业服务支出和物业管理企业的酬金。

物业服务成本或者物业服务支出构成一般包括以下部分：

1. 管理服务人员的工资、社会保险和按规定提取的福利费等；

2. 物业共用部位、共用设施设备的日常运行、维护费用；

3. 物业管理区域清洁卫生费用；

4. 物业管理区域绿化养护费用；

5. 物业管理区域秩序维护费用；

6. 办公费用；

7. 物业管理企业固定资产折旧；

8. 物业共用部位、共用设施设备及公众责任保险费用；

9. 经业主同意的其他费用。

《劳动合同法》

第三十八条 用人单位有下列情形之一的，劳动者可以解除劳动合同：

......

（二）未及时足额支付劳动报酬的；

......

第四十六条 有下列情形之一的，用人单位应当向劳动者支付经济补偿：

（一）劳动者依照本法第三十八条规定解除劳动合同的；

......

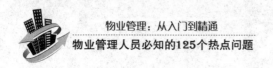

45. 什么是物业管理的包干制？

 现实案例

2010年10月，某物业公司与小区业主委员会签订了一份《物业管理委托合同》，约定小区物业服务收费实行包干制，业主按照2.3元/平方米·月的标准交纳物业费。运行一年后，由于人力成本、能源费上涨，物业公司亏损10万元。经研究，物业公司将电梯全部招商做广告，还出租了两间地下室，取得收益30万元。除了弥补亏损外，还赚得了20万元的收益。在账目查询中，业主委员会发现物业公司有30万元的公共收益，随即要求物业公司将这部分收益交还业主委员会。物业公司认为，自进驻小区以来，物业公司亏损了10万元，用公共收益弥补亏损符合法律规定，如果要交还公共收益，只能交还20万元。那么，什么是物业管理的包干制？实行物业服务费用包干制的，公共收益部分能否用于弥补物业管理费的不足？

专家解答

包干制是指由业主向物业管理企业支付固定物业服务费用，盈余或者亏损均由物业管理企业享有或者承担的物业服务计费方式。本案中，物业公司经营一年后，由于各种原因导致其亏损10万元。

按照包干制的收费原则，这亏损的 10 万元，应由物业公司承担。30 万元的公共收益，系利用物业共用部位和共用设施设备的经营所得，应当归全体业主所有。因此，公共收益部分不能用于弥补物业管理费的不足。

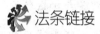 法条链接

《物业服务收费管理办法》

第九条第二款　包干制是指由业主向物业管理企业支付固定物业服务费用，盈余或者亏损均由物业管理企业享有或者承担的物业服务计费方式。

第十一条第三款　物业服务成本或者物业服务支出构成一般包括以下部分：

1. 管理服务人员的工资、社会保险和按规定提取的福利费等；

2. 物业共用部位、共用设施设备的日常运行、维护费用；

3. 物业管理区域清洁卫生费用；

4. 物业管理区域绿化养护费用；

5. 物业管理区域秩序维护费用；

6. 办公费用；

7. 物业管理企业固定资产折旧；

8. 物业共用部位、共用设施设备及公众责任保险费用；

9. 经业主同意的其他费用。

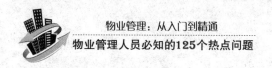

46. 物业服务收费都需要明码标价吗？

 现实案例

业主王某在某小区购买了一套二手房，入住后，其与小区物业公司签订了一份《物业服务合同》，其中约定物业服务收费实行包干制收费方式，王某按照2.1元/平方米·月的标准向物业公司交纳物业费。王某入住时向物业公司交纳了12个月的物业服务费共计2194元。入住三个月后，物业公司又要求王某另外交纳中水处理费300元、环境治理费100元。王某认为，物业公司无权收取这部分费用，因为物业服务合同中没有约定上述收费项目，而且物业公司也没有向业主公示，物业公司强行向业主收取费用的行为属于乱收费。那么，物业公司收费必须向业主公示吗？是否应当明码标价？

专家解答

自2004年10月1日起，国家规定，物业服务收费必须明码标价。从明码标价的内容来看，应当将物业公司名称、收费对象、服务内容、服务标准、计费方式、计费起始时间、收费项目、收费标准、价格管理形式、收费依据、价格举报电话12358等内容标明。

本案中，物业公司不仅应当将 2.1 元/平方米·月的标准向业主公示，而且应当将其所谓的"中水处理费 300 元、环境治理费 100 元"向业主公示。所有收费不仅应有收费项目的公示，还应当有收费标准和收费依据的公示。在公示形式上，可以灵活多样，如采取公示栏、公示牌、收费表、收费清单、收费手册、多媒体终端查询等方式。

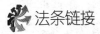 法条链接

《物业服务收费明码标价规定》

第五条　物业管理企业实行明码标价应当做到价目齐全，内容真实，标示醒目，字迹清晰。

第六条第一款　物业服务收费明码标价的内容包括：物业管理企业名称、收费对象、服务内容、服务标准、计费方式、计费起始时间、收费项目、收费标准、价格管理形式、收费依据、价格举报电话 12358 等。

第七条　物业管理企业在其服务区域内的显著位置或收费地点，可采取公示栏、公示牌、收费表、收费清单、收费手册、多媒体终端查询等方式实行明码标价。

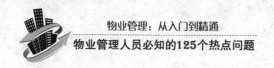

47. 物业服务费只能按面积大小收取吗?

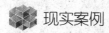 现实案例

　　老张和老伴住在面积为 200 平方米的房屋内，每年需要交纳物业服务费 4560 元。而隔壁邻居 76 平方米的房子住着祖孙 5 个人，每年只需交纳 1732.8 元。老张觉得这种按建筑面积大小收取物业服务费的方式不合理，理由是：业主交纳服务费是因为享受到了物业公司提供的服务，而享受服务的是业主，是人，所以应该按业主的人口数收取才合理，人口越多得到的享受也越多，那么交纳的物业管理服务费也应该越多。以坐电梯为例，邻居家 5 人，一天可能需要坐十几次电梯，而自己家就和老伴两个人，出门很少，坐电梯也很少。但是他们家反而要交纳更多的物业服务费，非常不合理，也没有法律依据。于是，老张找到物业公司，要求物业公司降低自己的物业服务费。物业公司告知老张，只能按照合同约定执行，不能降低物业服务费。那么，物业服务费是否只能按面积大小收取? 相比邻居，老张交纳更多的物业服务费合理吗?

专家解答

　　物业服务费按照建筑面积收取是目前的通行做法，建筑面积大

的房屋，需要交纳相对多的物业服务费。但这并不意味着物业服务费只能按照建筑面积大小收取。

按照《物权法》第八十条的规定，建筑物及其附属设施的费用分摊、收益分配等事项，有约定的，按照约定；没有约定或者约定不明确的，按照业主专有部分占建筑物总面积的比例确定。实际上，物业服务费属于建筑物及其附属设施的费用分摊。可见，如果有特殊约定，那么就可以不按照建筑面积收取物业服务费。比如，现在有些小区就采取按楼层高低收取不同的电梯服务费，而并不将建筑面积的大小作为唯一的收费标准。

本案中，物业服务合同已经有约定，即按照建筑面积收取物业服务费。因此，老张应当按照每年4560元的标准交纳物业服务费。当然，老张可以通过业主委员会组织召开业主大会会议的形式，共同讨论决定采取不按照面积交纳物业服务费的交费方式。

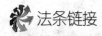 法条链接

《物权法》

第七十二条第一款　业主对建筑物专有部分以外的共有部分，享有权利，承担义务；不得以放弃权利不履行义务。

第八十条　建筑物及其附属设施的费用分摊、收益分配等事项，有约定的，按照约定；没有约定或者约定不明确的，按照业主专有部分占建筑物总面积的比例确定。

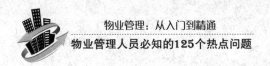
48. 业主能要求对物业服务费打折吗？

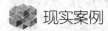
现实案例

　　于女士系某小区2号楼的业主。2007年6月1日，小区业主委员会（甲方）与北京某物业管理有限公司（以下简称物业公司）（乙方）签订物业服务合同，约定：甲方委托乙方对小区实行物业服务。委托管理期限为五年，自2007年7月1日起至2012年6月30日止。4、5、8号楼按0.95元每平方米每月收取物业费，2号楼按1.57元每平方米每月收取物业费。业主逾期交纳物业服务费的，乙方可以从逾期之日起每日按应缴费用万分之一加收违约金。合同同时对其他相关事项进行了约定。2007年8月18日，小区业主委员会（甲方）与物业公司（乙方）签订小区物业服务合同补充协议，约定：双方签订的物业服务合同期限由原来的五年改为一年，期满前三个月，双方再协商续签事宜。乙方同意对物业费进行调整，仍按乙方入住本小区前的价格收取，为小楼0.75元每平方米每月，大楼1.17元每平方米每月。合同签订后，双方均按合同履行。2008年10月，小区选举产生了新的业主委员会。12月，小区召开业主大会，决议选聘新的物业服务企业。1月25日，物业公司退出小区。于女士未交纳2007年7月1日至2008年6月30日的物业管理费及垃圾清运费共计3592.9元。物业公司将于女士诉至法院，要求于女士支付拖欠的物业费。

庭审中，于女士认为：物业公司未向于女士提供应有的服务。物业公司服务不到位，小区没有正式秩序维护员值勤，没有巡逻，闲杂人员随意出入，护栏也被破坏，使业主没有安全感；水箱从不清理，也没有水检报告，电梯一年的检查期已过，未进行检修，多次造成滑梯、夹人等情况；小区绿化差，草皮大量枯死，物业公司未公布过收支的情况。物业公司主张的物业费是一年零四个月的，而双方合同是一年期，物业公司在服务期间，还与于女士及其孩子发生冲突。综上，于女士要求扣减相关物业费。庭审中，于女士提出物业公司提供的物业管理存在瑕疵，并就此提交了相应证据，物业公司不认可，但未提交相关证据予以反驳。法院认为，鉴于物业公司提供的物业服务项目及服务质量与约定标准存在差距，于女士应交纳的物业管理费应依法减收，最后判决：于女士给付物业公司物业管理费及垃圾清运费2512.8元。本案中，物业服务费能否打折？

专家解答

按照《物业管理条例》规定，物业管理活动是指业主通过选聘物业服务企业，由业主和物业服务企业按照物业服务合同约定，对房屋及配套的设施设备和相关场地进行维修、养护、管理，维护相关区域内的环境卫生和秩序的活动。可见，物业服务合同是物业管

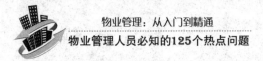

理活动的基础。物业管理活动的实质是业主和物业服务企业以物业服务为标的进行的一项交易。物业服务企业是基于物业服务合同的约定来为业主提供物业服务的。物业服务合同确立了业主和物业服务企业之间的被服务者和服务者之间的关系，明确了物业管理活动的基本内容。物业服务企业根据物业服务合同提供物业服务，业主根据物业服务合同交纳相应的物业服务费用，双方是平等的民事法律关系。

根据小区业主委员会与物业公司于 2007 年 6 月 1 日签订的物业服务合同以及于 2007 年 8 月 18 日签订的物业服务补充合同相关约定，双方的合同期限为 2007 年 7 月 1 日至 2008 年 6 月 30 日。在这一年的合同期限内，作为业主的于女士有按照合同交纳物业服务费的义务。同时，物业公司有按照合同约定提供物业服务的义务。于女士举证证明物业公司服务不到位，物业公司虽不予认可，但未提交相关证据予以反驳。因此，应当认定物业公司提供的物业服务确系存在瑕疵。按照权利义务对等原则，由法院对物业服务费进行酌减是恰当的。法理上，这种打折应当针对小区全体业主的，而非仅仅对于女士一人，因为物业管理和服务具有准公共服务性质，全体业主所享受的管理和服务是一致的。于女士享受到的服务有瑕疵时，其他业主享受到的服务同样存在瑕疵。最合理的做法是，由业主大会或业主委员会主张物业服务质量问题，胜诉后，全体业主共同享受物业费打折。单个业主提起此种诉讼时，法院应当驳回起诉。

 法条链接

《物业管理条例》

第三十五条 物业服务企业应当按照物业服务合同的约定，提供相应的服务。

物业服务企业未能履行物业服务合同的约定，导致业主人身、财产安全受到损害的，应当依法承担相应的法律责任。

《合同法》

第八条 依法成立的合同，对当事人具有法律约束力。当事人应当按照约定履行自己的义务，不得擅自变更或者解除合同。

依法成立的合同，受法律保护。

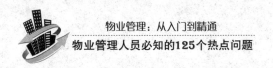

49. 物业公司一次可以预收多长时间的物业服务费？

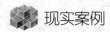 **现实案例**

赵先生在北京某小区购买了一套新房，在办理入住手续时，物业公司要求他签订一份物业服务合同。他发现，物业服务合同中约定"物业服务合同期限为20年，合同期满未选出新的物业服务企业的，合同自动延续"。物业公司还要求他先行交纳3年的物业服务费，共计6096.68元，否则不能领新房钥匙。对此，赵先生提出异议："房子钥匙还没有领到手，根本还没有享受到物业服务，凭什么预收物业费？而且还要预收3年的费用。"物业公司称，物业公司可以按年度预收物业服务费，但是由于物业服务合同期限较长，所以一次预收3年的物业服务费也是合理的。本案中，物业公司是否可以预收物业服务费？如果可以预收，能否一次性预收3年的物业服务费？

专家解答

一般而言，物业服务合同中有关于交费期限的约定，业主应当按照物业服务合同的约定按时足额交纳物业服务费用或者物业服务资金。而对于刚买新房的业主，在办理入住时交纳物业服务费也是普遍的做法。法律并未对预收物业服务费作出规定。

本案发生在北京市，《北京市物业服务收费管理办法（试行）》规定，物业公司可以预收物业服务费，但是不得一次性预收 1 年以上（不含 1 年）的物业服务费用。因此，本案物业公司向赵先生一次性收取 3 年的物业服务费是不合法的。物业公司最多只能要求业主一次性交纳 1 年的物业服务费。

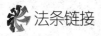 法条链接

《物业服务收费管理办法》

第十五条第一款 业主应当按照物业服务合同的约定按时足额交纳物业服务费用或者物业服务资金。业主违反物业服务合同约定逾期不交纳服务费用或者物业服务资金的，业主委员会应当督促其限期交纳；逾期仍不交纳的，物业管理企业可以依法追缴。

《北京市物业服务收费管理办法（试行）》

第十六条 物业管理企业可按月、按季或按年度计收物业服务费用，但不得一次性预收一年以上（不含一年）的物业服务费用。

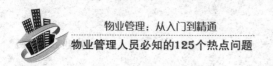

50. 物业公司有权要求后手业主交纳前手业主拖欠的物业服务费吗？

 **现实案例**

2011 年 1 月 19 日，黑某（卖方）与白某（买方）签订房屋买卖合同，黑某将自己的房屋卖给白某，售价为 120 万元，白某将全部购房款一次性支付给黑某。2011 年 2 月 10 日，白某入住时发现，截至 2011 年 1 月签订合同之时，该房屋已拖欠物业公司物业服务费本金及滞纳金近 2 万元。白某当即打电话给黑某，要求其立即交纳拖欠的物业管理费。但黑某辩称其售房款属于"净收"，物业服务费应随着房子走，买方应支付拖欠的物业管理费。白某入住后，物业管理公司多次上门催缴物业管理费，还声称将采取停水、停电措施追缴。当白某买了新家具进小区时，遭到了保安的阻拦，要求其必须交清现在房屋拖欠的物业服务费，否则不得进入小区。本案中，物业公司有权要求后手业主（白某）交纳前手业主（黑某）拖欠的物业服务费吗？白某有交费义务吗？

专家解答

物业公司无权要求后手业主（白某）交纳前手业主（黑某）

拖欠的物业服务费，白某没有交费义务。

　　本案中，存在两个法律关系。一个是有关物业服务费的债权债务关系，另一个是有关房屋的物权关系。近 2 万元的物业服务费本金及滞纳金这一债权债务关系存在于物业公司与黑某之间。物业公司是债权人，黑某是债务人。债权具有相对性，在 2011 年 1 月之前，黑某是业主，享受了物业服务，物业公司作为物业服务提供方，有权要求黑某交纳期间的费用。2011 年 1 月 19 日，黑某（卖方）与白某（买方）签订房屋买卖合同，黑某将自己的房屋卖给白某，白某成为该房屋的所有权人。这是一种物权，而物权具有直接支配性，即白某作为物权人得依自己的意思，无须他人意思或行为的介入，对标的物为管领处分，实现其权利内容之特性。物权还具有保护之绝对性，在物权人白某对其标的物房屋的支配领域内，非经其同意，任何人均不得侵入或干涉，否则即构成违法。物业公司阻止白某携带家具进入小区，侵犯了物权人白某的物权，是违法的。且物业公司的理由亦不成立，2011 年 1 月之前，黑某与物业公司是物业服务合同的当事人，物业服务费应当由黑某承担。

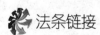 法条链接

《物业服务收费管理办法》

　　第十五条第三款　物业发生产权转移时，业主或者物业使用人应当结清物业服务费用或者物业服务资金。

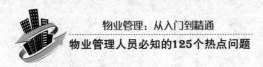

《合同法》

第六十条　当事人应当按照约定全面履行自己的义务。

当事人应当遵循诚实信用原则，根据合同的性质、目的和交易习惯履行通知、协助、保密等义务。

51. 后任物业公司是否有权收取业主拖欠前任物业公司的物业服务费？

 现实案例

金女士购买了一套商品房，并与开发商签订了《前期物业管理委托协议》，约定由开发商委托 A 物业公司进行物业管理服务。在服务 2 年后，由于业主欠费等原因导致公司经营困难，A 物业公司在合同期满后决定不再继续提供物业服务。经业主大会决议，选聘出 B 物业公司为小区提供服务。由于 A 物业公司撤出小区时，部分业主仍未结清拖欠的物业费，A 物业公司决定留下 2 名工作人员继续在小区收缴欠费。在收缴欠费的过程中，A 物业公司员工几次与业主发生冲突，影响了 B 物业公司正常开展管理服务。为避免再次发生类似冲突，A 物业公司与 B 物业公司商定，A 物业公司将其对欠费业主的债权转让给 B 物业公司，B 物业公司给 A 物业公司一定数额的经济补偿，A 物业公司不再留人在小区。双方于 2007 年 6 月 1 日签订了《授权委托书》，载明 "A 物业公司现委托 B 物业公司收取某小区业主拖欠的 2005 年至 2007 年的物业管理费。代理权限为全权代理"。金女士为小区欠费业主之一。随后，B 物业公司向金女士收取拖欠 A 物业公司的物业服务费，B 物业公司多次打电话或发函催要，均遭拒绝。随后 B 物业公司将金女士告到法院，要

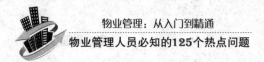
求金女士给付 2005 年 4 月 1 日至 2007 年 3 月 31 日所欠的物业费共计 5204.6 元，违约金 260 元，共计 5464.6 元。金女士辩称，2005 年至 2007 年双方因未签订任何物业服务合同，故并不存在物业服务合同关系，即使拖欠了物业服务费，也应当由 A 物业公司收取，请求法院驳回 B 物业公司的诉讼请求。本案中，B 物业公司有权要求业主金女士交纳拖欠 A 物业公司的物业服务费吗？

专家解答

B 物业公司无权要求业主金女士交纳拖欠 A 物业公司的物业服务费。理由如下：

A 物业公司与 B 物业公司签订的《授权委托书》，性质上属于一种委托代理行为，而并非债权转让行为，因为债权转让需通知债务人，而两家物业公司并未就该债权转让向业主金女士进行明确告知。因此，B 物业公司无权以自己名义进行诉讼来主张收取金女士 2005 年 4 月 1 日至 2007 年 3 月 31 日期间所欠的物业服务费。

债权让与，是指不改变债权关系的内容，债权人通过让与合同将其债权移转于第三人享有的现象。除了被让与的债权具有可让与性、让与人与受让人就债权的转让达成协议之外，债权让与生效还必须满足"履行对债务人的债权让与通知义务"，否则，债权让与对债务人不产生效力。本案中，如果 A 物业公司与 B 物业公司签订了拖欠物业服务费的债权让与协议，同时，通过适当的方式（如信函、传真、告知等）通知了欠费业主，那么 B 物业公司就有权直接以自己的名义向金女士主张 2005 年 4 月 1 日至 2007 年 3 月 31 日期间的物业服务费。

 法条链接

《合同法》

第七十九条 债权人可以将合同的权利全部或者部分转让给第三人，但有下列情形之一的除外：

（一）根据合同性质不得转让；

（二）按照当事人约定不得转让；

（三）依照法律规定不得转让。

第八十条第一款 债权人转让权利的，应当通知债务人。未经通知，该转让对债务人不发生效力。

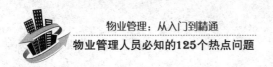

52. 买房后一直未入住，物业公司是否有权向业主收取物业服务费？

 现实案例

李先生在郊区买了一套房子，准备退休后与老伴搬去居住养老，所以，在开发商交房后，李先生一直没装修入住。有一天，李先生接到物业公司让他交纳一年物业服务费的通知。李先生认为物业公司不讲理，自己没入住，没享受到服务，不应当交纳物业服务费，如果交纳也应当打个折。而物业公司坚持认为，李先生没有入住也应当全额交纳费用。李先生应否交纳物业服务费呢？如果需要交纳，是否可以少交一部分费用呢？

专家解答

房屋交付之后，李先生就成了法律意义上的业主，应该依法承担业主的义务。此外，物业管理和服务的内容是针对房屋及配套的设施设备和相关场地的维修、养护和管理，以及对于物业管理区域内的环境卫生和相关秩序进行维护，而不是针对李先生单元门内的专有部分。可见，物业公司的管理和服务内容是针对公共部位和共有部分的，不论李先生是否入住，物业公司都要照常提供服务，这

其中包含业主李先生对共有部分所拥有的份额的服务。因此，李先生应当足额交纳物业服务费。

从实践来看，买房人与开发商签订房屋买卖合同的同时，要签订前期物业服务合同，对业主交纳物业服务费的义务进行约定。因此，从合同约定角度也能判断未入住的业主是否应当交纳物业服务费。

法条链接

《最高人民法院关于审理建筑物区分所有权纠纷案件具体应用法律若干问题的解释》

第一条 依法登记取得或者根据物权法第二章第三节规定取得建筑物专有部分所有权的人，应当认定为物权法第六章所称的业主。

基于与建设单位之间的商品房买卖民事法律行为，已经合法占有建筑物专有部分，但尚未依法办理所有权登记的人，可以认定为物权法第六章所称的业主。

《物业管理条例》

第七条 业主在物业管理活动中，履行下列义务：

......

（五）按时交纳物业服务费用；

......

53. 业主能否以物业服务质量问题拒缴物业服务费？

 现实案例

张某是某小区业主，认为物业公司的管理存在很大问题，消防通道经常被汽车占用，环境卫生也不尽如人意，经常能看到烟头、未清理完的树叶、纸屑等杂物。后来，物业公司将其起诉到法院追讨物业费。张某认为，物业公司没有按合同约定提供让业主满意的服务，其可以拒缴物业费。

专家解答

首先，根据《合同法》第一百零七条的规定，当事人一方不履行合同义务或者履行合同义务不符合约定的，应当承担继续履行、采取补救措施或者赔偿损失等违约责任。《合同法》第一百零八条规定，当事人一方明确表示或者以自己的行为表明不履行合同义务的，对方可在履行期限届满之前要求其承担违约责任。

由此可见，合同一方不履行合同义务分为两种情形，即一般违约和严重违约。如果属于一般违约，则相对方不能拒绝履行己方义务。根本违约是指合同一方完全不履行义务或不完全履行合同主要

义务，如属于根本违约，则想对方可要求不履行己方义务。

就本案而言，业主与物业公司双方根据签订的《物业服务合同》各自行使权利履行义务，张某列举的消防通道被占用、环境卫生方面的服务质量问题，应属于一般违约行为，业主可以要求物业公司采取补救措施，继续履行，支付违约金等，而不能拒缴物业服务费。

其次，物业管理是基于全体业主的委托，对物业管理区域公共部分、共有共用部位及设施设备的管理、维修和养护，并不是对单个业主提供的服务。对于物业公司的物业服务质量问题，不论就追何种形式或程度的违约责任，理论上均应由代表全体业主的业主大会或业主委员会作为主体提出，相应的结果也及于全体业主。

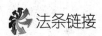 法条链接

《合同法》

第一百零七条 当事人一方不履行合同义务或者履行合同义务不符合约定的，应当承担继续履行、采取补救措施或者赔偿损失等违约责任。

第一百零八条 当事人一方明确表示或者以自己的行为表明不履行合同义务的，对方可以在履行期限届满之前要求其承担违约责任。

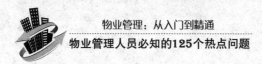

《物业管理条例》

第七条 业主在物业管理活动中，履行下列义务：

……

（五）按时交纳物业服务费用；

……

54. 业主委员会要求业主拒付物业服务费有效吗？

 现实案例

2010 年，物业公司受某小区业主委员会委托为小区提供物业管理和服务，并与其签订了《物业管理服务合同》。物业公司服务半年后，物业服务质量开始下降，首先是保安的数量少了，接着清扫垃圾的次数也变少了。业主们对此反应强烈。业主委员会认为，物业公司未按照物业服务合同的约定提供物业服务。一天，业主委员会在小区四处张贴告示，要求业主拒付本年度的物业服务费直至物业公司改进服务为止。本案中，业主委员会有权要求业主拒付物业服务费吗？

专家解答

业主委员会无权要求业主拒付物业服务费。因为物业服务的权利义务关系存在于物业公司和每位业主之间，物业公司有提供物业服务的义务，业主有交纳费用的义务。这种权利义务关系是对等的。而业主委员会是小区业主大会的执行机构，其可以代表全体业主与物业公司签订物业服务合同，但不代表业主委员会就是物业服

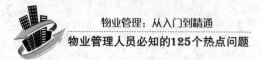
务权利义务的承受者。业主委员会有监督和协助物业服务企业履行物业服务合同的职责，但并不能直接要求业主拒交物业服务费。即使业主委员会张贴了告示，也是无效的。

本案纠纷起因于物业公司服务质量的下降，如果业主委员会或业主对此提出意见，而物业公司仍不改正的，业主委员会或者业主可依法提起诉讼，维护自己的合法权益。如果过半数的业主对物业公司的服务不满，并提出更换物业公司的要求，那么，业主委员会可通过组织召开业主大会会议的方式重新选聘物业公司。

法条链接

《合同法》

第六十条 当事人应当按照约定全面履行自己的义务。

当事人应当遵循诚实信用原则，根据合同的性质、目的和交易习惯履行通知、协助、保密等义务。

《物业管理条例》

第十五条 业主委员会执行业主大会的决定事项，履行下列职责：

……

（三）及时了解业主、物业使用人的意见和建议，监督和协助物业服务企业履行物业服务合同；

……

55. 物业公司追讨业主欠费的诉讼时效是多长时间?

 现实案例

2005 年 8 月 11 日,北京某物业公司与一小区业主委员会签订《物业服务合同》,约定由该物业公司为该小区提供物业服务,服务期限为 2005 年 10 月 1 日至 2007 年 9 月 30 日,物业服务费实行包干制,按照 1.2 元/平方米·月收取。合同到期后,双方又续签了 2 年,物业服务费标准不变。

郭某系该小区的业主,其房屋建筑面积为 81.94 平方米。从 2004 年起,他以长期在国外为由拒交物业服务费,其后的时间内,物业公司多次通过电话、律师函的形式催缴物业服务费,未果。截至 2008 年 10 月物业公司将其起诉至法院时,郭某 4 年间的物业服务费分文未交。物业公司请求法院判令被告立即支付物业公司服务期间即 2005 年 10 月 1 日至 2008 年 9 月 30 日拖欠的物业服务费 3539.8 元,逾期支付物业服务费的违约金 353.9 元,共计 3893.7 元。庭审中,被告郭某提出抗辩,认为 2004 年 10 月至 2006 年 10 月的物业服务费的诉讼时效已过,不应受到法律保护。本案中,法院应当如何判决呢?物业公司追讨业主欠费是否受诉讼时效的限制?

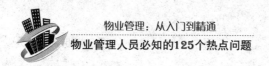
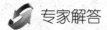 专家解答

　　物业公司追缴拖欠的物业服务费受诉讼时效期限的限制。根据《民法通则》和《北京市高级人民法院关于审理物业管理纠纷案件的意见（试行)》的规定，追索物业服务费案件应当适用普通诉讼时效，即2年。同时，诉讼时效还存在中断的情形，即诉讼时效因提起诉讼、当事人一方提出要求或者同意履行义务而中断。从中断时起，诉讼时效期间重新计算。

　　本案中，物业公司自2005年10月1日起开始为小区提供物业服务，2008年10月物业公司将欠费业主郭某起诉到法院。单纯按照两年的诉讼时效，2005年10月1日至2006年9月30日期间拖欠的物业服务费已经超过诉讼时效。业主郭某可以此为抗辩，免于交纳这一年的物业服务费。但是，在郭某欠费期间，物业公司多次通过电话、律师函的形式催缴物业服务费，依法发生了诉讼时效中断的情形，应当重新计算。因此，2005年10月1日至2008年9月30日期间3年的物业服务费，被告郭某应当全部交纳，同时应当交纳违约金，共计3893.7元。

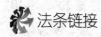 法条链接

　　《民法通则》

　　第一百三十五条　向人民法院请求保护民事权利的诉讼时效期间

为二年，法律另有规定的除外。

第一百三十八条　超过诉讼时效期间，当事人自愿履行的，不受诉讼时效限制。

第一百四十条　诉讼时效因提起诉讼、当事人一方提出要求或者同意履行义务而中断。从中断时起，诉讼时效期间重新计算。

《北京市高级人民法院关于审理物业管理纠纷案件的意见（试行）》

26. 审理追索物业服务费案件，应依照现行法律关于诉讼时效的规定。但在适用诉讼时效时不宜过苛，除物业管理企业明显怠于行使权利的，可认定其在持续主张权利。

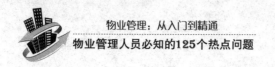
56. 物业公司能否向首层业主收取电梯费？

 现实案例

　　2011 年，胡女士在某小区购买了位于一层的一套房屋，成为该小区的一名业主。入住该小区的当日，胡女士与物业管理有限公司签订了《前期物业管理服务协议》，约定物业公司向胡女士提供共用设施设备维修养护、秩序维护、清洁卫生等各项物业服务，同时约定物业服务费标准为每月每平方米 2.2 元，还在第六条中明确约定物业服务费用中包含管理费用、物业共用部位维修费用、小区公共设施设备日常运行和维护费用、电梯运营费用等。入住后，物业公司要求胡女士交纳物业服务费，但胡女士认为自己住在小区一层，根本用不着电梯，也从未用过电梯。电梯属于小区的公用设施，其在买房的时候已经支付了小区公摊部位的价款，现在不使用电梯，就不应当再支付电梯的日常运营维护费用了。物业公司经多次向胡女士催要物业服务费未果，遂将其告上法庭，要求判令胡女士支付拖欠的两年物业服务费。本案中，交纳电梯运行维护费是否属于业主胡女士应当履行的义务呢？业主的义务都包含哪些内容？

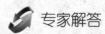 专家解答

　　《物业管理条例》规定了业主在物业管理活动中，应当履行

"按时交纳物业服务费用"的义务。电梯运行维护费属于物业服务费用的一部分。本案的关键在于，不使用电梯的一层业主是否也需要交纳电梯服务费呢？

一层业主胡女士同样需要交纳电梯服务费。理由包括：一是基于法律规定。《物权法》第八十条的规定，建筑物及其附属设施的费用分摊、收益分配等事项，有约定的，按照约定；没有约定或者约定不明确的，按照业主专有部分占建筑物总面积的比例确定。本案中，没有特别约定一层业主可以不交或者少交电梯服务费，因此，胡女士应当交纳相关费用。二是因为业主对建筑物专有部分以外的共有部分，享有权利，承担义务；不得以放弃权利不履行义务。业主的建筑物区分所有权是一个集合权。这个集合权包括对专有部分享有的所有权、对建筑区划内的共有部分享有的共有权和共同管理的权利，而这三种权利具有不可分离性。电梯属于公用设施设备，由全体业主行使共有权。当然，这个"共有权"并非纯粹意义上的"权利"，它同时包括共同负担的"义务"。因此，每位业主都有使用电梯的权利，也都负有支付维修养护等相关费用的义务。业主不得以不使用电梯为由，不交纳电梯维修养护费。三是基于物业服务合同约定。胡女士与物业公司之间签订了《前期物业管理服务协议》，其中第六条已明确约定物业服务费用中包含电梯运营费，而并未约定一层业主可以免交或者少交电梯运营费用。因此，胡女士应当按照合同的约定承担电梯运行维护费。

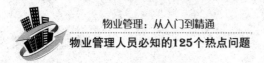
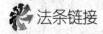 法条链接

《物权法》

第七十二条第一款　业主对建筑物专有部分以外的共有部分，享有权利，承担义务；不得以放弃权利不履行义务。

第八十一条　业主可以自行管理建筑物及其附属设施，也可以委托物业服务企业或者其他管理人管理。

对建设单位聘请的物业服务企业或者其他管理人，业主有权依法更换。

《物业管理条例》

第七条　业主在物业管理活动中，履行下列义务：

……

（五）按时交纳物业服务费用；

……

57. 物业公司能否通过停电催缴电费？

 现实案例

　　孙某购买了某商住两用楼盘，购买房屋后，孙某将其中一部分房屋用于公司经营。大厦物业公司工作人员于 2008 年 1 月 3 日将孙某等四户业主家中的电停掉，理由是欠缴电费。为停电一事，孙某等四人多次向小区开发商和物业公司交涉并到其办公室交费，物业公司拒收电费并推脱停电责任，后孙某等人向当地政府有关部门投诉反映，并通过市电视台予以曝光。由于未能收到理想效果，孙某等四人遂将开发公司和物业公司诉至法院，要求物业公司恢复供电，并赔偿其精神损失。本案在审理过程中，依据原告先予执行的申请书，原审法院积极做物业公司的工作，使物业公司于 2008 年 2 月 4 日恢复原告孙某等人的正常供电，原告拖欠该公司的电费也于 2008 年 4 月 10 日全部交纳完毕。

　　法院认为：物业公司在该小区负责电费的代收代缴工作，在原告没有交纳电费的情况下，理应催告和给予合理的期限督促其交纳，采取停电措施的行为显属不当，是对原告权利的侵害，因此物业公司对造成本案纠纷负主要责任，但是原告亦负有一定责任。在本案审理中，物业公司已恢复供电，应视为停止了对原告的侵权。判决：一、物业公司向孙某等四人当面赔礼道歉或在大厦内张贴经

原审法院认可的道歉信三天。二、驳回孙某等四人其他诉讼请求。三、驳回物业公司的反诉请求。孙某等四人不服一审判决，上诉到上级法院。二审法院判决：驳回上诉，维持原判。

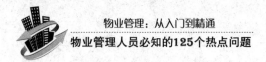 专家解答

按照《电力法》规定，供电企业在发电、供电系统正常的情况下，应当连续向用户供电，不得中断。因供电设施检修、依法限电或者用户违法用电等原因，需要中断供电时，供电企业应当按照国家有关规定事先通知用户。用电用户违反规定，危害供电、用电安全或者扰乱供电、用电秩序的，情节严重或经电力管理部门责令改正而拒绝改正的，可以中止供电。可见，只有在用户违法的情况下才可以中止供电，而且物业公司仅仅是电费代收代缴部门，并不是供电企业，因此物业公司无权停电。

既然物业公司无权停电，那么其应否赔偿业主呢？在本侵权案件中，物业公司存在过错，但是，业主并没有举证证明其所受损失。因此，上诉人要求精神损害赔偿缺乏事实和法律依据。依照《最高人民法院关于确定民事侵权精神损害赔偿责任若干问题的解释》第八条的规定，本案中物业公司的侵权行为并未造成严重后果，因此对上诉人请求精神损害赔偿的请求无法获得支持。但是，原告孙某等人要求物业公司赔礼道歉的请求是应当得到支持的。

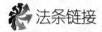 法条链接

《电力法》

第二十九条 供电企业在发电、供电系统正常的情况下，应当连续向用户供电，不得中断。因供电设施检修、依法限电或者用户违法用电等原因，需要中断供电时，供电企业应当按照国家有关规定事先通知用户。

用户对供电企业中断供电有异议的，可以向电力管理部门投诉；受理投诉的电力管理部门应当依法处理。

第三十二条 用户用电不得危害供电、用电安全和扰乱供电、用电秩序。

对危害供电、用电安全和扰乱供电、用电秩序的，供电企业有权制止。

第六十五条 违反本法第三十二条规定，危害供电、用电安全或者扰乱供电、用电秩序的，由电力管理部门责令改正，给予警告；情节严重或者拒绝改正的，可以中止供电，可以并处五万元以下的罚款。

《最高人民法院关于确定民事侵权精神损害赔偿责任若干问题的解释》

第八条 因侵权致人精神损害，但未造成严重后果，受害人请求赔偿精神损害的，一般不予支持，人民法院可以根据情形判令侵权人停止侵害、恢复名誉、消除影响、赔礼道歉。

因侵权致人精神损害，造成严重后果的，人民法院除判令侵权人承担停止侵害、恢复名誉、消除影响、赔礼道歉等民事责任外，可以根据受害人一方的请求判令其赔偿相应的精神损害抚慰金。

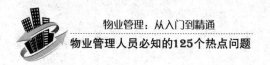

58. 物业公司是否应当向业主公布收支账目？

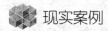 现实案例

北京市某小区业主委员会成立后，将前期物业服务企业解聘，重新选聘了一家物业公司，并于2008年7月31日与前期物业服务企业签订物业交接协议。在新老物业移交前后，小区业主委员会多次要求老物业公司公布有关账目、返还公共收益，但都被老物业公司拒绝。因此，业主委员会向区人民法院提起诉讼，请求判令前期物业公司将其2000年至2008年7月31日期间利用某小区公共区域进行出租经营的收支情况予以公布。

前期物业服企业认为，1. 其实施包干制前期物业服务，收费项目和标准符合政府审批价格，收支账目属于某物业公司经营行为，根据《北京市普通居住小区物业管理服务收费暂行办法》《北京市物业服务收费管理办法（试行)》《物业服务收费管理办法》等规定，自己没有提供管理服务相关收支账目的义务。2. 由于业主不交纳物业费，某物业公司在为某小区提供物业服务期间，经营曾出现困难。由于前期物业服务合同期限未满，物业管理企业不得擅自提前撤管。某物业公司不得不出租了部分物业用房，将收益用于弥补物业费的亏损。

法院另查明一：在某小区北10号楼、11号楼业主公约中载明，

"产权人有权监督物业管理的收费情况，并要求管理委员会和物业管理企业按照规定的期限公布物业管理服务费用收支账目；物业管理企业有义务听取产权人、使用人的意见和建议，接受产权人及管理委员会的监督"。前期物业服务企业认可其与业主均受公约约束。另查明二：小区业主委员会提交5份租赁合同复印件用以证明，前期物业服务企业将公共区域分别出租给他人。小区业主委员会认为物业公司向外出租的公共区域不仅是上述5份租赁合同约定的面积，还包括其他面积。物业公司认可将部分公共区域对外租赁用于弥补物业费亏损，具体租赁面积以小区业主委员会举证为准。

那么，本案中，物业公司应否将其收入支出账目向业主公布呢？

专家解答

根据北京市《住宅物业服务等级规范（一级）（试行）》有关规定，物业公司应当公布公共服务的收支情况。这一规定适用于所有为住宅提供物业服务的物业公司，而不论其收费方式是属于包干制还是酬金制。而且，所谓包干制或酬金制的收费方式仅是指物业费的收取方式，与公共服务、对外出租等内容无关。本案中，业主委员会的主要诉讼请求在于要求物业公司对公共区域进行出租经营的收支情况予以公布。因此，物业公司不得以实行包干制收费方式为由而拒不公布账目。

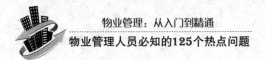

此外，本案中，在小区北 10 号楼、11 号楼业主公约中载明，"产权人有权监督物业管理的收费情况，并要求管理委员会和物业管理企业按照规定的期限公布物业管理服务费用收支账目；物业管理企业有义务听取产权人、使用人的意见和建议，接受产权人及管理委员会的监督"。物业公司亦认可其与业主均受公约约束。因此，物业公司有义务公布收支账目。

目前，从国家到地方的立法及司法解释中，都要求物业服务企业就相关费用、收益、账目等进行公开。其中，最高院司法解释要求物业服务企业向业主公开的资料包括：（1）建筑物及其附属设施的维修资金的筹集、使用情况；（2）物业服务合同、共有部分的使用和收益情况，物业服务企业应当向业主公开。《北京市物业管理办法》要求物业服务企业不论实行包干制还是酬金制收费方式，都应当于每年第一季度在物业管理区域内显著位置公示上一年度物业服务项目收支情况。

法条链接

《最高人民法院关于审理建筑物区分所有权纠纷案件具体应用法律若干问题的解释》（法释〔2009〕7 号）

第十三条 业主请求公布、查阅下列应当向业主公开的情况和资料的，人民法院应予支持：

（一）建筑物及其附属设施的维修资金的筹集、使用情况；

（二）管理规约、业主大会议事规则，以及业主大会或者业主委员会的决定及会议记录；

（三）物业服务合同、共有部分的使用和收益情况；

（四）建筑区划内规划用于停放汽车的车位、车库的处分情况；

（五）其他应当向业主公开的情况和资料。

《北京市物业管理办法》

第二十三条 物业服务企业应当按照价格主管部门的规定，将服务事项、服务标准、收费项目、收费标准等有关情况在物业管理区域内显著位置公示。

物业服务企业应当于每年第一季度公示上一年度物业服务合同履行情况、物业服务项目收支情况、本年度物业服务项目收支预算，业主提出质询时，物业服务企业应当及时答复。业主共同决定或者业主委员会要求对物业服务项目收支情况进行审计的，物业服务企业应当予以配合。

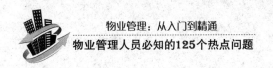
59. 业主可以对物业公司进行审计吗？

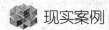 现实案例

北京某商品房小区的业主刘先生反映，其所居住的小区在2009年的时候，就因为物业账目方面不清楚，导致业主和物业公司矛盾激化，业主委员会迟迟不能正常运作。看到最近一期的晚报刊登了某小区成功审计物业公司账目后，刘先生也对自己小区的物业公司提出了审计账目的要求，尤其是要对公共收益部分的收支账目进行彻底审计。因为刘先生怀疑物业公司侵吞了属于业主的公共收益。物业公司认为："审计也可以，但如果要审计就进行全面审计，而不仅仅是公共收益部分的，看到底是亏损还是营利的。"本案中，业主刘先生能否审计物业公司的账目呢？应如何进行审计？

专家解答

2010年之后，北京市出台《北京市物业管理办法》，规定物业公司应当配合审计。同时对审计提出主体做了规定，即"业主共同决定或者业主委员会"要求审计时，物业服务企业应当予以配合。可见，单个业主并不能对物业公司提出审计要求。在审计内容上，《北京市物业管理办法》规定为"物业服务项目收支情况"。

本案中，业主刘先生不能对物业公司提出审计的要求，小区如果已经成立业主委员会，则应通过业主委员会向物业公司提出审计的要求；如果尚未成立业主委员会，则应通过当地街道办事处或乡镇人民政府组织业主以共同决定的形式，对物业公司提出审计的要求。审计内容上，法律并未规定必须全面审计，因此，可以仅对公共收益部分的收支账目进行审计。

 法条链接

《北京市物业管理办法》

第二十三条 物业服务企业应当按照价格主管部门的规定，将服务事项、服务标准、收费项目、收费标准等有关情况在物业管理区域内显著位置公示。

物业服务企业应当于每年第一季度公示上一年度物业服务合同履行情况、物业服务项目收支情况、本年度物业服务项目收支预算，业主提出质询时，物业服务企业应当及时答复。业主共同决定或者业主委员会要求对物业服务项目收支情况进行审计的，物业服务企业应当予以配合。

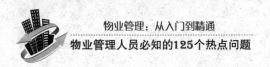
60. 物业公司能否通过断电或限电的方式催缴物业服务费？

 现实案例

最近，北京市四环路边上某小区3号楼的林女士感觉很不舒坦，从6月中旬开始，她家就一直断电。据林女士介绍，她家断电起源于屋顶漏雨，"刚买的房子，第一场大雨就开始漏雨，大雨过后，家里卧室内的墙壁开始掉墙皮"。林女士说，在随后的一年多时间内，她多次向物业公司反映，但始终没得到明确答复，于是从当月开始，林女士便拒绝再交物业费，并且向物业公司说漏雨问题解决不了，她就不交物业费。物业公司声称："林女士拖欠物业费不对，因为屋顶漏雨跟物业公司无关。但是，林女士可以将情况报给物业公司，然后物业公司再去协调开发商，由开发商修复漏水部位。"双方经多次协商始终未能达成一致。当林女士发现自家刷卡预付费的电表里没电了，向物业公司去买电时，物业公司称："不交物业费就不卖电。"本案中，物业公司因为业主拖欠物业费就断业主的电合法吗？

专家解答

本案纠纷的起因在于业主的屋顶漏雨。但因为业主刚入住就出

现漏雨问题，按照《建设工程质量管理条例》，屋面防水工程、有防水要求的卫生间、房间和外墙面的防渗漏，保修期为5年，因此，基本可以判定该小区的屋顶防水尚处于保修期内，所以应当由建设单位承担保修责任。林女士不应当以物业公司不协助修复漏雨部位而拒交物业费。当然，物业公司通过断电的方式催缴物业费也是错误的。按规定，物业公司未能履行物业服务合同的约定，导致业主人身、财产安全受到损害的，应当依法承担相应的法律责任。物业公司将业主林女士家中的电断掉，可能会给林女士造成经济损失，从而引起损害赔偿责任。北京的政策更加明确，物业公司"不得以业主拖欠物业服务费用为由限制或者变相限制专业服务"。物业公司有此行为的，将被责令改正，在信用信息方面，企业扣3分，项目负责人扣1分。

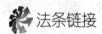 法条链接

《建设工程质量管理条例》

第四十条　在正常使用条件下，建设工程的最低保修期限为：

……

（二）屋面防水工程、有防水要求的卫生间、房间和外墙面的防渗漏，为5年；

……

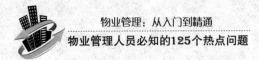
《物业管理条例》

第三十五条 物业服务企业应当按照物业服务合同的约定，提供相应的服务。

物业服务企业未能履行物业服务合同的约定，导致业主人身、财产安全受到损害的，应当依法承担相应的法律责任。

《北京市物业管理办法》

第三十三条 物业管理区域内，供水、供电、供气、供热、通信、有线电视等专业经营单位应当向最终用户收取有关费用，并依法承担相关管线和设施设备的维修、养护责任。

物业服务企业接受委托代收前款费用的，应当向业主出具专业经营单位的发票，并不得向业主收取手续费等额外费用，不得以业主拖欠物业服务费用为由限制或者变相限制专业服务。

五、物业的使用与维护

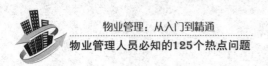
61. 物业公司与业主委员会能否对公共收益进行约定分成？

现实案例

2008 年 12 月 21 日，某小区业主委员会作为委托方（甲方）与受托方（乙方）小区物业公司签订一份《物业服务合同》，主要约定：业主委员会将本小区的物业管理服务委托给物业公司，双方在合同第四条约定，物业服务费由乙方负责直接向业主收取，业主委员会有权查询物业服务收费明细账，乙方必须按政府规定的程序收费，业主应自觉按时交纳物业管理服务费，不得无故恶意拖欠，对恶意拖欠费用的业主，甲方有义务协助催交；综合服务费的收取标准为高层住宅物业每平方米 0.80 元/月；车位使用费按不同部位分别计取；广告及门面房收益分配；广告内容须经甲方审核同意，原则是不得有损物业整体形象、品位，不得干扰业主的正常生活；小区公共区域的广告位等公共设施，权属归全体业主，其收益由甲方、乙方进行利润分成；小区设备运行费、维修费（不含大中修）等，含对共用部位、共用设施、设备的日常运行、保养及维修服务，公共区域绿化养护服务，相关费用计入物业管理成本，由乙方负责等内容。物业公司在服务半年后撤出小区，双方发生纠纷。本案中，业主委员会与物业公司能否通过物业服务合同约定对公共收益进行分成？

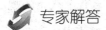 专家解答

按照《物权法》规定，建筑区划内的其他公共场所、公用设施和物业服务用房，属于业主共有。业主对建筑物专有部分以外的共有部分，享有权利，承担义务。有关共有和共同管理权利的其他重大事项应由业主共同决定。按照《最高人民法院关于审理建筑物区分所有权纠纷案件具体应用法律若干问题的解释》第七条的规定，改变共有部分的用途、利用共有部分从事经营性活动、处分共有部分，以及业主大会依法决定或者管理规约依法确定应由业主共同决定的事项，应当认定为《物权法》第七十六条第一款第（七）项规定的有关共有和共同管理权利的"其他重大事项"。

本案中，《物业服务合同》第四条中规定："广告及门面房收益分配；广告内容须经甲方审核同意，原则是不得有损物业整体形象、品位，不得干扰业主的正常生活；小区公共区域的广告位等公共设施，权属归全体业主，其收益由甲方、乙方进行利润分成。"显然，这些事项属于应由业主共同决定的事项，应当经专有部分占建筑物总面积过半数的业主且占总人数过半数的业主同意。业主委员会只是业主大会的执行机构，执行业主大会的决定事项，履行代表业主与业主大会选聘的物业服务企业签订物业服务合同的职责。本案中，业主委员会未经业主大会授权擅自与物业公司签订《物业

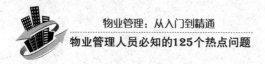
服务合同》，约定本该由全体业主共同决定的事项是无效的，业主委员会无权单独作出决定。

但上述约定并非当然无效，按照《物权法》第七十八条的规定："业主大会或者业主委员会的决定，对业主具有约束力。业主大会或者业主委员会作出的决定侵害业主合法权益的，受侵害的业主可以请求人民法院予以撤销。"业主委员会与物业公司签订的《物业服务合同》系双方真实意思表示。虽然在该合同中业主委员会在没有依据《物权法》的规定取得业主授权的情况下对小区共用场地、共有设施等进行经营活动取得收益进行处分，但从订立合同到物业公司撤离小区的合同履行期间内，业主委员会没有召集业主大会或采取其他方式否认该合同效力，也没有业主依据《物权法》请求法院撤销该合同，因此，从保护交易的角度，该合同中关于共用场地、共用设施收益处分的条款可以认定为有效。

法条链接

《最高人民法院关于审理建筑物区分所有权纠纷案件具体应用法律若干问题的解释》（法释〔2009〕7号）

第七条 改变共有部分的用途、利用共有部分从事经营性活动、处分共有部分，以及业主大会依法决定或者管理规约依法确定应由业主共同决定的事项，应当认定为物权法第七十六条第一款第（七）项规定的有关共有和共同管理权利的"其他重大事项"。

《合同法》

第五十一条 无处分权的人处分他人财产，经权利人追认或者无处分权的人订立合同后取得处分权的，该合同有效。

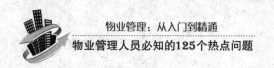

62. 业主在楼顶安装太阳能热水器，物业公司有权限制吗？

现实案例

贾女士与某开发商签订了《商品房买卖合同》，约定购买某小区3号院2号楼17层（顶层）1703号商品房一套。贾女士入住时，与物业公司同时签订了《北京某小区物业管理协议》及《北京某小区装修管理规定》，在装修规定中，双方约定"未经物业公司同意，禁止在楼宇外墙上及楼顶露天平台上安装花架、防盗护栏、窗框、天线或遮阳棚等物件"。2010年12月，贾女士与物业公司协商，要求在其房屋的楼顶安装太阳能热水器，但双方分歧较大，未能达成一致，后物业公司将贾女士所居住的2号楼通往楼顶的通道门锁住，以阻止贾女士在该楼楼顶安装太阳能热水器。贾女士不服，将物业公司诉至法院，要求法院判令物业公司将小区2号楼通往楼顶的通道门打开，允许其安装太阳能热水器。本案中，业主贾女士在楼顶上安装太阳能热水器，物业公司该管吗？

专家解答

毫无疑问，楼顶平台属于2号楼全体业主的共用部位，属于业主共同所有。对于这一公共部位的使用权，如果是基于专有部分特定使用功能的合理需要而使用的，法律并不禁止。本案中，业主贾女士所居住的房屋在小区 2 号楼 17 层 1703 号，是顶层。她利用其所对的楼顶部分安装太阳能热水器，应当认定为"合理需要"，不构成侵权。

在物业公司与业主贾女士签订的《北京某小区装修管理规定》中约定，"未经物业公司同意，禁止在楼宇外墙上及楼顶露天平台上安装花架、防盗护栏、窗框、天线或遮阳棚等物件"。约定中并没有明确禁止业主安装太阳能热水器。因此，即使是基于双方约定，业主贾女士也有权在楼顶安装太阳能热水器。

如果业主在楼顶安装太阳能热水器，可能损害他人合法权益的，业主大会应当事先在《临时管理规约》或者《管理规约》中约定禁止此项行为。作出约定之后，业主就不得再安装太阳能热水器。

法条链接

《最高人民法院关于审理建筑物区分所有权纠纷案件具体应用法律若干问题的解释》（法释〔2009〕7 号）

第四条　业主基于对住宅、经营性用房等专有部分特定使用功能的合理需要，无偿利用屋顶以及与其专有部分相对应的外墙面等共有部分的，不应认定为侵权。但违反法律、法规、管理规约，损害他人合法权益的除外。

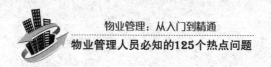
63. 业主搭建阳光房，物业公司应当怎么办？

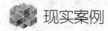 现实案例

近日，某小区一楼的铁栅栏围墙被业主金先生改成了水泥质地，并在上面封起了玻璃顶，整个天井成了大大的阳光房。楼上几家住户不得不承受着玻璃反光、空调水"滴答"声的烦恼。"此前就搭建了一间，如今在隔壁又建了一间。"李先生指着一排长十几米的玻璃阳光房，两套房子是同一个主人，也许是之前的玻璃房一直没被拆，才会继续搭建。现场可以看到，在本该是铁栅栏的天井围墙上，部分砌起了砖墙，并配上玻璃窗，甚至还在围墙上开了一扇门，而上面的玻璃顶装修得较为精致，旁边开了一扇排气窗，顶上还有五扇天窗。"阳光好的时候，我们不得不拉窗帘。"住在二楼的陆老伯对阳光房一直颇为不满，"下雨天玻璃顶发出响声，加上一年四季空调水滴在上面，发出的'滴答'声真是让人心烦。"甚至还有老鼠沿着玻璃顶爬到了二楼，咬坏了他家的纱窗。"我们向物业公司反映过几次，但阳光房还是在那里。"几位二楼的邻居颇为着急，并且对物业公司的服务产生了不满情绪。为避免引起更多业主的不满，物业公司于2009年11月17日晚23时，组织6名保安用铁锤、十字镐、锯条等工具，对业主金先生搭建的阳光房实施了强行拆除。在拆除过程中，金先生从梦中惊醒，赶忙跑到屋外，

与保安员发生了冲突。事后，金先生将物业公司告到法院，要求物业公司赔偿其财产和精神损失。本案中，物业公司对业主金先生搭建的阳光房有权实施拆除吗？物业公司应当如何处理类似问题呢？

专家解答

按照《物权法》，业主对建筑物专有部分以外的共有部分，享有权利，承担义务；有关共有和共同管理权利的重大事项应由业主共同决定。业主对建筑物专有部分以外的共有部分享有权利，承担义务，不得损害其他业主的合法权益。业主金先生将一楼的铁栅栏围墙改成水泥质地，并在上面封起了玻璃顶，搭建成长十几米的阳光房，占用了全体业主的共有部分，属于违法建设行为，违反了物业装饰装修和使用等方面的法律法规。显然，业主金先生搭建阳光房的行为是违法的。

对于金先生的违法建设行为，物业公司拥有哪些权利又承担何种义务？按照《物业管理条例》的规定，物业公司应当对违法行为予以制止，并及时向有关行政管理部门报告。需要说明的是，物业公司与业主之间系物业服务关系，物业公司的"制止"，更多地应当理解为义务，而非权利。而且，物业公司"制止"的手段应当理解为劝说、劝阻，并无"强行拆除"的权力。《物业管理条例》第四十五条第二款规定："有关行政管理部门在接到物业服务企业的报告后，应当依法对违法行为予以制止或者依法处理。"因此，物

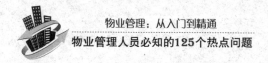
业公司在为小区业主提供服务、行使管理权时，应依照合同约定或法律规定履行职责，物业公司若认为金先生搭建的阳光房属非法搭建物，应通过合法且适当的方式行使管理权。如果"强行拆除"，也只能由政府相关部门组织实施。物业公司的拆除行为是违法的。被告物业公司在"强行拆除"阳光房的过程中，损坏了原告财产，由此给原告造成的财产损失，应当由被告承担相应的民事赔偿责任。

实践中，物业管理区域内违法建设的行为比较常见。私搭乱建等违法建设行为，极易引起其他业主的不满，也会影响到物业公司的日常管理。但物业公司绝不能因此而采取违法措施。应当合情合理、合法地采取相应措施：

一、履行制止义务，制定统一规范的整改通知单

物业公司发现业主或物业使用人存在违法建设行为的，可以首先口头劝阻。口头劝阻无效的，发送停止违法建设行为通知书和整改通知书，要求行为人立即停止违法建设并恢复原状。在发送通知书的过程中，应当注意做好记录，留存通知书回执、现场照片等相关证据。行为人不配合签收通知书的，物业公司可以采取邮政特快专递的方式送达。

二、履行报告义务，制定统一规范的报告书

违法建设行为依法应当由规划、城管等部门进行行政处罚或处理。建议物业公司制作《违法建设报告书》制式文本，文本可参考北京市住房和城乡建设委员会的相关示范文本。

 法条链接

《物权法》

第七十三条　建筑区划内的道路，属于业主共有，但属于城镇公共道路的除外。建筑区划内的绿地，属于业主共有，但属于城镇公共绿地或者明示属于个人的除外。建筑区划内的其他公共场所、公用设施和物业服务用房，属于业主共有。

《物业管理条例》

第四十五条　对物业管理区域内违反有关治安、环保、物业装饰装修和使用等方面法律、法规规定的行为，物业服务企业应当制止，并及时向有关行政管理部门报告。

有关行政管理部门在接到物业服务企业的报告后，应当依法对违法行为予以制止或者依法处理。

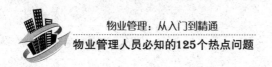
64. 小区装宽带，物业公司与业主选择不同的运营商怎么办？

 现实案例

2010 年 4 月，业主赵先生向市电信公司申请了宽带服务，电信公司在安装过程中，该小区物业公司以安装工作破坏小区建设，以及小区已经使用了另一家公司的宽带等理由阻止电信公司的安装工作。赵先生认为："我是业主，应该有自由选择通信公司的权利，物业公司无权干涉！"与物业公司交涉无果后，赵先生将小区物业公司告上法院，要求物业公司停止"阻止安装电信宽带服务"的侵权行为，并赔礼道歉。庭审中，物业公司辩称，该小区通信管路由另一家公司投资，电信公司如果要安装也应该在与另一家公司协商费用后，再由规划部门在规划的预埋通信管内穿线，而不应该违反规划在小区内乱拉、乱挖管线，损害小区的整体规划及其他业主的权益。

法院经审理认为，公民有选择通信的权利。赵先生所居住的小区虽然已经安装了另一家公司的宽带，但赵先生也有选择使用电信宽带的权利。该物业公司作为物业管理单位，阻止赵先生安装电信宽带是错误的，显然损害了赵先生的通信权，物业的行为已经构成了对赵先生的侵权。因此对于赵先生的诉讼请求法院予以支持。那

么，物业公司是否有权阻止业主选择另一家电信运营商呢？

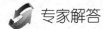 专家解答

　　物业公司是按照物业服务合同约定为业主提供物业服务的企业，而电信企业能否进小区为业主提供宽带服务已经超出了物业服务的范围。即使业主或电信企业安装宽带的行为违反了规划，物业公司也应当通过报告规划部门进行处理，而不能简单地阻止。当然，业主赵先生虽然有选择使用哪家通信公司服务的权利，但不能违反相关政策法规，不得擅自占用、挖掘物业管理区域内的道路、场地，损害业主的共同利益。业主确需临时占用、挖掘道路、场地时，应当征得业主委员会和物业公司的同意。如果加装电信宽带而需改动或者迁移已有的电信线路及其他电信设施，则应当征得原有通信运营商的同意。因此，本案中，业主赵先生可以自由选择电信公司提供的宽带服务，但是在安装前应事先征得业主委员会和物业公司的同意，并应当将临时占用、挖掘的道路、场地，在约定期限内恢复原状。

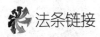 法条链接

《电信条例》

　　第四十一条　电信业务经营者在电信业务经营活动中，不得有下

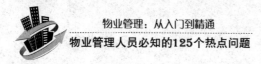

列行为：

（一）以任何方式限制电信用户选择其他电信业务经营者依法开办的电信服务；

（二）对其经营的不同业务进行不合理的交叉补贴；

（三）以排挤竞争对手为目的，低于成本提供电信业务或者服务，进行不正当竞争。

第四十八条 任何单位或者个人不得擅自改动或者迁移他人的电信线路及其他电信设施；遇有特殊情况必须改动或者迁移的，应当征得该电信设施产权人同意，由提出改动或者迁移要求的单位或者个人承担改动或者迁移所需费用，并赔偿由此造成的经济损失。

《物业管理条例》

第五十条 业主、物业服务企业不得擅自占用、挖掘物业管理区域内的道路、场地，损害业主的共同利益。

因维修物业或者公共利益，业主确需临时占用、挖掘道路、场地的，应当征得业主委员会和物业服务企业的同意；物业服务企业确需临时占用、挖掘道路、场地的，应当征得业主委员会的同意。

业主、物业服务企业应当将临时占用、挖掘的道路、场地，在约定期限内恢复原状。

65. 电梯噪声大，业主能否向物业公司索赔？

 现实案例

2009 年，诸葛先生在杭州某小区购买了一套住房。2010 年入住后，诸葛先生才发觉房屋所在楼的两部电梯噪声非常大，导致他和老伴无法入睡，影响日常生活和工作。为此，诸葛先生曾多次向物业公司反映，要求采取隔音降噪措施。物业服务人员实地查看后也确认存在噪声，并对电梯采取了维修保养工作，但效果不甚理想。2010 年 3 月，诸葛先生委托市环境监测中心现场进行噪声监测，结果显示电梯的夜间噪声测量值超过国家规定的限值。

诸葛先生认为，房产开发商在房屋的开发设计上存在缺陷，而物业公司对小区内电梯等公用设施负有管理、维修、保养义务，故将二者诉至法院，要求法院判令两被告对电梯进行隔音降噪整改，如未在规定的期限内完成整改，或整改不能通过验收合格的，需每天赔偿诸葛先生 100 元。开发商认为诸葛先生所在小区通过验收并实际交付使用多年，因维修保养不当导致了电梯老化，必然会产生噪声，所以不应当由其承担责任。而物业公司认为，他们已尽到合同约定的管理义务，公司每年对电梯进行日常维修保养，且诸葛先生反映问题后，物业公司也多次对电梯进行维修。因此，物业公司不存在任何过错。本案中，电梯噪声污染，应当由谁承担责任？物

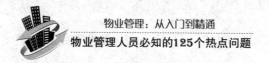

业公司应否赔偿诸葛先生的损失？

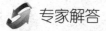 专家解答

按照《民法通则》及《侵权责任法》的规定，因污染环境造成损害的，污染者应当承担侵权责任。《侵权责任法》第六十六条规定："因污染环境发生纠纷，污染者应当就法律规定的不承担责任或者减轻责任的情形及其行为与损害之间不存在因果关系承担举证责任。"《最高人民法院关于民事诉讼证据的若干规定》第四条第一款第（三）项规定："因环境污染引起的损害赔偿诉讼，由加害人就法律规定的免责事由及其行为与损害结果之间不存在因果关系承担举证责任。"可见，环境污染侵权责任追究适用过错推定原则，即如果侵权人不能举证证明其无责任就应当承担责任。

本案中，开发商在建设小区时安装了电梯设备，对电梯的质量和使用安全应当负责任。虽然开发商声称，电梯系因维修保养不当导致电梯老化而产生噪声污染，但并不能举证证明，因此，应当承担侵权责任。受害人诸葛先生有权要求开发商停止侵害、排除妨碍（如进行隔音降噪整改）、赔偿损失。物业公司如果能够证明其已按照电梯使用要求及物业服务合同关于电梯维修保养要求履行了相关义务，就可以免于承担责任。

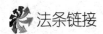 法条链接

《侵权责任法》

第六十五条 因污染环境造成损害的，污染者应当承担侵权责任。

第六十六条 因污染环境发生纠纷，污染者应当就法律规定的不承担责任或者减轻责任的情形及其行为与损害之间不存在因果关系承担举证责任。

《环境保护法》

第四十一条 造成环境污染危害的，有责任排除危害，并对直接受到损害的单位或者个人赔偿损失。

《最高人民法院关于民事诉讼证据的若干规定》

第四条 下列侵权诉讼，按照以下规定承担举证责任：

……

（三）因环境污染引起的损害赔偿诉讼，由加害人就法律规定的免责事由及其行为与损害结果之间不存在因果关系承担举证责任；

……

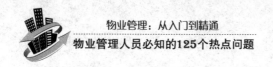
66. 楼房墙皮脱落砸坏汽车，物业公司应当赔偿吗？

 现实案例

　　某小区业主吕先生，一直将私人汽车停放在楼下空地上。2010年9月30日，楼宇外墙皮脱落，一块从楼顶脱落的外墙水泥块重重地砸在了车子的前机器盖上，前风窗玻璃也出现了裂痕。事发后，吕先生多次找物业公司协商解决赔偿问题。物业公司认为，吕先生停车的位置并不属于停车位，而本次墙体脱落也纯属意外，因此，吕先生应自己承担随意停车所导致的后果，自行负担相应的修车费用，物业公司只负责向小区内业主收取水、电费用，因此物业公司与此次事故无关。双方就赔偿问题未能达成一致意见，业主吕先生将物业公司起诉到法院，要求物业公司赔偿修车费用3000元。庭审中，物业公司表示，吕先生所居住的小区没有正规的停车位，不具备设置停车位的条件，他们表示愿意和吕先生协商解决，为其支付30%的维修费用。对此，吕先生表示物业公司赔偿数额过低，不能接受。法院经审理后认为，物业公司作为建筑物管理人，对涉案楼房有维修、预防危险发生的义务，因此判决物业公司赔偿吕先生全部修车费用。

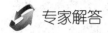 专家解答

本案是因物业共有（共用）部分的管理引发的诉讼。案件焦点在于，物业公司应否赔偿业主吕先生的修车费用？如果需要赔偿，应该承担多大比例的赔偿份额？

《侵权责任法》第八十五条规定："建筑物、构筑物或者其他设施及其搁置物、悬挂物发生脱落、坠落造成他人损害，所有人、管理人或者使用人不能证明自己没有过错的，应当承担侵权责任。……"本案中，小区楼房的墙体脱落砸损业主车辆，属于建筑物发生脱落造成他人损害的情况。"所有人、管理人或者使用人"应当承担责任。《物权法》规定，业主可以自行管理建筑物及其附属设施，也可以委托物业服务企业或者其他管理人管理。本案中，业主委托物业公司管理小区的建筑物及其附属设施。业主是建筑物的所有人和使用人，但在墙体脱落上，业主并无过错。而物业公司作为建筑物管理人，对涉案楼房有维修、预防危险发生的义务。楼房墙体脱落，说明物业公司并未尽到完全的管理义务和责任。因此，法院判决物业公司赔偿吕先生全部修车费用。

本案中，应当特别注意的是，物业公司与小区业主或者业主委员会签订物业服务合同，有些合同内容约定非常具体、明确。假设本案中双方的物业服务合同约定了"墙体砸坏业主汽车，物业公司不承担责任；或者承担部分责任"，那么，也不当然排除物业公司的赔偿责任。这种情况属于违约责任与侵权责任的竞合，按照我国

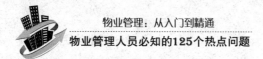

《合同法》规定，受损害方有权选择要求侵害方承担违约责任或者侵权责任。换言之，即使物业服务合同中约定，物业公司在此种情况下无责任，受害人仍然可以按照《侵权责任法》的规定，要求物业公司承担侵权责任。

本案中，还应当引起注意的是，应当分清不同情况下的不同责任主体。比如，房屋如果处于保修期内，那么，外墙脱落则极有可能与房屋质量有关，应由建设单位承担保修责任，并承担损害赔偿责任。

法条链接

《侵权责任法》

第八十五条 建筑物、构筑物或者其他设施及其搁置物、悬挂物发生脱落、坠落造成他人损害，所有人、管理人或者使用人不能证明自己没有过错的，应当承担侵权责任。所有人、管理人或者使用人赔偿后，有其他责任人的，有权向其他责任人追偿。

《合同法》

第一百二十二条 因当事人一方的违约行为，侵害对方人身、财产权益的，受损害方有权选择依照本法要求其承担违约责任或者依照其他法律要求其承担侵权责任。

67. 物业公司有权制止业主的群租行为吗？

 现实案例

2010 年 6 月 21 日，何某向业主安某租赁了上海某小区 1203 室三室两厅 132 平方米的房子，双方在租赁合同中约定，租赁期限为两年，房租为每月 2400 元，租金每三个月以现金方式支付。双方同时在合同中又约定了补充条款，其中有"甲方（安某）同意乙方（何某）分割出租（转租）签约之内的两年"以及"若本条款与合同内的条款有冲突，应以本条款为准"的内容。何某将房子装修之后，将原有的房间分割成十个小隔间，其中客厅被分为三间，主卧、书房和餐厅各分为两间。

8 月 10 日，小区物业公司向何某发出违章装修整改通知单，称其承租的房屋在室内装修施工中将房屋隔成多间、改变了房屋原有设计功能和布局，违反了约定，要求何某停止施工，恢复原状。9 月 6 日，何某拉来了 10 张床，准备放进 1203 室，但在小区大门口，被物业管理人员拦了下来。由于争执无果，何某的 10 张床一直被扔在小区门口。一周后，何某将物业公司告上法庭。

原告何某认为，物业公司限制自己及房客进出，侵犯了他们的人身权。因此，何某要求物业公司立即停止侵权，不得无理由阻拦自己及房客正常出入小区，并赔偿 2400 元的房屋租金。被告物业

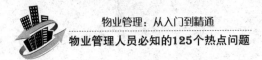

公司表示，搬床是"群租"行为的一部分，阻止搬床是为了制止"群租"，"何某的行为违反了《小区临时管理规约》及《小区室内装饰装修管理服务协议》。我们曾经向何某发出整改通知，但她没有整改"。法院在审理此案过程中，查清了以下事实：2010年1月，该房房主安某与小区房地产公司签订了《小区住宅临时管理规约》，约定按照设计用途使用物业，禁止擅自改变住宅设计功能和布局。同时，何某也与物业公司签订了《小区室内装饰装修管理服务协议》，约定物业公司应对本物业内的装修装饰行为进行检查、服务和管理，另外协议约定严禁改变房间原有设计用途。法院审理后判决驳回原告何某的诉讼请求。

专家解答

本案的争议问题在于：物业公司制止群租行为是否构成侵权？

"群租"并非一个严格的法律概念，一般是指，房屋产权人或使用权人通过改变房屋建筑结构和布局的方式，将房屋分割成多个独立的房间，然后以各个独立的房间为单位对外出租给多人的租赁现象。

按照《上海市住宅物业管理规定》第五十条第一款规定："业主、使用人应当遵守国家和本市的规定以及临时管理规约、管理规约，按照房屋安全使用规定使用物业。"第五十二条规定："业主、使用人应当按照规划行政管理部门批准或者房地产权证书载明的用途使用物业，不得擅自改变物业使用性质。确需改变物业使用性质的，由区、县规划行政管理部门会同区、县房屋行政管理部门提出允许改变物业使用性质的区域范围和方案，并召开听证会听取利害关系人意见后，报区、县人民政府决定。在允许改变物业使用性质的区域范围内，具体房屋单元的业主需要改变使用性质的，应当符合法律、法规以及管理规约，经有利害关系的业主同意后报区、县房屋行政管理部门审批，并依法向其他行政管理部门办理有关手续。""群租"属于租赁行为，属于对物业的使用行为，按照上述规定，使用物业应当遵守法律法规和本小区的临时管理规约和管理规约。本案中，1203 室三室两厅 132 平方米的房屋，其客厅、卧室、餐厅、卫生间等部分都有各自的使用性质，原告何某擅自改变了房屋原有的使用性质，将所有部分都变成用于居住的小房间。且本案中，并非属于确需改变物业使用性质的情形，何某也未办理相关手续。因此，原告的群租行为违反了《上海市住宅物业管理规定》。

群租行为同时违反了《小区住宅临时管理规约》和《小区室内装饰装修管理服务协议》相关约定。1203 室业主安某与房地产公司签订了《小区住宅临时管理规约》，约定按照设计用途使用物业，禁止擅自改变住宅设计功能和布局。此外，何某也与物业公司签订了《小区室内装饰装修管理服务协议》，约定严禁改变房间原有设计用途。

原告认为其与业主签订的房屋租赁合同中约定了其有权将房屋

进行分割出租。但民事行为不得违反法律规定。综上，原告的群租行为违反了法律规定和相关约定，是违法的。

按照《物业管理条例》第四十六条以及《上海市住宅物业管理规定》第五十三条的规定，对于业主违反法律规定的物业使用行为，行政处理和处罚权在于有关行政管理部门。业主出现上述行为时，有关行政管理部门在接到物业管理企业的报告后，应当依法对违法行为予以制止或者依法处理，如责令改正、限期拆除、恢复原状、向人民政府申请强制拆除、罚款等。

本案中，对于原告违法使用物业的行为，物业公司实施了两个劝阻和制止行为。第一个行为是物业公司于 8 月 10 日向何某发出违章装修整改通知单，要求何某停止施工，恢复原状。第二个行为是物业公司于 9 月 6 日阻止何某将 10 张床运进小区。上述两个行为都属于劝阻和制止行为，其方式和强度合理且未违法，因此法院驳回物业使用人何某的诉讼请求是恰当的。

法条链接

《物业管理条例》

第四十五条 对物业管理区域内违反有关治安、环保、物业装饰装修和使用等方面法律、法规规定的行为，物业服务企业应当制止，并及时向有关行政管理部门报告。

有关行政管理部门在接到物业服务企业的报告后，应当依法对违法行为予以制止或者依法处理。

《商品房屋租赁管理办法》

第八条 出租住房的，应当以原设计的房间为最小出租单位，人均租住建筑面积不得低于当地人民政府规定的最低标准。

厨房、卫生间、阳台和地下储藏室不得出租供人员居住。

第十条 承租人应当按照合同约定的租赁用途和使用要求合理使用房屋，不得擅自改动房屋承重结构和拆改室内设施，不得损害其他业主和使用人的合法权益。

承租人因使用不当等原因造成承租房屋和设施损坏的，承租人应当负责修复或者承担赔偿责任。

第十一条 承租人转租房屋的，应当经出租人书面同意。

承租人未经出租人书面同意转租的，出租人可以解除租赁合同，收回房屋并要求承租人赔偿损失。

第二十二条 违反本办法第八条规定的，由直辖市、市、县人民政府建设（房地产）主管部门责令限期改正，逾期不改正的，可处以五千元以上三万元以下罚款。

《上海市住宅物业管理规定》

第五十条 业主、使用人应当遵守国家和本市的规定以及临时管理规约、管理规约，按照房屋安全使用规定使用物业。

禁止下列损害公共利益及他人利益的行为：

（一）损坏房屋承重结构；

（二）违法搭建建筑物、构筑物；

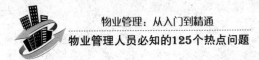

（三）破坏房屋外貌；

（四）擅自改建、占用物业共用部分；

（五）损坏或者擅自占用、移装共用设施设备；

（六）存放不符合安全标准的易燃、易爆、剧毒、放射性等危险性物品，或者存放、铺设超负荷物品；

（七）排放有毒、有害物质；

（八）发出超过规定标准的噪声；

（九）法律、法规和规章禁止的其他行为。

第五十一条　业主、使用人装饰装修房屋，应当遵守国家和本市的规定以及临时管理规约、管理规约。

业主、使用人装饰装修房屋的，应当事先告知物业服务企业。物业服务企业应当将装饰装修工程的禁止行为和注意事项告知业主、使用人。

在业主、使用人装饰装修房屋期间，物业服务企业应当对装饰装修房屋情况进行现场巡查，业主应当予以配合。

第五十二条　业主、使用人应当按照规划行政管理部门批准或者房地产权证书载明的用途使用物业，不得擅自改变物业使用性质。

确需改变物业使用性质的，由区、县规划行政管理部门会同区、县房屋行政管理部门提出允许改变物业使用性质的区域范围和方案，并召开听证会听取利害关系人意见后，报区、县人民政府决定。

在允许改变物业使用性质的区域范围内，具体房屋单元的业主需要改变使用性质的，应当符合法律、法规以及管理规约，经有利害关系的业主同意后报区、县房屋行政管理部门审批，并依法向其他行政管理部门办理有关手续。

第五十三条 物业服务企业发现业主、使用人在物业使用、装饰装修过程中有违反国家和本市有关规定以及临时管理规约、管理规约行为的，应当依据有关规定或者临时管理规约、管理规约予以劝阻、制止；劝阻、制止无效的，应当在二十四小时内报告业主委员会和有关行政管理部门。有关行政管理部门在接到物业服务企业的报告后，应当依法对违法行为予以制止或者处理。

第七十一条 业主、使用人违反管理规约应当承担相应的民事责任。对违反管理规约的，业主委员会应当予以劝阻、制止；对不听劝阻的，业主委员会可以在物业管理区域内就相关情况予以公示；相关业主可以依法向人民法院提起民事诉讼。

第七十九条 业主、使用人违反本规定第五十二条规定，擅自改变物业使用性质的，由区、县房屋行政管理部门责令限期改正，恢复原状，可处一万元以上五万元以下的罚款。

第八十条 物业服务企业违反本规定第五十三条规定，对业主、使用人的违法行为未予以劝阻、制止或者未在规定时间内报告有关行政管理部门的，由区、县房屋行政管理部门责令改正，可处一千元以上一万元以下的罚款。

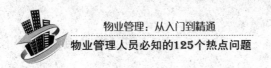
68. 楼上跑水楼下被淹，物业公司应否担责？

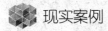 现实案例

　　2007 年 12 月 10 日下午五点三十分，家住上海市某小区 803 室的段女士房内发生大面积漏水，段女士赶紧向小区物业公司报修，维修人员赶到现场后，因未能联系到楼上的马女士，无法进入 903 室，遂向"110"报警，之后在关闭单元楼的进水阀门未果的情况下，物业公司的维修人员关闭了小区的总进水阀门。马女士则于当晚七点三十分左右赶回家中，经查系 903 室房内卫生间的洗衣机进水管脱落所致，马女士遂进行了修复。嗣后段女士因房屋地板、墙面受损及房内放置的钢琴、小提琴、电脑、收录机、电话机、部分家具、书、照片和米、面粉等食用品受潮受损，要求马女士给予经济赔偿，但因双方对赔偿数额意见不统一，所以未能达成最终的结果。

　　段女士遂将楼上住户马女士和物业公司诉至法院，要求马女士赔偿地板的修复费 3300 元，其余物品经济损失 16000 元；要求物业公司赔偿墙面的修复费用 1000 元，其余物品经济损失 4000 元。对此，马女士表示愿意在 2000 元范围内作合理补偿，物业公司则不同意赔偿。一审法院判决：一、马女士于判决生效后十日内赔偿段女士房屋装潢受损的修复费用人民币 3500 元；二、段女士的其余诉讼请求不予支持。段女士对诉讼结果不满，遂提起上诉。二审

法院判决驳回上诉，维持原判。本案中，赔偿责任如何分配？物业公司是否应当承担责任呢？

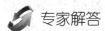 专家解答

本案的焦点是段女士的损失应如何赔偿。物业公司应否负赔偿责任。本案涉及的主要法律问题是相邻关系和物业公司的相关义务。

关于相邻关系，按照《物权法》，不动产的相邻权利人应当按照有利生产、方便生活、团结互助、公平合理的原则，正确处理相邻关系。被告马女士系段女士楼上住户，应在合理、安全范围内管理、使用房屋。马女士房屋内卫生间的水管损坏导致漏水，并对段女士的房屋装潢造成损害。马女士房屋漏水与段女士房屋装潢及房内财物损失之间存在必然的因果关系。因此，马女士应当承担相关的民事赔偿责任。具体赔偿数额应以段女士举证证明其因楼上漏水而遭受的损失数额计算，或者通过申请司法审计对段女士主张的物品的实际经济损失作出认定。原告未提供证据亦未申请司法鉴定，因此，法院综合段女士房屋的实际受损状况及房屋装潢的折旧率对段女士房屋装潢的修复费用酌情予以判处并无不当。

物业公司的赔偿责任问题。物业公司应当按照物业服务合同的约定及相关法律规定，提供相应的服务。当然，当事人并未就服务合同中对本案情形下物业公司负有何种责任义务加以举证。因此，

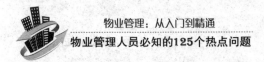
只能依据法理和物业管理法规进行判断。原告认为物业公司对相关设施疏于管理、养护，要求其承担相应的赔偿责任。但本案原告段女士的损失直接源于楼上住户的不当用水行为，与物业公司的服务行为之间并不存在直接的因果关系。而且段女士提供的证据不能证明物业公司存在怠于行使管理职责的事实与段女士因漏水遭受的财产损失之间有直接的因果关系。从物业管理角度看，物业公司在接到业主报修后，及时赶到现场，报警并采取了关闭进水阀的应急措施。应当认定其履行了合理的物业管理职责。因此，物业公司不应承担赔偿责任。

本案中，判断物业公司应否承担侵权赔偿责任的关键在于是否有证据证明物业公司在跑水事件中存在未履行物业管理职责的行为。本案一方面能够反映出一个物业服务企业的应急服务能力，另一方面可以帮助物业服务企业界定本职工作的范围。建议物业公司建立突发事件应急预案，制定水、电类急修工作规程，以提高物业公司的应急处置能力。

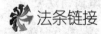 法条链接

《物权法》

第八十四条 不动产的相邻权利人应当按照有利生产、方便生活、团结互助、公平合理的原则，正确处理相邻关系。

《物业管理条例》

第三十五条 物业服务企业应当按照物业服务合同的约定，提供相应的服务。

物业服务企业未能履行物业服务合同的约定，导致业主人身、财产安全受到损害的，应当依法承担相应的法律责任。

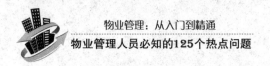

69. 业主将住宅改为旅馆怎么办？

 现实案例

最近，老张在小区院子内遛弯时总发现，有一些外来人员进进出出。原来是某栋楼101房间的李姓业主在小区内开了一家"家庭式小旅馆"。这房子的业主不住在小区，买了以后就没住过，他将房屋进行装修后，当成了旅馆。像这样的小旅馆每住一天的价格不过几十块钱，生意非常红火。入住者流动性较强、甚至有社会闲散人员，安全隐患极大，给小区居民的生活带来诸多不便。后来，有业主陆续反映该问题，"觉得不安全，都是邻居，上上下下、进进出出无所谓，但有外人住在这，可不放心"。本案中，对于101房间的李姓业主将自己的房屋改为旅馆的情况，应该如何处理？

专家解答

本案属于一起典型的住改商案例，即《物权法》规定的所谓"将住宅改为经营性用房"的问题。

将住宅改为经营性用房，《物权法》规定了两个条件：一是须遵守法律、法规以及管理规约；二是应经有利害关系的业主同意。最高法司法解释规定了相邻业主的权利，明确提出法院支持有利害关系业主主张的排除妨害、消除危险、恢复原状或者赔偿损失等请求。也就是说，在诉讼过程中，利害关系业主一般只需证明有业主将住宅改变为经营性用房这一事实存在，其排除妨害、消除危险、恢复原状等请求即可获得法院支持。"有利害关系的业主"，是指"本栋建筑物内的其他业主"，以及证明了其房屋价值、生活质量受到或者可能受到不利影响的"本栋建筑物"以外的业主。而且实行利害关系业主"一票否决"制。只要有一人不同意，相关业主即不可变更住宅用途。因此，相关业主可以通过诉讼的方式维护其合法权益。

如果管理规约中已经约定了禁止将住宅改为经营性用房，那么，业主大会、业主委员会也可以通过诉讼方式或者直接要求业主改正相关行为。

对于物业服务企业是否有权提起诉讼，司法实践处理方式并不统一，有的法院受理并依法审理，但有的法院会驳回物业服务企业的起诉。实际上，根据《最高人民法院关于审理物业服务纠纷案件具体应用法律若干问题的解释》相关规定，物业服务企业有诉权。

除此之外，根据经营性质的不同，住宅改为经营性用房还需要另外满足办理工商营业执照、租赁备案、消防要求、食品卫生要求等条件。如果不符合相关条件的，物业公司和业主可以向相关政府职能部门投诉举报。

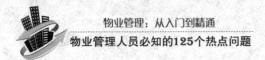

法条链接

《物权法》

第七十七条 业主不得违反法律、法规以及管理规约，将住宅改变为经营性用房。业主将住宅改变为经营性用房的，除遵守法律、法规以及管理规约外，应当经有利害关系的业主同意。

《最高人民法院关于审理建筑物区分所有权纠纷案件具体应用法律若干问题的解释》

第十条 业主将住宅改变为经营性用房，未按照物权法第七十七条的规定经有利害关系的业主同意，有利害关系的业主请求排除妨害、消除危险、恢复原状或者赔偿损失的，人民法院应予支持。

将住宅改变为经营性用房的业主以多数有利害关系的业主同意其行为进行抗辩的，人民法院不予支持。

第十一条 业主将住宅改变为经营性用房，本栋建筑物内的其他业主，应当认定为物权法第七十七条所称"有利害关系的业主"。建筑区划内，本栋建筑物之外的业主，主张与自己有利害关系的，应证明其房屋价值、生活质量受到或者可能受到不利影响。

《最高人民法院关于审理物业服务纠纷案件具体应用法律若干问题的解释》

第四条 业主违反物业服务合同或者法律、法规、管理规约，实施妨害物业服务与管理的行为，物业服务企业请求业主承担恢复原状、停止侵害、排除妨害等相应民事责任的，人民法院应予支持。

70. 业主在小区花园晨练时摔伤致死，物业公司应当承担责任吗？

 现实案例

业主李女士购买了一套高档住宅，准备养老。小区地下车库的上面是花园，地下车库出口处的顶部就是花园的一端。2010 年 8 月 25 日早晨 5 时许，李女士在小区的花园晨练时坠地身亡。目击者向公安分局民警反映，当时其在自家阳台上，看见在锻炼身体的李女士从绿地跌落到绿地下方的车库出口处就不动了。死者的家属认为，李女士之所以会在晨练时从 3 米高的花园一端坠地身亡，完全是由于开发商与小区物业公司的共同过失造成的。开发商在此处设置的防护栏杆高度过低，只有 0.50 米，违反了国家强制性标准的规定。而物业公司对该存有安全隐患之处又未及时采取相应改进措施。李女士的家属要求开发商与小区物业公司共同赔偿各项损失 40 万元。而开发商和物业公司都认为自己没有责任。那么应当由谁承担赔偿责任呢？物业公司有无责任？

专家解答

本案属于一般民事侵权行为引起的人身损害赔偿案件，在确认

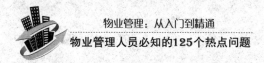

侵权责任主体后应当适用过错责任原则。小区地下车库的上面是花园，地下车库出口处的顶部就是花园的一端，端口的栏杆高度只有0.50米，显然，花园栏杆的高度确实存在着安全隐患。因此，开发商的设计存在问题，有过错，应当承担一定责任。本案中，物业公司是小区物业管理者，按照物业服务合同约定提供物业服务。物业公司应否承担责任，应通过判断其是否尽到了善良管理人的注意义务，包括设置警示标志，采取必要防护措施等。如物业公司没有设置警示标志提醒业主注意，则可以认定其存在过错，也应承担一定责任。但相对于开发商，物业公司的责任较小，因为作为物业服务提供者，物业公司并不能擅自变动、拆改共用设施设备。此外，本案中，李女士是完全民事行为能力人，应当预见花园栏杆处有危险，但她由于疏忽大意没有预见，也应当承担部分民事责任。

法条链接

《侵权责任法》

第六条第一款　行为人因过错侵害他人民事权益，应当承担侵权责任。

第二十条　侵害他人人身权益造成财产损失的，按照被侵权人因此受到的损失赔偿；被侵权人的损失难以确定，侵权人因此获得利益的，按照其获得的利益赔偿；侵权人因此获得的利益难以确定，被侵权人和侵权人就赔偿数额协商不一致，向人民法院提起诉讼的，由人民法院根据实际情况确定赔偿数额。

第二十二条 侵害他人人身权益，造成他人严重精神损害的，被侵权人可以请求精神损害赔偿。

第二十四条 受害人和行为人对损害的发生都没有过错的，可以根据实际情况，由双方分担损失。

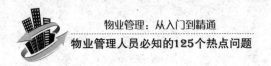

71. 小区内路灯应由谁维修养护？

 现实案例

　　包女士于2006年入住某住宅小区，但是入住2年来，小区的路灯晚上基本没亮过，居民们晚上进出都不敢迈大步子。业主们对此意见较大。包女士晚上有时会在公司加班，每次走进小区都要放慢脚步仔细观察才能看清前面的路。"前几天，由于天黑看不清路，还不小心扭伤了脚，到现在还没好彻底。"更让业主担忧的是，由于路灯无法正常照明，小区连续发生了好几起业主家中失窃事件。业主们找到小区物业公司，要求尽快修复路灯。物业公司经理则称，"我们接管小区的时候，开发商没有明确将路灯的管理权交给我们。关键的是小区现在用的还是临时电，用上正式电后，路灯的问题就会迎刃而解，但这还需要找开发商来解决。"之后，业主也联系到开发商，但开发商拒绝作出答复。那么，本案中，谁应当承担修复路灯的责任？物业公司，开发商，还是其他部门？

专家解答

　　原则上，小区内路灯的维护管理，由产权单位负责。如果产权单位与管理单位、使用单位之间约定由管理单位、使用单位管理维护的，则由管理单位、使用单位负责。开发商将房屋交付使用后，一般会委托物业公司进行管理，并进行交接查验。如果在双方的委托合同中已经约定小区路灯的日常维护和管理由物业公司负责，那么责任主体就是物业公司，否则应当由开发商承担责任。

本案发生在 2006 年，按照建设部当时《城市道路照明设施管理规定》（建设部令第 104 号）的规定，住宅小区道路照明设施建设完成并经经验收合格后，由城市建设行政主管部门委托的道路照明设施管理机构（如路灯队）进行维护和管理。本案中，小区仍然使用临时用电，不具备移交条件，开发商显然未将小区路灯设施移交有关机构。小区虽然有物业公司，但是由于：一是当时法律规定了小区路灯应移交道路照明设施管理机构；二是开发商未与物业公司签订相关移交协议。因此，本案中，开发商应当承担路灯维护和管理的责任，依法及时更换和修复破损的照明设施，使亮灯率不低于95%。

法条链接

《城市道路照明设施管理规定》（已废止）（建设部令第 104 号）

第三条 本规定所称城市道路照明设施，是指用于城市道路（含里巷、住宅小区、桥梁、隧道、广场、公共停车场）、不售票的公园和绿地等处的路灯配电室、变压器、配电箱、灯杆、地上地下管线、灯具、工作井以及照明附属设备等。

第四条第三款 城市人民政府城市建设行政主管部门可以委托有

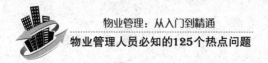

关机构，负责本城市规划区内道路照明设施的日常管理工作。

第九条 城市道路照明设施的新建、改建工程必须符合国家有关标准规范，并经验收合格后交付使用。

第十条 厂（矿）或者其他单位投资建设的城市道路照明设施，需移交城市道路照明设施管理机构的，应当报城市建设行政主管部门审核同意，并应当具备下列条件：

（一）符合道路照明安装及施工质量标准；

（二）提供必要的维修、运行条件。

第十一条 对符合上述条件的城市道路照明设施，由城市建设行政主管部门组织验收，合格后方可办理资产移交手续。

第十二条 城市道路照明设施的改建和维护，应当按照现有资金渠道安排计划。住宅小区和旧城改造中的城市道路照明设施应当同步建设。

第十五条 城市建设行政主管部门必须对道路照明设施管理机构建立严格的检查和考核制度，及时督促更换和修复破损的照明设施，使亮灯率不低于95%。

《北京市夜景照明管理办法》

第十一条 夜景照明设施的日常维护和管理由产权单位负责；产权单位与管理单位、使用单位之间约定了管理维护责任的，由约定的责任人负责。

夜景照明设施的产权单位或者管理单位应按照规定开闭夜景照明设施，并加强设施的维护管理，及时维修损坏的夜景照明设施，做到整洁美观，使用安全。

72. 《物权法》出台之前的物业管理用房如何确定？

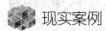 **现实案例**

　　某开发商投资建设一栋住宅公寓，于 2000 年 8 月竣工。在规划图上，开发商在公寓的一个附属楼宇配建了 3 层近 1300 平方米的物业中心。后该规划图纸经规划部门审核批准。小区业主入住后，该物业中心二层的一部分用于物业公司的办公，一层和三层主要作为业主举办文体活动的场所。2009 年的一天，业主发现该物业中心已被关闭，还张贴了一份通知："张某已从开发商处购买了物业中心 1100 平方米的房屋，现在产区归其所有，剩余 200 平方米留给物业公司办公，请业主另找场所组织文体活动。特此告知。"业主们看到通知后，非常气愤，认为开发商和张某侵害了业主的共同财产。于是，业主代表找到开发商理论，开发商答复：物业中心的产权属于开发商，因此物业中心的出售是合法行为，房产局已经按程序批准售卖了。业主向房产局提出撤回其行政行为的请求，并要求房产局责令开发商将 1300 平方米的房屋使用权全部移交业主。开发商认为，其已经将 200 平方米的房屋留作了物业公司办公用房，无义务再将本应属于开发商所有的房产全部用作物业用房。本案中，开发商是否有权处置物业中心？物业中心的大小如何确定？

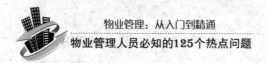
谁拥有使用权？

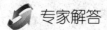专家解答

按照《物业管理条例》的规定，开发商应当按照规定在物业管理区域内配置必要的物业管理用房。物业管理用房的所有权依法属于全体业主。开发商配置物业管理用房应当体现在房地产开发之初的规划图上，以及体现在之后的测绘报告上。即物业管理用房的具体位置和面积在小区规划总平面图及测绘报告资料上都应有标注。违反条例的规定，开发商在物业管理区域内不按照规定配置必要的物业管理用房的，房地产行政主管部门应责令限期改正，给予警告，没收违法所得，并处罚款。关于物业管理用房的用途，《物业管理条例》没有明确规定。只是在第三十四条中规定："业主委员会应当与业主大会选聘的物业服务企业订立书面的物业服务合同。物业服务合同应当对物业管理事项、服务质量、服务费用、双方的权利义务、专项维修资金的管理与使用、物业管理用房、合同期限、违约责任等内容进行约定。"由此可以看出，物业管理用房主要由物业服务企业作为办公、储存物料的场所使用。

但是，很显然，本案发生在《物业管理条例》生效之前，开发商是否有义务配置物业管理用房还有待商榷。就本案而言，业主代表主张1300平方米的物业中心属于业主共同财产，应当移交给业主。而开发商不同意将产权属于自己的物业中心全部提供给业主。

本案中的"物业中心"难以界定为《物业管理条例》《物权法》中的物业管理（服务）用房。因此，对于物业中心的产权就不能当然地认定为属于业主共有。而应按照是否分摊的原则认定产权归属。如果物业中心未纳入分摊，那么，产权应当属于开发商。否则，属于全体业主所有。

《物业管理条例》规定开发商应当配建物业管理用房，但对物业管理用房的位置、面积、用途等均未作具体规定。在地方立法中，以上具体内容都得到了完善，这对于解决现实中的纠纷很有帮助。在北京市的立法过程中，《北京市物业管理办法》的主要规定如下：一、新建住宅物业项目，开发商应当配建符合特定条件的物业服务用房。二、物业服务用房用途包括客服接待、项目档案资料保存、工具物料存放、人员值班备勤、业主大会及业主委员会办公用房等。三、房屋买卖合同中应当明确物业服务用房的坐落位置（具体到楼栋、房号）。四、物业服务用房建筑面积不得低于 150 平方米，其中地上房屋面积不得低于 100 平方米，业主大会及业主委员会办公用房建筑面积为 30 平方米至 60 平方米。

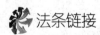 法条链接

《物权法》

第七十三条 建筑区划内的道路，属于业主共有，但属于城镇公共道路的除外。建筑区划内的绿地，属于业主共有，但属于城镇公共

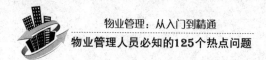
绿地或者明示属于个人的除外。建筑区划内的其他公共场所、公用设施和物业服务用房，属于业主共有。

《物业管理条例》

第三十条 建设单位应当按照规定在物业管理区域内配置必要的物业管理用房。

第三十七条 物业管理用房的所有权依法属于业主。未经业主大会同意，物业服务企业不得改变物业管理用房的用途。

《北京市物业管理办法》

第七条 新建住宅物业，建设单位应当配建物业服务用房，包括客服接待、项目档案资料保存、工具物料存放、人员值班备勤、业主大会及业主委员会办公用房等，并在房屋买卖合同中明确物业服务用房的坐落位置（具体到楼栋、房号）。物业服务用房建筑面积不得低于150平方米，其中地上房屋不得低于100平方米，业主大会及业主委员会办公用房建筑面积30至60平方米。

规划行政主管部门在规划许可、验收过程中，应当审查物业服务用房建筑面积、位置、配置等是否符合规划设计指标。房屋行政主管部门在办理房产测绘成果备案时应当核查物业服务用房配置情况。

73. 物业公司能否利用人防工程取得收益?

 现实案例

　　某商品房小区业主委员会与某物业公司签订了期限为一年的物业服务合同，在小区业主委员会并未允许的情况下，物业公司从区民防局取得了期限为五年的《人防工程使用证》，获准使用该小区人防工程做汽车库。但物业公司仅将人防工程的一少部分用作地下车库，其余部分物业公司又出租给了一家承包公司，由承包公司改造后对外出租。其中1号楼地下人防工程大片空间已被改造成了一个个的小隔间，每间面积4平方米至6平方米，用于出租住人。小区业主委员会一纸诉状将区民防局告上法庭，认为人防工程属于全体业主共有，区民防局向物业公司发放《人防工程使用证》的行为违法，请求法院予以撤销。同时，小区业主委员会还将物业公司告上法庭，请求法院判令物业公司停止侵害业主权益，并返还不当得利。本案中，人防工程归谁所有? 物业公司能否利用人防工程取得收益? 业主的诉求是否合法?

🖊 专家解答

　　人防工程的所有权问题目前尚无定论。根据《物权法》第五十

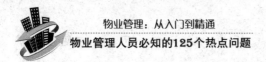
二条第一款的规定，国防资产属于国家所有。《商品房销售面积计算及公用建筑面积分摊规则》第九条规定，作为人防工程的地下室也不计入公用建筑面积。可见，人防工程所有权既不属于开发商，也不属于全体业主。

根据《人民防空法》第五条，国家鼓励、支持企业事业组织、社会团体和个人，通过多种途径，投资进行人民防空工程建设；人民防空工程平时由投资者使用管理，收益归投资者所有。第二十六条，国家鼓励平时利用人民防空工程为经济建设和人民生活服务。平时利用人民防空工程，不得影响其防空效能。可见，人防工程有两种用途，即在战时作为防空设施，在平时作为民用。平时民用，通过民防局向投资者或者使用人审批颁发《人防工程使用证》的形式，授权使用，并获得收益。

本案中，民防局将《人防工程使用证》颁发给了物业公司，因此物业公司可以依法取得相关收益，但具体用途应根据《人防工程使用证》载明的用途确定，如果用途仅限汽车库则不能用于出租住人。

法条链接

《人民防空法》

第五条第二款　国家鼓励、支持企业事业组织、社会团体和个人，通过多种途径，投资进行人民防空工程建设；人民防空工程平时由投资者使用管理，收益归投资者所有。

第二十五条 人民防空主管部门对人民防空工程的维护管理进行监督检查。

公用的人民防空工程的维护管理由人民防空主管部门负责。

有关单位应当按照国家规定对已经修建或者使用的人民防空工程进行维护管理，使其保持良好使用状态。

第二十六条 国家鼓励平时利用人民防空工程为经济建设和人民生活服务。平时利用人民防空工程，不得影响其防空效能。

《物权法》

第五十二条第一款 国防资产属于国家所有。

《商品房销售面积计算及公用建筑面积分摊规则（试行）》

第九条 公用建筑面积计算原则

凡已作为独立使用空间销售或出租的地下室、车棚等，不应计入公用建筑面积部分。作为人防工程的地下室也不计入公用建筑面积。

公用建筑面积按以下方法计算：

整栋建筑物的建筑面积扣除整栋建筑物各套（单元）套内建筑面积之和，并扣除已作为独立使用空间销售或出租的地下室、车棚及人防工程等建筑面积，即为整栋建筑物的公用建筑面积。

六、装饰装修管理

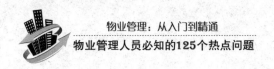

74. 业主装修房屋时，是否应当与物业公司 签订装饰装修管理服务协议？

 现实案例

业主史女士刚购买了一套房屋，准备近期装修。但听邻居说，装修需要跟物业公司签订装修管理服务协议，并需缴纳200元的装修垃圾处理费和1000元的押金，史女士认为物业公司的这种要求不合理，便决定直接装修，不跟物业公司签协议。装修开始的第二天，物业公司巡查时发现了业主史女士家正在装修，但并未与其签订装修管理协议。于是，物业公司与史女士交涉，要求史女士到物业管理中心办理备案，并签订装修管理服务协议。史女士称："装修属于个人的事情，现在你们公司也已经知道我装修了，没必要再到物业管理中心进行签协议备案。你们要求签协议不就是想要钱吗？我的装修垃圾自己清运，不用你们清运。"本案中，史女士是否可以不与物业公司签订装修管理服务协议？

专家解答

按照《住宅室内装饰装修管理办法》的规定，史女士应当与物业公司签订装修管理服务协议。在住宅室内装饰装修工程开工前，

业主应当向物业公司申报登记。因为装饰装修管理属于一项重要的物业管理服务内容，物业公司需要告知业主在装修过程中的禁止行为和注意事项，双方还要就史女士提到的垃圾清运等事项进行约定。

理论上，业主可自行清理装修垃圾，因此无须向物业公司交纳垃圾清运费。但是，业主自行清运装修垃圾并不现实，尤其在大城市，都要定点投放到垃圾收集点，业主并不知悉将建筑垃圾投放何处。因此实践中发现，承诺自行清运建筑垃圾的业主，经常直接把垃圾倒进小区的生活垃圾桶。而按照《环保法》的规定，生活垃圾与装修垃圾应当分开。即便业主具备自行清运建筑垃圾的条件，也应当与物业公司签订装修管理协议，将相关问题及违约责任约定清楚。从内容上看，装修管理服务协议一般包括：装修工程内容、工程期限、允许施工的时间、废弃物的清运与处置、住宅外立面设施及防盗窗的安装要求、禁止行为和注意事项、管理服务费用及违约责任等。

装修押金是一种业主交给物业公司的金钱担保，在业主适当履行装修管理协议后，即业主装修符合协议约定，并未存在拆改承重墙等禁止行为时，物业公司应将押金返还业主。

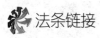 法条链接

《住宅室内装饰装修管理办法》

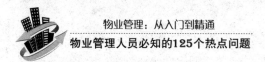

第十三条第一款 装修人在住宅室内装饰装修工程开工前，应当向物业管理企业或者房屋管理机构（以下简称物业管理单位）申报登记。

第十四条 申报登记应当提交下列材料：

（一）房屋所有权证（或者证明其合法权益的有效凭证）；

（二）申请人身份证件；

（三）装饰装修方案；

（四）变动建筑主体或者承重结构的，需提交原设计单位或者具有相应资质等级的设计单位提出的设计方案；

（五）涉及本办法第六条行为的，需提交有关部门的批准文件，涉及本办法第七条、第八条行为的，需提交设计方案或者施工方案；

（六）委托装饰装修企业施工的，需提供该企业相关资质证书的复印件。

非业主的住宅使用人，还需提供业主同意装饰装修的书面证明。

第十五条 物业管理单位应当将住宅室内装饰装修工程的禁止行为和注意事项告知装修人和装修人委托的装饰装修企业。

装修人对住宅进行装饰装修前，应当告知邻里。

第十六条 装修人，或者装修人和装饰装修企业，应当与物业管理单位签订住宅室内装饰装修管理服务协议。

住宅室内装饰装修管理服务协议应当包括下列内容：

（一）装饰装修工程的实施内容；

（二）装饰装修工程的实施期限；

（三）允许施工的时间；

（四）废弃物的清运与处置；

（五）住宅外立面设施及防盗窗的安装要求；

（六）禁止行为和注意事项；

（七）管理服务费用；

（八）违约责任；

（九）其他需要约定的事项。

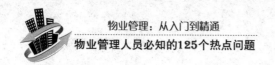

75. 物业公司迟延为业主办理装修手续，应否赔偿业主损失？

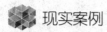 现实案例

2012年3月，白某购买了一套二手房。白某与前手业主、中介公司办理完房屋买卖手续后，到物业公司办理装饰装修手续。物业公司工作人员以房屋前手业主拖欠物业费为由，拒绝为白某办理装修手续。后来房屋前手业主与物业公司达成协议，物业公司才为白某办理了装修手续。而白某购买这套房屋主要用于经营，因物业公司的迟延办理装饰装修手续导致白某延迟入住40天，白某请求法院判令物业公司赔偿其损失4万元。白某向法院提供了物业公司工作人员出具的证明，该证明显示物业公司未给白某办理装修手续确系因前手业主欠费。法院认为，业主的请求具有合理性，但主张的损失数额依据不足，结合案件实际情况，最终判决物业公司赔偿白某1万元。物业公司对一审法院判决结果不服，以迟延办理装修手续是因为根据开发商及公司规定，业主对房屋进行装修需提交装修公司营业执照、资质证明、装修说明及图纸等审批材料，而业主并未提供上述材料为由上诉到二审法院。二审法院判决维持原判。本案中，物业公司应否承担白某因迟延入住遭受的损失？

专家解答

业主装修前应当向物业公司申报登记。物业公司也有义务为业主办理装饰装修手续。在装饰装修过程中，业主与物业公司都负有一定义务。业主在申报登记时，应当提交以下材料：房屋所有权证（或者证明其合法权益的有效凭证）；申请人身份证件；装饰装修方案；变动建筑主体或者承重结构的，需提交原设计单位或者具有相应资质等级的设计单位提出的设计方案；委托装饰装修企业施工的，需提供该企业相关资质证书的复印件。

本案中，物业公司在提起上诉时认为，因业主没有按照规定提供装修公司营业执照及资质证明等材料，才迟延给其办理装修许可证。但实际上，物业公司与前手业主达成协议后，就为白某办理了装修手续，可见，物业公司在业主未提供上述材料的情况下也可以为业主办理装修手续。而且，白某向法院提交了物业公司不为其办理装修手续的理由方面的证据：白某向法院提供了物业公司工作人员出具的证明，该证明显示物业公司未给白某办理装修手续确系因前手业主欠费。因此，物业公司的辩解理由不能成立，确属因物业公司方面的原因导致了业主装修迟延。所以，物业公司应当承担赔偿责任。

当然，如果业主在申报登记时没有向物业公司提交应当提交的材料，物业公司有权拒绝办理相关手续。由此造成的损失，物业公司不承担责任。

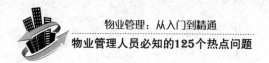

法条链接

《住宅室内装饰装修管理办法》

第十三条 装修人在住宅室内装饰装修工程开工前，应当向物业管理企业或者房屋管理机构（以下简称物业管理单位）申报登记。

非业主的住宅使用人对住宅室内进行装饰装修，应当取得业主的书面同意。

第十四条 申报登记应当提交下列材料：

（一）房屋所有权证（或者证明其合法权益的有效凭证）；

（二）申请人身份证件；

（三）装饰装修方案；

（四）变动建筑主体或者承重结构的，需提交原设计单位或者具有相应资质等级的设计单位提出的设计方案；

（五）涉及本办法第六条行为的，需提交有关部门的批准文件，涉及本办法第七条、第八条行为的，需提交设计方案或者施工方案；

（六）委托装饰装修企业施工的，需提供该企业相关资质证书的复印件。

非业主的住宅使用人，还需提供业主同意装饰装修的书面证明。

76. 装修管理费、装修押金应怎样收取和返还？

 现实案例

　　戚先生于 2004 年 2 月购买了某大厦的一栋房屋，并签名确认同意接受前期物业管理单位拟订的物业合同、物业管理公约、业主手册、装修管理规定及收费标准。同年 9 月，戚先生从物业公司处签收了《××大厦二次装修手册》（以下简称装修手册）、《××大厦临时管理管理规约》（以下简称管理规约）、《××办公/商铺业主/用户手册》（以下简称用户手册）、《有偿服务收费标准（一）、（二）》等。根据用户手册 3.5.1 规定，"装修保证金每平方米 50 元，按建筑面积计算；装修管理费每平方米 25 元，按建筑面积计算（包括审图费、现场管理费等）；线槽井道占用费每根 8000 元，在施工前由业主一次性交付于本物业管理处，且不获退还。"用户手册 3.4.5 规定，"施工完毕、装修单位申报施工：提供消防质监部门的验收证明，递交竣工图，各批文及其他竣工资料等"；用户手册 3.4.6 规定，业主装修工程经管理处验收合格后，将获管理处签发之"装修工程竣工证明书"，而业主将此证明向管理处申请发还装修保证金。用户手册 3.5.2 规定，装修工程竣工后，所有装修废料清理完毕，且对大厦公共设施/设备未造成任何破坏，则装修

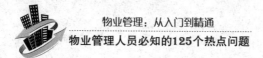
保证金将于大厦管理处验收后 30 天内无息退还；如装修保证金不足弥补以上损失，则管理处保留向业主追偿不足部分金额之权利，装修管理费一概不予退还。在装修手册二次装修流程表中，主要环节退装修押金：业主装修工程验收合格及相关手续完备，管理处将把全部资料转交财务部处理，等候通知。戚先生于 2005 年 1 月入住后，支付装修押金（即装修保证金）40000 元、装修管理费 20354.63 元（被告实际按 50% 计收）、线槽井道占用管理费 8000 元。

戚先生装修完成后，向物业公司提出返还装修管理费、装修押金等款项时，遭到拒绝。物业公司的理由是，戚先生在装修过程中，多次违反装修规定和约定，物业公司共向施工人员发出了 23 份安全隐患整改通知书，并提出十七层强电间被人损坏（物业公司出示了现场确认书），施工人员擅自损坏大厦设施、设备。追索款项无果后，戚先生将物业公司诉至法院，认为物业公司无权收取并霸占业主超额的费用，这属于乱收费，他要求被告物业公司返还已收的装修管理费 20354.63 元、装修押金 40000 元、线槽井道占用管理费 8000 元，共计 68354.63 元。在法庭上，物业公司提交了 23 份安全隐患整改通知书、电梯厅大理石有四处被割换等四份违章通知、戚先生施工现场等以及部分现场照片影印件等；部分整改通知书和违章通知单由戚先生现场施工负责人签名确认，部分整改通知书遭施工人员拒签的证据。

本案中，物业公司是否有权收取戚先生的装修管理费和装修押金？装修管理费和装修押金应当如何收取和返还？

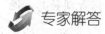

专家解答

目前，装修管理费和装修押金的收取标准并无明确规定，一般通过业主（装修人）与物业公司之间通过合同约定进行收取和返还。装修押金也称作装修保证金。按照《住宅室内装饰装修管理办法》的规定，装修人，或者装修人和装饰装修企业，应当与物业管理单位签订住宅室内装饰装修管理服务协议。住宅室内装饰装修管理服务协议应当包括管理服务费用、违约责任等事项。

本案中，戚先生买房时签署文件承诺接受物业合同、物业管理公约、业主手册、装修管理规定及收费标准、装修手册、管理规约、用户手册、《有偿服务收费标准（一）、（二）》等。其中，根据用户手册 3.5.1，费用备忘录（物业交付使用时缴付费用）表中的装修工程相关费用类别载明，装修保证金每平方米人民币 50 元（以下货币单位均为人民币），按建筑面积计算；装修管理费每平方米 25 元，按建筑面积计算（包括审图费、现场管理费等）。戚先生在装修过程中出现的安全隐患，物业公司出具整改通知书 23 份；物业公司还提供了戚先生施工现场十七层强电间被人损坏的现场确认书、现场吸烟、擅自损坏大厦设施、设备，电梯厅大理石由四处被割换等四份违章通知等以及部分现场照片影印件等；部分整改通知书和违章通知单由戚先生现场施工负责人签名确认，部分整改通知书遭施工人员拒签的证据。上述事实证明，物业公司实际上也进行了装修管理服务。所以，物业公司收取戚先生的装修管理费有法

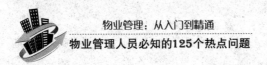
律依据，也有合同约定。因此，戚先生要求返还装修管理费的诉讼请求缺乏依据。

关于装修押金问题，值得注意的是，《用户手册》3.4.5规定，"施工完毕、装修单位申报施工：提供消防质监部门的验收证明，递交竣工图，各批文及其他竣工资料等。"对于家装，目前一般都是业主和物业公司参与消防、质检验收，而政府相关部门不参与。物业公司以相关部门验收作为退还装修押金的条件是没有根据的。因此，物业公司应当返还业主的装修押金。

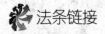

法条链接

《住宅室内装饰装修管理办法》

第十五条　物业管理单位应当将住宅室内装饰装修工程的禁止行为和注意事项告知装修人和装修人委托的装饰装修企业。

装修人对住宅进行装饰装修前，应当告知邻里。

第十六条　装修人，或者装修人和装饰装修企业，应当与物业管理单位签订住宅室内装饰装修管理服务协议。

住宅室内装饰装修管理服务协议应当包括下列内容：

……

（七）管理服务费用；

……

第十七条　物业管理单位应当按照住宅室内装饰装修管理服务协

议实施管理，发现装修人或者装饰装修企业有本办法第五条行为的，或者未经有关部门批准实施本办法第六条所列行为的，或者有违反本办法第七条、第八条、第九条规定行为的，应当即制止；已造成事实后果或者拒不改正的，应当及时报告有关部门依法处理。对装修人或者装饰装修企业违反住宅室内装饰装修管理服务协议的，追究违约责任。

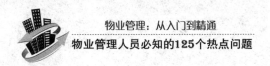

77. 利用未清理的装修木板伤人，物业公司 应否负赔偿责任？

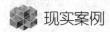 现实案例

某小区于2007年8月开始集中入住。2007年10月5日下午5时48分，未成年人李某、刘某在小区健身场所旁边玩耍时，刘某捡了他人倒在垃圾箱旁边的装修木板，当飞镖玩耍，不慎刺伤了李某的右眼。李某受伤后，先后在中心医院等医院共住院19天，司法鉴定中心于2008年4月15日对李某的伤情进行了鉴定，认为：右眼损伤程度已构成六级伤残，李某的经济损失经审查认定为，医药费、陪护费、伤残补助费等各项费用合计139889.26元。李某家属要求刘某、物业公司承担责任。物业公司认为，业主和装修公司没有按规定投放装修垃圾，装修公司有责任；刘某直接刺伤了李某应当负主要责任。因协商无果，李某将刘某、物业公司诉至法院，要求赔偿。后经查明，业主在装修前与物业公司签订了房屋装饰装修管理协议，约定业主、装修人、装修公司向物业公司按照每个单元300元或600元的标准交纳垃圾清运费，物业公司负责统一收集并运送垃圾。法院审理后，判决刘某的法定代理人承担70%的赔偿责任，物业公司承担30%的赔偿责任。

本案中，应当由谁承担赔偿责任？物业公司和装修公司是否亦

应承担责任？

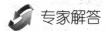 专家解答

毫无疑问，刘某系直接侵害人，应当承担责任。由于被告刘某系未成年人，赔偿责任应由其法定代理人承担。物业公司作为物业服务单位，依法负有清运垃圾的义务，但却未及时清运垃圾箱旁边的装修木板，以致其成为李某、刘某玩耍时的危险物品。物业公司服务不到位，物业公司的行为与李某受伤之间存在因果关系，因此物业公司应当承担一定的赔偿责任。物业公司认为，装修木板是业主和装修公司没有按规宁投放装修垃圾，装修公司应当承担责任。实际上，这一抗辩理由是不成立的，除了上述物业公司为管理单位，负有管理责任之外，物业公司与业主签订的装修管理协议，也已经约定物业公司负有收集和运送装修垃圾的义务。

从侵权责任角度来看，刘某与物业公司对李某的侵害属于无意思联络的应承担按份责任的分别侵权行为。即二人以上分别实施侵权行为造成同一损害，能够确定责任大小的，各自承担相应的责任；难以确定责任大小的，平均承担赔偿责任。刘某的侵害与李某受伤之间存在直接因果关系，刘某系直接侵害人，应当承担主要责任。由于被告刘某系未成年人，赔偿责任应由其法定代理人承担。物业管理公司未及时将垃圾清理至垃圾箱内，以致刘某用其当飞镖玩耍，亦有一定的过错，因此对李某的损害后果，物业公司应承担

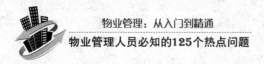
次要的赔偿责任。

上述案例中，物业公司承担责任的原因在于"未及时将垃圾清理至垃圾箱内"。该案启示物业公司应当加强装饰装修管理。一要加强装修期间的巡查，督促装修人按照装饰装修管理规定和服务协议履行义务。装修管理期间，物业服务企业应当派专人加强巡查，一方面监督装修人将装修垃圾投放到指定地点的指定垃圾箱内，另一方面也要检查发现装修人有无其他违法装修行为。因此，应建立装饰装修管理档案，并对装修人加强监督检查以防范案例中所发生的风险。二要建立专人负责制，确保垃圾"分类"投放和"及时"清运。装修期间会产生大量垃圾，其中有些是有毒有害的危险物质。因此，必须加强对装修垃圾的管理。物业服务企业一般采取两种方式清运装修垃圾。一是委托专门清运垃圾的单位清运装修垃圾，此时，应在指定地点临时堆放，采取围挡、遮盖措施，并在 2 日内清运。二是由物业服务企业自行清运装修垃圾，此时，应采用袋装运输或密闭运输的方式，在 2 日内清运。不论采取哪种方式清运装修垃圾，均应建立专人负责制，任务到人，责任到人，这样才有利于减少各类安全事故的发生。

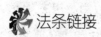 法条链接

《最高人民法院关于审理人身损害赔偿案件适用法律若干问题的解释》

第三条　二人以上共同故意或者共同过失致人损害，或者虽无共同故意、共同过失，但其侵害行为直接结合发生同一损害后果的，构成共同侵权，应当依照民法通则第一百三十条规定承担连带责任。

二人以上没有共同故意或者共同过失，但其分别实施的数个行为间接结合发生同一损害后果的，应当根据过失大小或者原因力比例各自承担相应的赔偿责任。

《侵权责任法》

第十二条　二人以上分别实施侵权行为造成同一损害，能够确定责任大小的，各自承担相应的责任；难以确定责任大小的，平均承担赔偿责任。

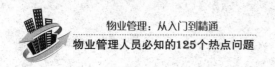

78. 物业公司交错钥匙，业主家被邻居装修，谁应当负担这部分装修费用？

 现实案例

　　2009年9月23日，张女士购买了某小区1号楼甲单元502室的一套商品房。开发商委托物业公司向业主发放钥匙，2010年开始交房，4月7日，张女士去小区物业处拿钥匙时，物业公司将"502"号房钥匙交给张女士，张女士持"502"号房钥匙找到"502"号房。此后，张女士便对该房进行了水电改造、安装地板等装修。6月15日，业主魏先生也到小区物业处领取钥匙，此时，物业公司才发现交错了钥匙，原因是在甲单元5楼三套房装门后，标签贴错了，导致501号房与502号房对调，以致发生上述错误。

　　事情发生后，张女士便停止了装修，但就已装修部分及定做的室内门、橱柜等损失，其多次与开发商、物业公司协商未果。业主魏先生表示张女士已装修部分可部分留用。那么，张女士的装修费用应当由谁承担呢？张女士、开发商、物业公司，还是魏先生？

　　专家解答

　　交付房屋本应属于开发商的义务，而开发商到期要交付房屋

时，将交付义务委托给了物业公司，而且由于物业公司工作中的重大过错把张女士与魏先生的房屋门牌号贴反，导致交付房屋钥匙时错把魏先生的房子交付给了张女士。因此，物业公司应负全部赔偿责任，开发商也存在过错，应承担连带赔偿责任。魏先生作为第三人在本案中无过错，但就张女士已装修可留用部分其作为实际受益人，应给予适当补偿。

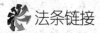 法条链接

《侵权责任法》

第六条第一款 行为人因过错侵害他人民事权益，应当承担侵权责任。

第八条 二人以上共同实施侵权行为，造成他人损害的，应当承担连带责任。

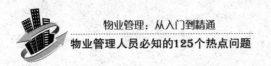

79. 对别墅装修与普通住宅装修的要求是否有区别？

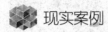 **现实案例**

北京某高档别墅小区环境优美，业主不乏明星大腕。自2010年入住以来，部分业主在装修过程中堂而皇之地扩建露台，有的甚至给别墅加层。8号业主在车库顶上搭建了30平方米的钢结构玻璃阳光房；12号业主正对自家车库进行加层2米施工，计划扩建成约150平方米的房间；13号业主在自家后院搭建了一个阳光房。物业曾去阻止，结果前后有2名保安在与业主交涉过程中发生冲突。13号业主很想不通："房子是我自己的，院子也是我自己的，我住的不是筒子楼，也不是公寓，想在自己别墅的院子里盖个阳光房一不影响和侵害其他业主的权益，二没有破坏公共区域和环境。这都不行，哪有这个道理？"于是也有业主跟风，每次物业制止时都以"别的业主也在扩建"为由拒绝停止扩建。别墅小区业主装修乱象已影响了小区的整体格局，并干扰其他业主的正常生活。

对业主在装修独栋别墅的管理上和在普通住宅小区业主的装修管理上是否有不同？业主认为其改造扩建等装修行为不影响其他业主和公共利益的理由是否成立？

专家解答

目前法律法规对别墅业主和普通住宅小区业主在装修房屋问题上并未区别看待，要求是一样的。别墅小区与普通住宅小区所不同的，仅是在对共有部分和专有部分的界定不一致，如别墅区一般都有小院子，但是这个院子里一般都属于专有部分而不属于共有部分。别墅业主在自己院子里，包括房屋或土地上进行装修虽然是对自己专有部分的装修，但是他仍然要同样地遵守相关法律规定，包括《城乡规划法》《住宅室内装饰装修管理办法》等。

如果别墅业主存在私搭乱建现象，物业公司有义务劝说、制止，可以向业主发出《限期整改通知书》，同时应向规划、城管、街道等相关部门报告，相关部门视情况将发出《责令整改通知书》《责令停止建设、限期拆除违法建筑决定书》《限期拆除违法建筑催告单》《强制拆除正在搭建的违法建筑决定书》等。也可以通过在《装修服务协议》《临时管理规约》《管理规约》上对违法建设行为及后果进行约定。这样除了法律规定外，又多了一个制止违法搭建业主的依据。

需要注意的是，物业公司在履行相关职责时，应尽量避免与业主发生直接正面冲突，业主当面拒收相关文书的，可通过寄送 EMS 并留存证据，同时及时向相关部门报告，由有权机关进行制止或强拆。

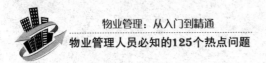

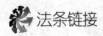 法条链接

《住宅室内装饰装修管理办法》

第六条 装修人从事住宅室内装饰装修活动，未经批准，不得有下列行为：

（一）搭建建筑物、构筑物；

……

本条所列第（一）项、第（二）项行为，应当经城市规划行政主管部门批准；第（三）项行为，应当经供暖管理单位批准；第（四）项行为应当经燃气管理单位批准。

《北京市禁止违法建设若干规定》

第三条 违法建设包括城镇违法建设和乡村违法建设。城镇违法建设是指未取得建设工程规划许可证、临时建设工程规划许可证或者未按照许可内容进行建设的城镇建设工程，以及逾期未拆除的城镇临时建设工程。乡村违法建设是指应当取得而未取得乡村建设规划许可证、临时乡村建设规划许可证或者未按照许可内容进行建设的乡村建设工程。

第四条 区县人民政府负责本行政区域内禁止违法建设工作，组织、协调有关行政机关制止和查处违法建设。乡镇人民政府负责本行政区域内禁止违法建设工作，制止和查处乡村违法建设。街道办事处负责本行政区域内禁止违法建设相关工作。

规划行政主管部门、城市管理综合行政执法机关按照各自职责制止和查处违法建设。

公安、国土、水务、农村工作、市政市容、文物保护、园林绿化、住房城乡建设以及监察等部门按照各自职责，做好禁止违法建设相关工作。

七、停车管理问题

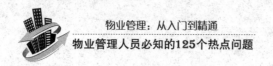
80. 住宅小区地面停车位归谁所有？

现实案例

2007年9月14日，某小区的业主小魏与甲物业公司签订了停车服务协议，约定由物业公司提供停车位，每月150元，另有车卡成本费20元，停车时间至10月13日。停车服务协议签订后，物业公司并没有给她提供停车位，她的车只能停在小区内的道路和空闲场地内。小魏认为她是在自己所有的场地内停车，物业公司实际没有提供车位服务，收费也没有依据，因此应退还170元钱。但物业公司不同意退钱，小魏一纸诉状将该物业公司告上法院，小魏依据《物权法》要求法院判令物业公司退还停车费170元。该案被告甲物业公司认为，物业公司收取的并非车位占用费，而是服务费。物业公司在小区对车辆提供24小时监控，并且向保险公司投保了责任险，如果业主的车辆被剐蹭、偷盗，物业公司负责赔偿。此外，物业公司认为《物权法》没有溯及力。那么，该商品房住宅小区地面停车位所有权属于谁呢？物业公司是否有权收费呢？

专家解答

本案的争议焦点在于商品房住宅小区停车位的所有权问题。对于此问题，应当区分《物权法》实施之前和之后两种不同情况。

首先，《物权法》实施（2007 年 10 月 1 日）后的情况。《物权法》第七十四条对地面停车位所有权作了明确规定，即首先将地面停车位划分为两类。第一类，建筑区划（即经《建设工程规划许可证》批准的）内，规划用于停放汽车的车位。第二类，占用业主共有的道路或者其他场地用于停放汽车的车位。对于这两类停车位《物权法》规定了不同的权属。对于第一类，即建筑区划内规划用于停放汽车的车位，实际上承认开发商拥有所有权。因为第七十四条第二款是以承认开发商当然拥有所有权为前提的，否则当事人怎么可以通过"出售"的方式约定呢？即有所有权才有处分权。对于第二类，即占用业主共有的道路或者其他场地用于停放汽车的车位，规定业主拥有所有权。

其次，《物权法》实施以前相关法律对地面停车位的规定。在《物权法》颁布实施之前，我国的房地产法律并未对商品房地面停车位作明确规定。但这并不意味着地面停车位权属无法确定。

根据国务院《城镇国有土地使用权出让和转让暂行条例》第二十四条的规定：地上建筑物、其他附着物的所有人或者共有人，享有该建筑物、附着物使用范围内的土地使用权。土地使用者转让地上建筑物、其他附着物所有权时，其使用范围内的土地使用权随之转让，但地上建筑物、其他附着物作为动产转让的除外。《城市房地产管理法》第三十二条规定：房地产转让、抵押时，房屋的所有权和该房屋占用范围内的土地使用权同时转让、抵押。建设部《城

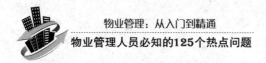

市房屋权属登记管理办法》第六条规定："房屋权属登记应当遵循房屋的所有权和该房屋占用范围内的土地使用权权利主体一致的原则。"

可见，我国采取严格的房地产权一致原则，也就是房屋所有权人与土地使用权人主体一致原则，确立了房屋和土地使用权一同处分原则。这里的处分包括转让、租赁、抵押等任何一项处分房屋或土地使用权的行为。这一原则的通俗表达为："房随地走"和"地随房走"。房屋所有权人与土地所有权人主体一致原则必然要求转让房屋所有权的同时也要转让土地使用权，转让土地使用权的同时也要转让其上的建筑物所有权。因此，土地使用权和建筑物所有权总是属于同一个人，这也就等于从实际上排除或禁止房屋为非土地使用权人所有的情形。因此，开发商将小区内商品房全部售出后，若没有特别约定，则小区占地范围内全部土地的使用权也应随之一并转移给该小区的全体业主，由小区的全体业主共有。而地面停车位是业主房屋使用范围内的土地的一部分，当然属于业主所有。

以上说的是小区内所有商品房全部售完的情况。但是，售房并不是瞬间可以完成的，而是一个过程。

在这个过程中，也就是开发商没有将全部商品房销售完毕时，开发商按持有商品房的土地使用权面积所占比例，对小区的土地享有相应的业主权利份额。整个小区商品房全部售出时，开发商所持有的土地使用权证和大产权证才能缴销。因此，开发商对部分车位享有有限制的所有权。

综上所述，开发商除依据《物权法》第七十四条第二款将建筑区划内，规划用于停放汽车的车位出租给业主的方式，以及未将全部商品房销售完毕，而依法拥有部分车位有限制的所有权的两种情形之外，小区地面停车位所有权属于全体业主。

本案中的地面停车位属于全体业主所有。业主有权，而且也只有业主有权决定车位如何使用。如果物业公司收取业主的停车费用，那么物业公司仅可依据与全体业主签订的协议收取管理服务费。这部分费用也不应由物业公司单方面规定。业主可以设立业主大会，选举业主委员会，与物业公司协商确定物业公司提供何种服务及服务费用等内容，来行使业主的权利。虽然业主小魏与物业公司签订了停车服务协议，但物业公司并未提供停车位，也未提供相应服务，因此，物业公司应当退还已收取的相关费用。

法条链接

《城镇国有土地使用权出让和转让暂行条例》

第二十四条 地上建筑物、其他附着物的所有人或者共有人，享有该建筑物、附着物使用范围内的土地使用权。

土地使用者转让地上建筑物、其他附着物所有权时，其使用范围内的土地使用权随之转让，但地上建筑物、其他附着物作为动产转让的除外。

《城市房地产管理法》

第三十二条 房地产转让、抵押时，房屋的所有权和该房屋占用

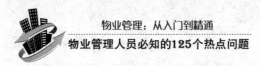

范围内的土地使用权同时转让、抵押。

《城市房屋权属登记管理办法》

第六条　房屋权属登记应当遵循房屋的所有权和该房屋占用范围内的土地使用权权利主体一致的原则。

《物权法》

第七十四条　建筑区划内，规划用于停放汽车的车位、车库应当首先满足业主的需要。

建筑区划内，规划用于停放汽车的车位、车库的归属，由当事人通过出售、附赠或者出租等方式约定。

占用业主共有的道路或者其他场地用于停放汽车的车位，属于业主共有。

81. 地下车库能否只卖不租？

 现实案例

　　徐先生刚买了一辆小轿车，想租个车位用来停放他的小轿车，但在小区一打听，却被告知目前小区内地下车位宁愿空闲，也只卖不租。小区开发商表示："我们愿意和有车但未购买车位的业主做一些沟通，我们也采取了一些措施来缓解停车问题，但目前地下车位肯定会只卖不租。"地下车位价格不等，一般在 20 万元以上。徐先生刚买完车，根本负担不起高昂的车位。而一般情况下，租用车位每月租金 200 元到 500 元左右，20 万可以租近百年了。物业公司对业主的解释是，"地下车库产权属于开发商，物业公司无法解决此事！""刚买的新车，却连个停车的地方都没有！"徐先生很苦恼。本案中，地下车库能否"只卖不租"？

　　专家解答

　　按照物权法原理，所有权人在法律规定的范围内独占性地支配其所有的财产，所有人对其所有的财产享有占有、使用、收益、处分的权利，并可以排除他人对于其财产违背其意志的干涉。所有权是物权中最完整、最充分的物权。

271

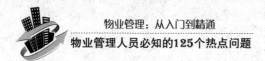
本案中，开发商对地下车库拥有所有权，其可选择将车位出租或出售，法律并不限定。因此，本案中，地下车库只卖不租并不违法。但是，同时应当看到本案中的地下车库属于规划用于停放汽车的车库，依法"应当首先满足业主的需要"，开发商不应利用优势地位进行车库"强卖"。而且，法律确定物权也有"物尽其用"的立法目的，业主、业主委员会应当与开发商协商做出双方都能接受的方案。

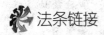 法条链接

《物权法》

第七十四条 建筑区划内，规划用于停放汽车的车位、车库应当首先满足业主的需要。

建筑区划内，规划用于停放汽车的车位、车库的归属，由当事人通过出售、附赠或者出租等方式约定。

占用业主共有的道路或者其他场地用于停放汽车的车位，属于业主共有。

82. 如何认定小区停车位的经营管理权?

 现实案例

开发商委托北京某物业公司为其开发的小区提供前期物业管理服务,双方于2003年7月8日签订《物业管理委托合同》,合同期限为5年,自2003年7月1日起至2008年6月30日止,或截止至业主委员会选举变更物业管理公司之日,以先发生者为准。合同规定的管理期满,本合同自然终止,双方如续订合同,应在该合同期满前3个月向对方提出书面意见。

就地上及地下停车场的经营管理,双方于2003年7月9日另外签订了《经营管理合同》,合同期限暂定为5年,自2003年7月1日起至2008年7月1日止;经营方案及费用,双方将依据可经营项目的具体实施状况另行商定经营方案和费用,并签订相应补充协议;合同规定的管理期满,本合同自然终止,双方如续订合同,应在该合同期满前6个月向对方提出书面意见。后双方于2006年11月28日签订一份《地下停车场承包经营合同》,约定了开发商委托物业公司管理的停车场的范围及管理期限,管理期限为2007年1月1日至2007年12月31日。该合同同时约定:当开发商开始出售车位时,双方每月核定车位,同时承包费也相应核减,金额另行商定,物业公司同小区业主签订的租赁车位合同不得超过本合同的有

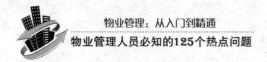

效期限；本合同期满，双方如续订合同，应在该合同期满前45天向对方提出书面意见，如果物业公司提出书面续订合同的请求，物业公司享有同等条件下优先订立合同的权利。

2007年11月20日，开发商致函物业公司：停车场2008年不再对外承租，由开发商进行经营。但物业公司不同意开发商的主张。开发商遂将物业公司起诉至某区人民法院，要求物业公司返还255个车位的经营权，并承担本案诉讼费。

被告物业公司辩称：小区停车场共有255个车位，其中地上39个，地下一层108个，地下二层108个，根据《物权法》第七十四条第二款、第三款之规定，地上停车位属于业主共有，地下二层属于人防工程，开发商不再享有所有权和管理权，地下一层也已经计入面积分摊，属于业主共有而不属于开发商专有。开发商对全部停车场的所有权有瑕疵，开发商在小区业主入住后也无权选定小区的物业管理包括停车场的管理；物业公司还认为，从合同不具有独立性，2006年11月28日订立的合同不是独立的合同，是对《物业管理委托合同》和《经营管理合同》的细化和补充，它不能突破和改变《物业管理委托合同》和《经营管理合同》的主体内容，停车场管理作为整体物业管理服务内容的一部分，物业公司享有管理权。开发商片面引用2006年11月28日合同中约定的合同期限主张收回停车场自管是不能成立的。故物业公司不同意开发商的诉讼请求。

另经法院查明，本案争议的停车场在小区的建筑区划之内。某市国土资源和房屋管理局颁发的房屋所有权证记载：停车场的使用年限至 2050 年 9 月 28 日。据某市房屋权属登记事务中心的档案资料记载，开发商所备案的某小区公用建筑面积分摊的说明中未将停车场的面积列入可分摊的公用部位，各购房业主按建筑面积分摊该项目的整个出让地块。2007 年 11 月 29 日，开发商将地面和地下停车场的停车位到区市政管理委进行备案，取得市公共停车场备案表，有效期至 2008 年 11 月 29 日。法院最后判决：物业公司向开发商返还全部的 255 个停车位。

本案中，自 2008 年 1 月 1 日起，谁拥有该小区 255 个停车位的经营管理权？物业公司的抗辩理由能否成立？

专家解答

本案中有三个关键问题：双方签订的经营合同性质如何，是否为从合同？本案是否适用《物权法》？255 个车位的权属如何认定？

关于主从合同关系问题。主合同是不以他种合同的存在为前提，不受其制约而能独立存在的合同。从合同则必须以他种合同的存在为前提，自身不能独立存在。开发商与物业公司于 2006 年 11 月 28 日签订的《地下停车场承包经营合同》就地下停车场问题对双方权利义务作了明确规定，且不以其他合同的存在为前提，即能够独立存在。此合同并非双方《物业管理委托合同》和《经营管理合同》的从合同。因此，物业公司的此项抗辩理由是不成立的。

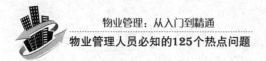

本小区是在《物权法》出台之前建成并投入使用的。因此，此案判决并不能直接适用该法律。那么，这种情况下，小区的255个停车位权属如何认定呢？因为该小区的停车位由地上39个，地下一层108个，地下二层108个组成，所以应当分别分析。

地上的39个地面停车位的权属问题。我国采取严格的房地产权一致原则。因此，开发商将小区内商品房全部售出后，若没有特别约定，则小区占地范围内全部土地的使用权也应随之一并转移给该小区的全体业主共有。因此，地上39个地面停车位应当属于全体业主所有。

地下一层108个停车位的权属问题。因法院查明如下事实：本案争议的停车场在小区的建筑区划之内。北京市国土资源和房屋管理局颁发的房屋所有权证记载：停车场的使用年限至2050年9月28日。据北京市房屋权属登记事务中心的档案资料记载，开发商所备案的小区公用建筑面积分摊的说明中未将停车场的面积列入可分摊的公用部位，各购房业主按建筑面积分摊该项目的整个出让地块。因此，开发商对此108个停车位拥有产权。

地下一层108个停车位的权属问题。如果地下二层属于人防工程，那么开发商、物业公司对其均不享有所有权。开发商经区市政管委备案并不能证明其拥有产权。

综上，开发商仅有权经营地下一层的108个停车位。地上39个及地下二层的108个停车位应经业主共同决定其经营权归属。

通过本案，在地下车库与地面车位的经营权问题上，物业服务企业应当了解以下要点：一是《物权法》施行之前，地面停车位属全体业主，经营权由业主共同决定。具体到本案，经业主确认后，地面停车位可以由物业公司进行经营。二是《物权法》施行之前，地下车库如未参与分摊，所有权和经营权属于开发商。具体到本案，开发商对地下一层的 108 个停车位拥有产权和经营权。

 法条链接

《城镇国有土地使用权出让和转让暂行条例》

第二十四条 地上建筑物、其他附着物的所有人或者共有人，享有该建筑物、附着物使用范围内的土地使用权。……

《城市房地产管理法》

第三十二条 房地产转让、抵押时，房屋的所有权和该房屋占用范围内的土地使用权同时转让、抵押。

《城市房屋权属登记管理办法》第六条（已废止）

《物权法》

第七十六条 下列事项由业主共同决定：

（一）制定和修改业主大会议事规则；

（二）制定和修改建筑物及其附属设施的管理规约；

（三）选举业主委员会或者更换业主委员会成员；

（四）选聘和解聘物业服务企业或者其他管理人；

（五）筹集和使用建筑物及其附属设施的维修资金；

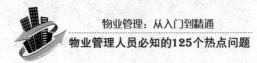

（六）改建、重建建筑物及其附属设施；

（七）有关共有和共同管理权利的其他重大事项。

决定前款第五项和第六项规定的事项，应当经专有部分占建筑物总面积三分之二以上的业主且占总人数三分之二以上的业主同意。决定前款其他事项，应当经专有部分占建筑物总面积过半数的业主且占总人数过半数的业主同意。

83. 停车位能否出租给其他小区业主使用？

 现实案例

　　某小区物业费收缴率很低，为了弥补经费不足，物业公司开始对外出租车位。外来车辆多数是临近小区的业主。如此一来，不但原有的停车位被占用了一部分，就连小区的通道、楼前绿地等，凡有点空地都停了车。业主们意见很大："停车这么密集，万一小区里着个火，或者老年人生个急病，消防车、120救护车想进都进不来。"此外，每年十几万元的停车费如何分配，业主也有看法。按理说，这笔费用属业主共有，但现在都被物业公司拿去了。保安别的不管，就天天盯着收停车费。物业公司则认为，业主不交物业费，要维持服务只能采取这种方式进行补贴。那么，小区的停车位能否出租给其他小区的业主使用呢？

专家解答

　　从规划看，小区内的地面停车位可能属于建筑区划内的，也可能属于建筑区划以外的。如果属于建筑区划内的停车位，那么就应当首先满足本小区业主的需要。本小区业主停车需求尚未满足的情况下，不能出租给其他小区的业主。本小区业主停车需求已经满足

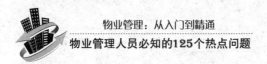

的情况下，如尚有富余的停车位，经产权人同意可以将这些富余的停车位出租给其他小区的业主使用。如果属于建筑区划以外的停车位，那么权属属于业主共有，能否出租给其他小区的业主使用，则应当由业主共同决定，经专有部分占建筑物总面积过半数的业主且占总人数过半数的业主同意的，才可以出租给其他小区的业主使用。

法条链接

《物权法》

第七十四条　建筑区划内，规划用于停放汽车的车位、车库应当首先满足业主的需要。

建筑区划内，规划用于停放汽车的车位、车库的归属，由当事人通过出售、附赠或者出租等方式约定。

占用业主共有的道路或者其他场地用于停放汽车的车位，属于业主共有。

《最高人民法院关于审理建筑物区分所有权纠纷案件具体应用法律若干问题的解释》

第五条　建设单位按照配置比例将车位、车库，以出售、附赠或者出租等方式处分给业主的，应当认定其行为符合物权法第七十四条第一款有关"应当首先满足业主的需要"的规定。

前款所称配置比例是指规划确定的建筑区划内规划用于停放汽车

的车位、车库与房屋套数的比例。

第六条 建筑区划内在规划用于停放汽车的车位之外，占用业主共有道路或者其他场地增设的车位，应当认定为物权法第七十四条第三款所称的车位。

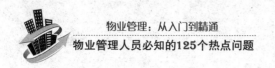

84. 物业公司能否将绿地改为停车场？

 现实案例

北京某住宅小区现在的停车位很少，小区路面加上地下车库总共只有300个车位。有的业主没地方停车，干脆把车停放在消防通道、公共绿地或大门口处。小区业主们经常为停车打架。物业公司无奈，决定直接把公共绿地变成停车场。小区物业公司在没有征得业主同意，也未办理任何手续的情况下，将绿地平整为一块空地，改建成了停车场。部分业主认可物业公司的做法，认为这减少了停车纠纷，业主也不会再将汽车停放在消防通道了，减少了安全隐患。但更多的业主则表示反对，"物业没有公示也没有征求意见是不对的，小区本身配建绿地了，凭什么要把仅有的绿地给占用了？"本案中，物业公司能否将绿地改为停车场？

专家解答

在满足一定条件后，绿地可以改建成停车场。但本案中，物业公司的行为属于擅自将绿地改为停车场，是不合法的。

按照规划建设的绿地，任何单位和个人均不得擅自改变。将绿地改为停车场须满足以下条件：第一，按照《物权法》《最高人民

法院关于审理建筑物区分所有权纠纷案件具体应用法律若干问题的解释》的规定，绿地属于物业共有部分。改变绿地这一共有部分用途的，属于有关共有和共同管理权利的"其他重大事项"，应当经专有部分占建筑物总面积过半数的业主且占总人数过半数的业主同意。第二，按照《物业管理条例》《北京市绿化条例》的规定，物业公司确需改变绿地用途的应当办理相关手续，即经市绿化行政主管部门审核、市规划行政主管部门批准。第三，有关手续应当由业主依法办理。只有满足上述三个条件之后，物业公司才可将绿地改为停车场。此外，公共绿地面积减少的，建设单位还应当在该绿地周边补建相应面积的绿地。

本案中，物业公司将绿地变为停车场，没有经过业主表决同意，也没有由业主依法向相关部门申请办理批准手续。因此，物业公司的行为不合法。

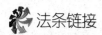 法条链接

《物权法》

第七十六条 下列事项由业主共同决定：

……

（七）有关共有和共同管理权利的其他重大事项。

决定前款第五项和第六项规定的事项，应当经专有部分占建筑物总面积三分之二以上的业主且占总人数三分之二以上的业主同意。决

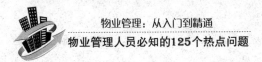

定前款其他事项，应当经专有部分占建筑物总面积过半数的业主且占总人数过半数的业主同意。

《最高人民法院关于审理建筑物区分所有权纠纷案件具体应用法律若干问题的解释》

第七条 改变共有部分的用途、利用共有部分从事经营性活动、处分共有部分，以及业主大会依法决定或者管理规约依法确定应由业主共同决定的事项，应当认定为物权法第七十六条第一款第（七）项规定的有关共有和共同管理权利的"其他重大事项"。

《物业管理条例》

第四十九条 物业管理区域内按照规划建设的公共建筑和共用设施，不得改变用途。

业主依法确需改变公共建筑和共用设施用途的，应当在依法办理有关手续后告知物业服务企业；物业服务企业确需改变公共建筑和共用设施用途的，应当提请业主大会讨论决定同意后，由业主依法办理有关手续。

《北京市绿化条例》

第五十七条 任何单位和个人不得擅自改变绿地的性质和用途。中心城、新城、建制镇范围内，因基础设施建设等特殊原因需要改变公共绿地性质和用途的，应当经市人民政府批准。需要改变其他绿地性质和用途的，应当经市绿化行政主管部门审核、市规划行政主管部门批准。

因前款情形造成公共绿地面积减少的，建设单位应当在该绿地周边补建相应面积的绿地。

第六十八条 违反本条例第五十七条规定，未经许可擅自改变绿地性质和用途的，责令限期改正、恢复原状，并按照改变的面积处取得该处土地使用权地价款 3 至 5 倍的罚款。

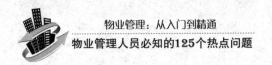
85. 物业公司能否在车位上安装地锁？

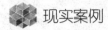
现实案例

　　某商品房住宅小区的物业公司受开发商委托为小区提供前期物业服务，其中包括停车管理服务。2009年5月19日，物业公司在单元楼前画了车位线的地面上，均安装了橘红色的地锁，地锁高高竖立在地面上。一些私家车主由于进不了车位，便将私家车停在单元楼的入口或消防通道上。2008年年底，业主刚入住时，小区停车都是免费的，物业公司安装上地锁后，没有到物业公司租赁地锁的业主，就不能再在原来的停车位上停车了，每天只得提早回来抢占消防通道停车。业主们反应很强烈："车位紧张后，物业安装了地锁用来营利，这种行为未免有些太不道德了。"但为了方便停车，有些业主只得到物业公司租赁地锁以方便停车。对此，物业公司的解释是，小区在规划前已经预留了车位，现在车位上安装地锁，是为了整顿小区车辆乱停乱放的状况。

　　本案中，物业公司能否在车位上安装地锁出租车位？

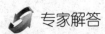
专家解答

　　物业公司是为小区提供房屋及配套的设施设备和相关场地的维修、

养护、管理服务，物业管理区域内的环境卫生维护等专业管理和服务的企业。物业公司管理和服务的权利来自产权人（开发商或业主）的委托。物业公司仅仅是一个服务提供者，并不能行使产权人的权利。

本案中，物业公司接受开发商委托成为小区前期物业服务单位，并提供停车管理服务。但由于物业公司的行为，导致小区的地面停车位由无地锁变为有地锁，由免费停车变为收费停车。这违反了法律规定，也违反了合同订立的基本原则。首先，按照《物权法》的规定，地面停车位应当属于全体业主，或者开发商，或者车位的买受人、受赠与人、承租人等，而绝不会是物业公司。只有产权人才能决定车位如何使用，物业公司无权自行决定安装地锁。其次，物业公司在与相关的产权人及车主订立合同后，才能进行收费。综上，物业公司不能在车位上安装地锁出租车位。

法条链接

《物权法》

第七十四条 建筑区划内，规划用于停放汽车的车位、车库应当首先满足业主的需要。

建筑区划内，规划用于停放汽车的车位、车库的归属，由当事人通过出售、附赠或者出租等方式约定。

占用业主共有的道路或者其他场地用于停放汽车的车位，属于业主共有。

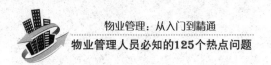

86. 机动车在物业区域内被剐蹭，物业公司应否担责？

 现实案例

业主白女士在小区内租用了一个停车位，将私家车停放在物业公司指定的停车位上，并每月向物业公司按时交纳停车管理费用。2011年7月20日，白女士准备开车时，发现停放在停车位的轿车左侧车门被严重划伤，轮胎被扎，后白女士向物业公司反映情况，并要求物业公司赔偿其轿车因左侧车门深度划伤及轮胎损坏费共计6000元。物业公司认为，其与白女士之间不存在财产保管关系，白女士的车辆系他人损坏，不应当由物业公司承担赔偿责任。本案中，白女士因车辆损坏产生的相关费用应当由谁承担呢？

专家解答

从合同违约责任角度分析，物业公司是否要承担赔偿责任，主要应当看物业服务合同或停车服务合同中是否有对车辆划伤方面的约定。如果违反了合同中关于车位使用服务的约定，物业公司应负违约赔偿责任。从侵权责任角度分析，应当由实施划伤、扎胎行为的责任人承担主要责任，物业公司只要尽到了基本的注意义务，就

不应当承担赔偿责任。同时需要注意的是，小区业主与物业公司之间的机动车停放服务关系，并非属于财产保管合同关系，出现业主车辆损坏，物业公司不承担赔偿责任。

 法条链接

《合同法》

第一百零七条 当事人一方不履行合同义务或者履行合同义务不符合约定的，应当承担继续履行、采取补救措施或者赔偿损失等违约责任。

第三百六十五条 保管合同是保管人保管寄存人交付的保管物，并返还该物的合同。

第三百六十七条 保管合同自保管物交付时成立，但当事人另有约定的除外。

《侵权责任法》

第六条第一款 行为人因过错侵害他人民事权益，应当承担侵权责任。

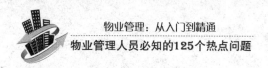
87. 物业公司指挥业主操作立体车库导致汽车受损，应否承担赔偿责任？

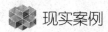
现实案例

　　某小区停车位均为机械式立体停车库，由电脑控制升降，小区的停车管理由小区物业服务企业统一提供。2011 年 1 月 3 日，小区业主陈某将私家车驶入停车场，并在停车场管理员的指挥下驶入车位。但是，车辆在车位移动过程中受损，后半部已经严重变形。陈某认为，物业服务企业在车辆沉降至地下时，没有尽到注意义务，从而造成他的车辆严重损坏。陈某与物业服务企业协商赔偿未果，遂将物业服务企业诉至法院，请求法院判决物业服务企业赔偿其 50300 元的修车费。物业服务企业认为，车位下沉等操作是由电脑排列组合完成的，停车入位是由陈某自行完成的，由于陈某未将车辆停入恰当位置，才导致车辆损坏。物业服务企业同时认为，其与业主陈某已签订停车服务协议，其中约定"车主应服从停车管理人员的指挥和疏导；停车入位由车主自行完成。如主动要求停车管理人员指挥停车入位，发生事故后果自负"。物业服务企业据此认为其不应当承担赔偿责任。之后，法院查明了事故原因，陈某车辆左后轮越过停车板后部低、高两个阻车装置，车辆尾部超出车板面积，因此停车板移动下沉过程中，车的尾下部与地面接触，车辆后顶部与上停车板底部接触，致使车辆后部受挤压变形并损坏。

法院经审理认为，机械停车位比普通地面停车位复杂，物业服务企业作为停车场管理单位应提供指导陈某停车入位的服务，而不仅仅只是提供疏导、巡视服务。因此，物业服务企业在格式合同中要求陈某自行停车入位，并约定如果指导停车则后果自负，这完全是加重陈某的负担，排除物业服务企业义务的约定，应属无效。法院同时认为，物业服务企业虽负有一定指导陈某停车入位的义务，但停车入位主要由陈某来操作。在停车板后部安装有高、低两个阻车装置的情况下，陈某驾驶车辆连续翻越两道阻车装置，却仍没有发现车辆尾部伸出停车板范围，应认定陈某在此次停车过程中存在重大过失，他应对事故负担主要责任。而物业服务企业未及时发现原告停车位置不当，导致陈某车辆受损，存在一定保管不善的过错，应对事故承担次要赔偿责任。最后，法院判决物业服务企业赔偿陈某车辆修理费 8800 元。

专家解答

本案属于一起因停车管理引发的侵权责任纠纷案件。本案中，有两个争论问题：一是物业服务企业与业主陈某之间签订的停车服务协议免责条款是否有效？二是业主陈某的汽车损坏损失责任应当由谁承担？

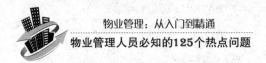
1. 关于格式条款及其效力问题

所谓格式条款，是指当事人为了重复使用而预先拟定，并在订立合同时未与对方协商的条款。《合同法》第三十九条对格式条款有所规定，采用格式条款订立合同的，提供格式条款的一方应当遵循公平原则确定当事人之间的权利和义务，并采取合理的方式提请对方注意免除或者限制其责任的条款，按照对方的要求，对该条款予以说明。格式合同或格式条款作为要约，其对象具有广泛性。如本案中，物业服务企业一般与小区所有车主签订同样的停车服务协议。此外，格式条款还具有持久性特点，一般情况下在一段时期内不会改变。可见，本案中物业服务企业与业主陈某签订的停车服务协议中的免责条款属于格式条款。

这个格式条款是否有效呢？按照《合同法》第四十条的规定，提供格式条款一方免除其责任、加重对方责任、排除对方主要权利的，该条款无效。该条款文义丰富，从立法目的来看，此类条款如果符合企业的合理化经营所需，或者仅仅免除了一般的过失责任，并且提供者又履行了提醒注意义务，此类条款应属有效。除此之外，此类条款应属无效。此外，《消费者权益保护法》对格式条款也有类似规定。那么，在"车主应服从停车管理人员的指挥和疏导；停车入位由车主自行完成。如主动要求停车管理人员指挥停车入位，发生事故后果自负"的约定中，确实存在加重对方责任的嫌疑，因为机械停车位停车管理的内容客观上必然包含对车辆的引导。

2. 关于车辆损失赔偿责任承担问题

本案属于一般侵权行为案件，应当适用过错责任原则，简单地说，就是有过错有责任，无过错无责任。过错分为故意和过失。故意是指行为人遇见到自己的行为会导致某一损害后果而希望或者放任该后果发生的一种主观心理状态。过失是指行为人因疏忽或者轻信而使自己未履行应有注意义务的一种心理状态。故意相对于过失更具主观恶性，应受到更严重的制裁。本案中，物业服务企业和业主陈某对车辆的损坏都存在过错，但是，可以推定的是两者存在的是过失而非故意心理状态。从程度来讲，业主陈某具有重大过失，应当承担主要责任，因为陈某与物业服务企业之间签订的物业服务协议约定停车主要由业主操作入位。而陈某由于停车错位，车辆左后轮越过停车板后部低、高两个阻车装置，车辆尾部超出车板面积，因此停车板移动下沉过程中，车的尾下部与地面接触，车辆后顶部与上停车板底部接触，致使车辆后部受挤压变形并损坏。物业服务企业的车辆管理人员在指挥、引导过程中，没有尽到充分的注意义务，因此，也应承担一定责任，但应承担次要责任。

实践中，小区停车管理服务多为物业服务企业提供。在停车管理服务中，存在很大风险。物业服务企业应当根据不同的风险类别，加强控制和管理：

1. 停车管理中的风险类别。停车管理的风险既可能来自物业服务企业内部，也可能来自企业外部。内部风险，主要包括企业在经营过程中，因成本控制、人员聘用以及日常经营等因素引发的风

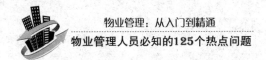

险。本案中，实际上存在着内部风险，即人员聘用的风险，本案的停车管理员未尽到应有的注意义务。所谓外部风险，一般是指意外事故带来的民事赔偿责任风险，或者因政策法规调整带来的经营风险。上述案例就涉及民事赔偿责任风险。

2. 可采取停车管理服务外包的方式转移风险。这种做法的优点是规避了类似本案的风险，缺点是利润随之转移。

3. 通过购买保险的方式转嫁风险。通过投保"停车场公众责任险"规避相关风险，如由于物业服务企业或其他停车经营单位的过失、管理不善引起的碰撞、剐蹭、火灾等行为，本应由物业服务企业或其他停车经营单位承担赔偿责任。但购买保险后，这个风险就转嫁到保险公司了，从而达到降低停车管理风险的目的。

4. 加强对停车管理员的业务培训，提高他们的风险意识。加强对员工在相关法律法规、实践操作能力的培训，以降低相关事故发生的概率。

法条链接

《合同法》

第三十九条 采用格式条款订立合同的，提供格式条款的一方应当遵循公平原则确定当事人之间的权利和义务，并采取合理的方式提请对方注意免除或者限制其责任的条款，按照对方的要求，对该条款予以说明。

格式条款是当事人为了重复使用而预先拟定，并在订立合同时未与对方协商的条款。

第四十条 格式条款具有本法第五十二条和第五十三条规定情形的，或者提供格式条款一方免除其责任、加重对方责任、排除对方主要权利的，该条款无效。

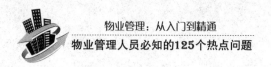
88. 业主汽车被盗，物业公司没有监控记录，是否应当赔偿业主损失？

 现实案例

业主袁先生在小区内租用了一个停车位用于停放自己的车辆，并且按年度每年向物业公司支付停车费1600元。2012年1月25日凌晨，袁先生的汽车被盗，他随即向公安机关报了案。当公安机关向物业公司询问、交涉时，发现物业公司对盗窃事件毫无线索，也没有任何监控记录。后来，保险公司按照保险合同约定，扣除相应免赔率后，向袁先生支付了部分保险赔偿金，其余车价款未得到保险赔偿。该车辆至今未找回。此外，原告为购买该车而支付购置税，也造成了经济损失。袁先生认为其与物业公司之间构成物业服务关系，自己的车辆在小区长期停放，并交纳了停车费用，物业公司有义务对停放的车辆尽安全监控之责。但物业公司未尽看管责任，致使停放的汽车被盗，给自己造成经济损失，他要求物业公司赔偿自己经济损失10万元。被告物业公司辩称，袁先生的车辆被盗窃，盗窃人是侵权人，同时也应是袁先生损失的赔偿人，而不应由物业公司赔偿。物业公司确实每年收取原告1600元的车位费，袁先生仅以此为由起诉被告公司赔偿，法律依据不足。

法院认为，业主袁先生向物业交纳车位费后，物业公司应履行

在监控范围内保障停车安全的谨慎注意义务。物业公司未有相应的监控记录，表明其在停车管理方面存在疏漏。因物业公司对袁先生车辆的丢失未尽谨慎的注意义务，故对袁先生车辆丢失的损失应承担相应的民事赔偿责任。袁先生起诉，要求物业公司赔偿相应损失的诉讼请求，理由正当，法院予以支持，但对其过高要求不予支持。最后，法院判决物业公司赔偿李先生车辆丢失损失2万元。

法院的判决正确吗？物业公司应当承担业主袁先生车辆被盗的赔偿责任吗？

专家解答

物业管理或物业服务合同是一种基于合同委托的民事法律行为。管理和服务的内容在不违反法律强行性规定的前提下，根据物业服务合同的约定来确定。一般而言，物业服务包含秩序维护服务。但物业公司提供秩序维护服务并不能等同于要承担保安责任。发生治安及刑事案件，物业公司仅具有及时向有关部门报告之义务。本案中业主汽车被盗，性质上已属刑事案件，应当由公安部门及检察部门介入调查处理。业主的损失应由不法行为人承担。

是否使用监控设备要看小区建成之时，建设单位是否配备。如果没有配备，而业主要求提供相关的服务，那么，业主应当通过共同决定进行安装，并承担相应的费用，因为这些设备属于共有共用设施设备。从物业服务合同的角度来看，判断物业公司是否构成违

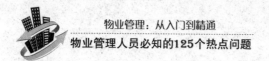
约从而承担相应的责任，要看"秩序维护服务"的具体约定，物业公司应在多大程度上履行秩序维护义务，如何作出并保存监控记录，违约责任如何等。

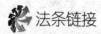 **法条链接**

《物业管理条例》

第四十五条 对物业管理区域内违反有关治安、环保、物业装饰装修和使用等方面法律、法规规定的行为，物业服务企业应当制止，并及时向有关行政管理部门报告。

有关行政管理部门在接到物业服务企业的报告后，应当依法对违法行为予以制止或者依法处理。

《合同法》

第一百零七条 当事人一方不履行合同义务或者履行合同义务不符合约定的，应当承担继续履行、采取补救措施或者赔偿损失等违约责任。

89. 业主买房时开发商承诺的停车收费标准，物业公司必须执行吗？

 现实案例

因不满物业停车收费标准，海淀区某小区业主用车堵住小区西门，并打着"无德物业乱收费"的横幅抗议。业主吕先生介绍，该小区是 2009 年年初开始入住，买房时，开发商曾承诺，地上停车费每月不超 120 元。吕先生说，小区有地下车库，但每月租金加管理费，需要 300 多元。业主认为收费较高，大部分人都将车停在地面车位上。"之前一直都没收费。"吕先生等业主说，从 5 月 1 日开始，物业开始收取地面停车费，并执行 2 小时 1 元的标准，"一天按 10 个小时算，一个月也得 150 元。隔壁小区最高只要 80 元。"

业主们还指出物业收费未经备案许可，且收费标准高出开发商承诺，不能接受，"已经跟物业协商了多次没有结果"，因此相约堵门抗议。请问，物业公司的收费行为合法吗？

专家解答

本案中，关于收费标准问题，首先需要确定车位的归属问题，

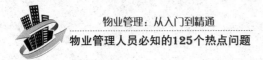

按照《物权法》的规定，建筑区划内，规划用于停放汽车的车位、车库的归属，由当事人通过出售、附赠或者出租等方式约定。占用业主共有的道路或者其他场地用于停放汽车的车位，属于业主共有。如果属于规划车位，且开发商保留产权，那么可以与业主约定停车收费标准。本案中，开发商作出地上停车费每月不超120元的承诺，那么，物业公司的收费标准是不符合约定的。如果本案中的车位属于占用业主共有的道路或者其他场地用于停放汽车的车位，或者虽然属于规划车位，但产权通过出售或附赠的方式已约定归业主所有的话，停车收费标准则应由物业公司与业主进行约定，开发商无权与物业公司对这些车位的停车收费标准进行约定。

关于停车备案问题，停车公司在收费前应当向公共停车场主管部门备案。在北京，由市政市容部门受理企业停车备案的申请。物业公司应当按照以下流程办理停车备案：（1）区市政市容部门受理新备案停车场或年审停车场材料；（2）工作人员查看现场是否符合《北京市机动车公共停车场管理办法》（第75号令）、北京市地方标准《公共停车场运营服务规范》《北京市机动车公共停车场经营者监督管理暂行规定》等相关要求；（3）领取"北京市机动车公共停车场备案证"；（4）获得"北京市机动车公共停车场备案证"后，到发改委核准价格；（5）到地方税务部门购买机动车停车场专用发票。履行上述程序后，企业方可进行停车管理和收费。

✿ 法条链接

《北京市机动车公共停车场管理办法》（北京市人民政府令第75号）

第十三条 公共停车场经营者应当遵守下列规定：

……

（二）建立健全经营管理制度和服务规范，按照规定向公共停车场主管部门备案，并接受其指导、监督和检查；

……

《关于调整我市机动车停车场收费标准的通知》（京价（收）字〔2002〕194号）

七、居住小区地下停车库按年、按月包租停车位收费标准实行市场调节价，经营者制定或变更收费标准需与小区业主委员会协商取得一致意见后，持具有法律效力的协议到物价部门办理核准手续方可收费。

《关于进一步加强本市机动车停车收费管理的通知》（京发改〔2011〕2422号）

二、严格执行居住区停车收费管理政策。对经行业主管部门核准的封闭式居住小区内设立的停车位，应严格执行居住区停车收费政策标准，实行在小区入口计时、出口收费，进入小区的任何车辆实行第一小时内免费停车，第二小时起开始计收停车费。封闭式居住小区内的道路停车，不得执行非居住区占道停车收费标准，不得擅自提高标准。

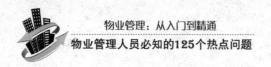

90. 业主买了车位，还要交纳管理费吗？

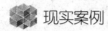 现实案例

王女士于2010年在某小区买了一套房子，并花9万元购买了地下停车位。10月，王女士入住小区，当她想把车停到地下停车位时，发现进出地下停车场时需要刷卡，她因没卡所以无法进入。后来，物业公司告诉她，"要想进入地下停车库需要向物业公司交纳每月24元的车位管理费，一次性交纳一年的费用共280元。"王女士认为，地下停车位是自己花钱买的，但小区物业公司却要收取车位管理费，这太不合理了。那么，业主在购买了地下停车位后，还需要向物业公司交纳管理费吗？

专家解答

本案中，实际涉及两个法律关系：一是业主王女士与开发商之间形成的地下车位买卖关系。二是业主王女士与物业公司之间形成的车辆管理与被管理的关系。上述法律关系，恰似房屋买卖关系与物业管理关系。业主买房后，需要物业管理；同样的，虽然有了车位，也需要对车辆进行管理。车位管理会产生一部分费用，一般包括：车位的清洁卫生、秩序维护、出入口管理、照明及排水等设施

设备的管理、维护等。当然，物业公司收取相关费用，一要遵守价格部门关于收费的政策，二要与业主协商一致，签订管理服务合同。因此，业主应当交纳停车管理费。

 法条链接

《最高人民法院关于审理物业服务纠纷案件具体应用法律若干问题的解释》

第五条 物业服务企业违反物业服务合同约定或者法律、法规、部门规章规定，擅自扩大收费范围、提高收费标准或者重复收费，业主以违规收费为由提出抗辩的，人民法院应予支持。

业主请求物业服务企业退还其已收取的违规费用的，人民法院应予支持。

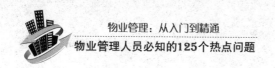
91. 物业公司收取的停车费中是否包含属于业主的停车收益?

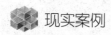 现实案例

　　某物业公司接受一公寓住宅小区业主委员会的委托，对该小区进行物业管理，双方签订的《物业管理服务合同》中约定，物业公司的服务期限为2009年9月1日至2010年8月31日；物业管理内容包括交通与车辆停车秩序的管理，服务要求标准含"小区内停车有序，机动车辆进出小区有人指挥"。物业公司在进行物业管理期间，共收取小区地面停车费252000元（这其中包括20个地面规划车位的72000元停车费；50个物业公司自行施划车位的180000元停车费）。2010年6月，该小区业主委员会要求物业公司公布收费支付明细，遭到物业公司拒绝。小区业主委员会与物业公司协商未果，一纸诉状将小区物业公司告上法庭，要求物业公司限期撤出小区，并返还全部停车收益。

　　物业公司答辩称，物业公司应当参与停车费分成。物业公司为小区内添置设备、维修设备、节日布景等支出96348.20元应当在停车费中扣除，在收取停车费的过程中物业公司还交纳了税金14112元。业主委员会与物业公司双方对于小区停车所收费用是否归还及归还数额进行了激烈辩论。法院认为，物业公司参与停车费

分成没有依据，但其主张的 96348.20 元公益性支出及 14112 元税金从总额中扣除应予支持。判决：物业公司应于本判决生效之日起 10 日内向小区业主委员会移交小区停车费共计 141539.80 元。

本案法院判决是否恰当？如何认识停车费和停车收益的关系？

专家解答

首先，需要弄清停车费的性质及停车费与停车收益的关系问题。按照《物权法》的规定，车位权属根据其是否为规划用于停放汽车的车位而不同，对于同属于规划用于停放汽车的车位，因约定为出售、附赠或者出租等不同方式而不同。总之，停车位可分为两大类，一类为属于全体业主共有的车位，一类为其他形式所有的车位（如开发商保留产权、业主个人享有产权等）。

本案中，50 个物业公司自行施划的地面车位，依照《物权法》的规定，"占用业主共有的道路或者其他场地用于停放汽车的车位，属于业主共有"。因此，基于这部分车位所获得收益应当返还全体业主。但收益为多少？是全部的停车费用吗？不是。对 50 个车位的所收费用包括三部分内容："车辆管理费"或"车辆管理服务费"（即业主应当支付给物业公司的佣金）、依法缴纳的税金、收益。第一部分费用，即"车辆管理费"或"车辆管理服务费"，是否支出、支出多少的决定权应当掌握在业主手中。当然，并不排除业主选择物业公司为其提供服务，政府价格部门区别不同小区对特

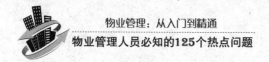

定小区的服务收费制定指导价。第一部分和第二部分费用，可通视为停车管理的成本，停车收费的全部减去这两部分便是第三部分：停车"收益"。因此，物业公司应返还的数额并非180000元，而应当为180000元扣除相应税金和管理费后的收益部分。

对于20个地面规划车位，案例中并未交代其产权问题。但不论产权如何，对于这部分车位所收取的费用均应当视为物业公司的服务费用，并不包含收益问题。物业公司无须返还基于这部分车位所收取的费用。

物业公司在服务期间为小区内添置的设备、维修设备、节日布景等支出96348.20元，本应当由全体业主负担，所以从停车收益中扣除并无不当。而物业公司交纳的14112元税金包含两类停车费的税金，所以并不能全部都从停车收益中扣除，对于20个地面规划车位所收费用应当交纳的税金应由物业公司承担。

通过该案例，我们可以得到如下启示：一是首先搞清楚车位的权属问题，尤其是地面停车位的权属比较复杂，应当明确。二是注意不同措辞"停车服务费""停车费""停车管理费"及"停车保管费"的不同含义，措辞不同可能意味着不同的法律后果。在有些案例中，物业服务企业因在与业主签订的合同中使用了"停车费""停车管理费"或"停车保管费"等字样，导致承担了不利的诉讼结果。三是合同签订有技巧，停车管理与物业服务要分开。本案中，双方签订的物业服务合同将地面停车管理约定在物业管理服务范围内，有失恰当。四是停车服务费与停车收益要分清，并作明确约定。本案中，物业公司主张与业主委员会就停车费收益按比例分成，但未能提供相关合同约定作为证据，因此，法院没有支持物业公司的诉讼请求。所以，建议物业服务企业在与业主或业主委员会签订合同时，将停车服务费与停车收益分别约定。

 法条链接

《物权法》

第七十四条 建筑区划内，规划用于停放汽车的车位、车库应当首先满足业主的需要。

建筑区划内，规划用于停放汽车的车位、车库的归属，由当事人通过出售、附赠或者出租等方式约定。

占用业主共有的道路或者其他场地用于停放汽车的车位，属于业主共有。

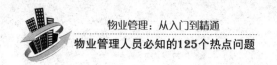

92. 业主将车在消防车通道上停放，物业公司能否采取锁车的方式处理？

 现实案例

某住宅小区车位非常紧张，有些下班回家晚的业主就只能将汽车停放在消防车通道上。物业公司为了阻止业主停车占用消防车通道的行为，采取将车辆轮胎用锁锁住的办法，并要求被锁车的业主写保证书，否则不予放行。被锁车的业主王女士认为物业公司的行为违法，车辆是业主的私人财产，物业公司只是代业主管理小区的，根本无权擅自去锁业主的车。对于业主们的质疑，物业公司的工作人员表示，他们有权锁车，这样做是为了规范管理。车主占用了消防车通道，若发生火灾等情况，后果将不堪设想。那么，业主将车停放在消防车通道，物业公司能否采取锁车的方式处理？

专家解答

消防车通道，是供消防车通行，由消防人员实施营救和疏散被困人员的通道。消防车通道不应小于3.5米。消防车通道直接关系到火灾预防和灭火救援工作。

在消防安全方面，任何单位和个人都有维护消防安全、保护消

防设施、预防火灾的义务。业主是小区建筑物的所有权人，小区业主对专有部分以外的共有部分，共同履行消防安全职责。物业公司接受委托为住宅小区提供物业服务的，应当对管理区域内的共用消防设施进行维护管理，提供消防安全防范服务。其消防安全工作包括：组织安全巡查，发现火灾隐患及时采取措施；保障疏散通道、安全出口、消防车通道畅通，划定和设置停车泊位及设施时不得占用、堵塞消防车通道；对占用、堵塞、封闭疏散通道、安全出口、消防车通道的行为予以劝阻并督促改正；对拒不改正的，及时向公安机关消防机构或者公安派出所报告。

本案中，业主将车辆停放在消防车通道的行为，属于占用、堵塞消防车通道，已构成火灾隐患。业主自身已违反了其应当承担的消防安全义务。对此行为，物业公司有义务对车主的行为予以劝阻并督促改正；对拒不改正的，应当及时向公安机关消防机构或者公安派出所报告。本案中，物业公司将王女士的汽车轮胎上锁，方式显然欠妥，已构成侵权。所谓的"劝阻并督促改正"一般是指采取口头、电话、书面等方式要求业主整改，为便于留取证据，最好采用书面的方式。如果对业主违反消防安全行为劝阻无效后，应当向公安机关消防机构或者公安派出所报告，而非粗暴地锁车。

可见，在应对业主占用消防车通道停车行为上，物业公司应当尽到监督、劝阻、督促改正、报告的义务，但在履行义务时，不可采取超越法定许可的方式。

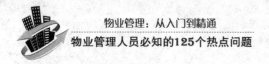
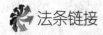 法条链接

《消防法》

第五条 任何单位和个人都有维护消防安全、保护消防设施、预防火灾、报告火警的义务。任何单位和成年人都有参加有组织的灭火工作的义务。

第十八条 同一建筑物由两个以上单位管理或者使用的，应当明确各方的消防安全责任，并确定责任人对共用的疏散通道、安全出口、建筑消防设施和消防车通道进行统一管理。

住宅区的物业服务企业应当对管理区域内的共用消防设施进行维护管理，提供消防安全防范服务。

《北京市消防条例》

第二十二条 同一建筑物有两个以上所有权人的，所有权人对各自专有部分履行消防安全职责。对专有部分以外的共有部分，所有权人共同履行消防安全职责。

八、住宅专项维修资金

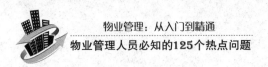

93. 什么是住宅专项维修资金？

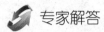 专家解答

住宅专项维修资金，是指专项用于住宅共用部位、共用设施设备保修期满后的维修和更新、改造的资金。住宅专项维修资金由业主交存，归业主所有。

住宅专项维修资金，在有的地方称为"物业维修资金"。在《住宅专项维修资金管理办法》出台前，按照《住宅共用部位共用设施设备维修基金管理办法》，住宅专项维修资金称为"住宅共用部位共用设施设备维修基金"，有的地方称为"住宅公共维修基金"。

 法条链接

《住宅专项维修资金管理办法》

第二条第二款　本办法所称住宅专项维修资金，是指专项用于住宅共用部位、共用设施设备保修期满后的维修和更新、改造的资金。

第六条　下列物业的业主应当按照本办法的规定交存住宅专项维修资金：

（一）住宅，但一个业主所有且与其他物业不具有共用部位、共用设施设备的除外；

（二）住宅小区内的非住宅或者住宅小区外与单幢住宅结构相连的非住宅。

前款所列物业属于出售公有住房的，售房单位应当按照本办法的规定交存住宅专项维修资金。

第九条 业主交存的住宅专项维修资金属于业主所有。

从公有住房售房款中提取的住宅专项维修资金属于公有住房售房单位所有。

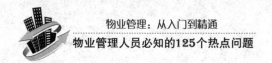

94. 业主大会成立前，商品住宅专项维修资金由谁管理？

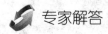 专家解答

业主大会成立前住宅专项维修资金处于代管状态，即由物业所在地直辖市、市、县人民政府建设（房地产）主管部门代管。主管部门通过委托所在地商业银行作为专户管理银行的形式专户存储住宅专项维修资金。目前，北京委托中国光大银行作为专户管理银行。

法条链接

《住宅专项维修资金管理办法》

第十条 业主大会成立前，商品住宅业主、非住宅业主交存的住宅专项维修资金，由物业所在地直辖市、市、县人民政府建设（房地产）主管部门代管。

直辖市、市、县人民政府建设（房地产）主管部门应当委托所在地一家商业银行，作为本行政区域内住宅专项维修资金的专户管理银行，并在专户管理银行开立住宅专项维修资金专户。

开立住宅专项维修资金专户，应当以物业管理区域为单位设账，按房屋户门号设分户账；未划定物业管理区域的，以幢为单位设账，按房屋户门号设分户账。

95. 住宅专项维修资金具体可用于哪些住宅共用部位的维修、更新、改造？

 现实案例

　　某住宅小区于 2008 年开始入住，至今已超过 6 年。目前，小区的 4 栋楼外墙出现大面积脱落，以致发生过脱落的外墙砸毁车辆的事件，给业主的财产乃至生命安全带来极大威胁。部分业主向物业公司反映，希望物业公司尽快维修外墙。物业公司初步决定使用维修资金进行修理，物业公司首先找到当地的房屋安全鉴定部门出具房屋维修工程鉴定报告，接着找到了相关的维修单位，做出了外墙维修工程预算书，4 栋楼彻底维修外墙预算金额为 726.31 万元。2014 年 2 月 3 日至 3 月 17 日，物业公司以书面征集意见的方式就是否同意使用住宅专项维修资金支付外墙维修工程费用事项进行表决。表决结果为同意权数（面积和人数）占 69%。表决后，物业公司将表决结果在物业管理区域内进行了公示，同时持相关材料到房管局申请住宅专项维修资金。部分业主听到物业公司要使用自己的住宅专项维修资金维修外墙后，非常不满，并向市政府和相关部门进行了投诉，他们认为外墙砖脱落问题从入住 2 年后就出现了，属于房屋质量问题，应由开发商出资维修，不应当用业主的钱维修。本案中，物业公司可以申请使用住宅专项维修资金进行小区外

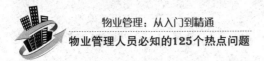
墙维修工程吗？

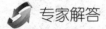 专家解答

按照相关规定，住宅专项维修资金是用于住宅共用部位、共用设施设备期满后的维修和更新、改造的资金。住宅共用部位一般包括：住宅的基础、承重墙体、柱、梁、楼板、屋顶以及户外的墙面、门厅、楼梯间、走廊通道等。本案中，小区外墙属于住宅共用部位，且使用时间已经超过 6 年，过了保修期。此外，超过 2/3 以上的业主同意使用维修资金。因此，本案小区外墙维修可以使用住宅专项维修资金。房管局应当依法同意物业公司的申请。

法条链接

《住宅专项维修资金管理办法》

第二条 商品住宅、售后公有住房住宅专项维修资金的交存、使用、管理和监督，适用本办法。

本办法所称住宅专项维修资金，是指专项用于住宅共用部位、共用设施设备保修期满后的维修和更新、改造的资金。

第三条第二款 本办法所称住宅共用部位，是指根据法律、法规和房屋买卖合同，由单幢住宅内业主或者单幢住宅内业主及与之结构相连的非住宅业主共有的部位，一般包括：住宅的基础、承重墙体、柱、梁、楼板、屋顶以及户外的墙面、门厅、楼梯间、走廊通道等。

《建设工程质量管理条例》

第四十条 在正常使用条件下，建设工程的最低保修期限为：

……

（二）屋面防水工程、有防水要求的卫生间、房间和外墙面的防渗漏，为 5 年；

……

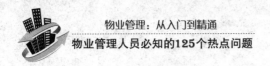

96. 住宅专项维修资金具体可用于哪些共用设施设备的维修、更新、改造？

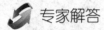 专家解答

共用设施设备一般包括电梯、天线、照明、消防设施、绿地、道路、路灯、沟渠、池、井、非经营性车场车库、公益性文体设施和共用设施设备使用的房屋等。

法条链接

《住宅专项维修资金管理办法》

第三条 本办法所称共用设施设备，是指根据法律、法规和房屋买卖合同，由住宅业主或者住宅业主及有关非住宅业主共有的附属设施设备，一般包括电梯、天线、照明、消防设施、绿地、道路、路灯、沟渠、池、井、非经营性车场车库、公益性文体设施和共用设施设备使用的房屋等。

97. 哪些费用的支出不能使用住宅专项维修资金?

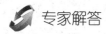 专家解答

主要有四部分费用不得从住宅专项维修资金中列支:一是应当由建设单位或者施工单位承担的住宅共用部位、共用设施设备维修、更新和改造费用;二是应当由供水、供电、供气、供热、通信、有线电视等专业单位承担的管线和设施设备的维修、养护费用;三是应当由当事人承担的因人为损坏住宅共用部位、共用设施设备所需的修复费用;四是根据物业服务合同约定,应当由物业服务企业承担的住宅共用部位、共用设施设备的维修和养护费用。

法条链接

《住宅专项维修资金管理办法》

第二十五条 下列费用不得从住宅专项维修资金中列支:

(一)依法应当由建设单位或者施工单位承担的住宅共用部位、共用设施设备维修、更新和改造费用;

(二)依法应当由相关单位承担的供水、供电、供气、供热、通

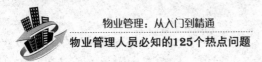

讯、有线电视等管线和设施设备的维修、养护费用；

（三）应当由当事人承担的因人为损坏住宅共用部位、共用设施设备所需的修复费用；

（四）根据物业服务合同约定，应当由物业服务企业承担的住宅共用部位、共用设施设备的维修和养护费用。

98. 业主大会成立前，物业公司按什么程序使用住宅专项维修资金？

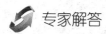 专家解答

住宅专项维修资金划转至业主大会管理前，按照如下程序使用：物业公司提出使用方案→业主表决→组织实施使用方案→申请列支→代管部门审核同意并向专户银行发出划转通知→银行划转资金。具体说来：

第一步，物业服务企业根据维修和更新、改造项目提出使用建议；没有物业服务企业的，由相关业主提出使用建议；

第二步，住宅专项维修资金列支范围内专有部分占建筑物总面积三分之二以上的业主且占总人数三分之二以上的业主讨论通过使用建议；

第三步，物业服务企业或者相关业主组织实施使用方案；

第四步，物业服务企业或者相关业主持有关材料，向所在地直辖市、市、县人民政府建设（房地产）主管部门申请列支；

第五步，直辖市、市、县人民政府建设（房地产）主管部门审核同意后，向专户管理银行发出划转住宅专项维修资金的通知；

第六步，专户管理银行将所需住宅专项维修资金划转至维修单位。

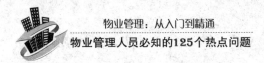
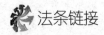 法条链接

《住宅专项维修资金管理办法》

第二十二条　住宅专项维修资金划转业主大会管理前，需要使用住宅专项维修资金的，按照以下程序办理：

（一）物业服务企业根据维修和更新、改造项目提出使用建议；没有物业服务企业的，由相关业主提出使用建议；

（二）住宅专项维修资金列支范围内专有部分占建筑物总面积三分之二以上的业主且占总人数三分之二以上的业主讨论通过使用建议；

（三）物业服务企业或者相关业主组织实施使用方案；

（四）物业服务企业或者相关业主持有关材料，向所在地直辖市、市、县人民政府建设（房地产）主管部门申请列支；其中，动用公有住房住宅专项维修资金的，向负责管理公有住房住宅专项维修资金的部门申请列支；

（五）直辖市、市、县人民政府建设（房地产）主管部门或者负责管理公有住房住宅专项维修资金的部门审核同意后，向专户管理银行发出划转住宅专项维修资金的通知；

（六）专户管理银行将所需住宅专项维修资金划转至维修单位。

99. 住宅专项维修资金划转业主大会管理后，物业公司应当按照什么程序使用？

专家解答

住宅专项维修资金划转业主大会管理后，按照如下程序使用：物业公司提出使用方案→业主大会表决通过方案→物业公司组织实施使用方案→物业公司申请列支→业委会审核同意并向专户银行发出划转通知→银行划转资金。具体说来：

第一步，物业服务企业提出使用方案；

第二步，业主大会依法通过使用方案；

第三步，物业服务企业组织实施使用方案；

第四步，物业服务企业持有关材料向业主委员会提出列支住宅专项维修资金；

第五步，业主委员会依据使用方案审核同意，并报直辖市、市、县人民政府建设（房地产）主管部门备案；

第六步，业主委员会向专户管理银行发出划转住宅专项维修资金的通知；

第七步，专户管理银行将所需住宅专项维修资金划转至维修单位。

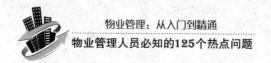
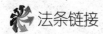 法条链接

《住宅专项维修资金管理办法》

第二十三条 住宅专项维修资金划转业主大会管理后，需要使用住宅专项维修资金的，按照以下程序办理：

（一）物业服务企业提出使用方案，使用方案应当包括拟维修和更新、改造的项目、费用预算、列支范围、发生危及房屋安全等紧急情况以及其他需临时使用住宅专项维修资金的情况的处置办法等；

（二）业主大会依法通过使用方案；

（三）物业服务企业组织实施使用方案；

（四）物业服务企业持有关材料向业主委员会提出列支住宅专项维修资金；其中，动用公有住房住宅专项维修资金的，向负责管理公有住房住宅专项维修资金的部门申请列支；

（五）业主委员会依据使用方案审核同意，并报直辖市、市、县人民政府建设（房地产）主管部门备案；动用公有住房住宅专项维修资金的，经负责管理公有住房住宅专项维修资金的部门审核同意；直辖市、市、县人民政府建设（房地产）主管部门或者负责管理公有住房住宅专项维修资金的部门发现不符合有关法律、法规、规章和使用方案的，应当责令改正；

（六）业主委员会、负责管理公有住房住宅专项维修资金的部门向专户管理银行发出划转住宅专项维修资金的通知；

（七）专户管理银行将所需住宅专项维修资金划转至维修单位。

100. 是否必须先征得业主同意才能使用住宅专项维修资金?

 现实案例

　　某高层住宅楼,建筑面积 1.8 万平方米,1998 年开始入住,该住宅楼共 180 套房屋,2 部电梯。由于业主欠缴物业费,物业公司经营困难,各项服务也无法到位。本就带病运行多年的电梯终于被质监局责令停梯。住在高层的业主,尤其是老人上下楼极为不便,怨声载道。考虑到安全问题,物业公司决定使用维修资金对 2 部电梯进行彻底维修。但是,征求业主意见时,大部分业主不同意使用专项维修资金。当听说可以不经过业主同意也能使用维修资金后,物业公司向房管局提出了使用 46 万余元住宅专项维修资金更新电梯的申请。房管局同意了物业公司的申请。部分业主得知后找到房管局,认为房管局违法审批,未经业主同意不能动用业主的维修资金。本案中,使用住宅专项维修资金更新电梯必须事先征得业主同意吗?房管局的审批违法吗?

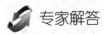 专家解答

　　使用住宅维修资金更新电梯不一定事先征得业主同意。当发生

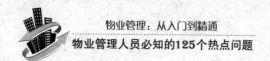
危及房屋安全等紧急情况，需要立即对住宅共用部位、共用设施设备进行维修和更新、改造时，为简化程序，无须事先征得业主同意。可以直接由物业公司申请列支，专户银行、业委会审核同意后划转使用。本案中，小区在1998年入住，电梯带病运行多年，而且已被质监局责令停梯，如果仍不及时维修，必然造成出现电梯夹人、坠梯等安全事故。应当认定属于发生了危及房屋安全的紧急情况。因此，本案物业公司可以不经业主同意直接申请使用维修资金，房管局的审批是合法的。值得注意的是，北京、天津、深圳等城市专门制定了应急使用住宅专项维修资金的办法，规定出现类似本案情况时，可以不经业主同意直接使用住宅专项维修资金，以保障房屋住用安全。

 法条链接

《住宅专项维修资金管理办法》

第二十四条 发生危及房屋安全等紧急情况，需要立即对住宅共用部位、共用设施设备进行维修和更新、改造的，按照以下规定列支住宅专项维修资金：

（一）住宅专项维修资金划转业主大会管理前，按照本办法第二十二条第四项、第五项、第六项的规定办理；

（二）住宅专项维修资金划转业主大会管理后，按照本办法第二十三条第四项、第五项、第六项和第七项的规定办理。

发生前款情况后，未按规定实施维修和更新、改造的，直辖市、市、县人民政府建设（房地产）主管部门可以组织代修，维修费用从相关业主住宅专项维修资金分户账中列支；其中，涉及已售公有住房的，还应当从公有住房住宅专项维修资金中列支。

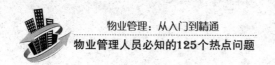
101. 发生哪些紧急情况时可以不经相关业主表决即可使用住宅专项维修资金？

专家解答

《北京市住宅专项维修资金管理办法》规定了紧急情况的具体内容包括 5 种：屋面防水损坏造成渗漏的；电梯故障危及人身安全的；高层住宅水泵损坏导致供水中断的；楼体单侧外立面五分之一以上有脱落危险的；消防系统出现功能障碍，消防管理部门要求对消防设施设备维修及更新、改造的。

在全国很多地方，也都规定了特殊情况下，紧急使用或应急使用住宅专项维修资金而无须业主事先表决同意。

法条链接

《住宅专项维修资金管理办法》

第二十四条 发生危及房屋安全等紧急情况，需要立即对住宅共用部位、共用设施设备进行维修和更新、改造的，按照以下规定列支住宅专项维修资金：

（一）住宅专项维修资金划转业主大会管理前，按照本办法第二十二条第四项、第五项、第六项的规定办理；

（二）住宅专项维修资金划转业主大会管理后，按照本办法第二十三条第四项、第五项、第六项和第七项的规定办理。

发生前款情况后，未按规定实施维修和更新、改造的，直辖市、市、县人民政府建设（房地产）主管部门可以组织代修，维修费用从相关业主住宅专项维修资金分户账中列支；其中，涉及已售公有住房的，还应当从公有住房住宅专项维修资金中列支。

《北京市住宅专项维修资金管理办法》

第二十九条　发生危及房屋使用安全等紧急情况，需要立即对住宅共用部位、共用设施设备进行维修和更新、改造的，应当按照以下规定列支住宅专项维修资金：

（一）住宅专项维修资金划转业主大会管理前，按照本办法第二十六条第（四）项、第（五）项、第（六）项的规定办理；

（二）住宅专项维修资金划转业主大会管理后，按照本办法第二十七条第（四）项、第（五）项、第（六）项、第（七）项的规定办理。

前款所称的紧急情况一般包括：

（一）屋面防水损坏造成渗漏的；

（二）电梯故障危及人身安全的；

（三）高层住宅水泵损坏导致供水中断的；

（四）楼体单侧外立面五分之一以上有脱落危险的；

（五）消防系统出现功能障碍，消防管理部门要求对消防设施设

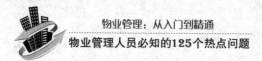
备维修及更新、改造的。

工程完工后，物业服务企业、业主委员会（未成立业主大会的，可以由社区居委会召集业主代表）应当组织有关单位验收，并出具工程验收报告。验收合格后，物业服务企业持相关材料申请使用住宅专项维修资金。

《关于简化程序方便应急情况下使用住宅专项维修资金有关问题的通知》（京建法〔2013〕20号）

一、实施应急维修需要使用住宅专项维修资金的，无需经住宅专项维修资金列支范围内专有部分占建筑物总面积三分之二以上的业主且占总人数三分之二以上的业主同意，但业主委员会应当在物业管理区域内的显著位置就专项维修资金用于应急维修的有关情况告知业主；没有业主委员会的，由物业服务企业告知。

102. 业主可否以超过诉讼时效为由，拒绝缴纳住宅专项维修资金？

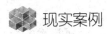 现实案例

2004年3月，被告业主（A公司）拥有某物业项目的底层、二层房屋的产权，底层建筑面积691.36平方米、二层建筑面积910.39平方米。A公司未支付过上述房屋的专项维修资金。2010年9月，原告小区业主大会经征求业主表决意见，决定由业主大会代表业主提起追讨维修资金的诉讼。业主大会向法院起诉，要求A公司就其所有的底层、二层的房屋向原告缴纳专项维修资金57566.9元。被告A公司辩称，其于2004年获得房地产权证，至本案诉讼有6年之久，原告从未主张过维修资金，该请求已超过诉讼时效，不同意原告诉请。

专家解答

法院判决A公司应向业主大会缴纳专项维修资金57566.9元。

按照最高人民法院相关指导案例的裁判理由，"维修资金性质上属于专项基金，系为特定目的，即为住宅共用部位、共用设施设备保修期满后的维修和更新、改造而专设的资金。它在购房款、税

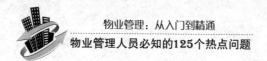

费、物业费之外，单独筹集、专户存储、单独核算。由其专用性所决定，专项维修资金的缴纳并非源于特别的交易或法律关系，而是为了准备应急性地维修、更新或改造区分所有建筑物的共有部分。由于共有部分的维护关乎全体业主的共同或公共利益，所以维修资金具有公共性、公益性。"

"缴纳专项维修资金是为特定范围的公共利益，即建筑物的全体业主共同利益而特别确立的一项法定义务，这种义务的产生与存在仅仅取决于义务人是否属于区分所有建筑物范围内的住宅或非住宅所有权人。因此，缴纳专项维修资金的义务是一种旨在维护共同或公共利益的法定义务，其只存在补缴问题，不存在因过期可以不缴的问题。

业主大会要求补缴维修资金的权利，是业主大会代表全体业主行使维护小区共同或公共利益之职责的管理权。如果允许某些业主不缴纳维修资金而可享有以其他业主的维修资金维护共有部分而带来的利益，其他业主就有可能在维护共有部分上支付超出自己份额的金钱，这违背了公平原则，并将对建筑物的长期安全使用、对全体业主的共有或公共利益造成损害。"

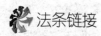 法条链接

《物权法》

第七十九条　建筑物及其附属设施的维修资金，属于业主共有。

经业主共同决定，可以用于电梯、水箱等共有部分的维修。维修资金的筹集、使用情况应当公布。

《物业管理条例》

第七条第四项 业主在物业管理活动中，履行下列义务：

（四）按照国家有关规定交纳专项维修资金；

第五十三条第一款 住宅物业、住宅小区内的非住宅物业或者与单幢住宅楼结构相连的非住宅物业的业主，应当按照国家有关规定交纳专项维修资金。

第五十三条第二款 专项维修资金属于业主所有，专项用于物业保修期满后物业共用部位、共用设施设备的维修和更新、改造，不得挪作他用。

《住宅专项维修资金管理办法》

第二条第二款 本办法所称住宅专项维修资金，是指专项用于住宅共用部位、共用设施设备保修期满后的维修和更新、改造的资金。

九、物业公司的公共安全责任

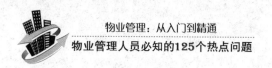

103. 小区内发生入室盗窃，物业公司应否承担责任？

 现实案例

宋女士系某高档小区的业主。2006 年 7 月 27 日 22 时 30 分，宋女士向 110 指挥中心报警，称其家中被盗，110 民警在 2 分钟内到达现场。报警情况登记表记载显示，宋女士家住×区×路 22 号×室，家里被盗，系破窗攀爬入室。刑事案件破案登记表记载，宋女士家中被盗物品及现金合计 36850 元。宋女士入住小区后，与物业公司签订了"业主公约"，约定物业公司负责小区内的秩序维护工作，保持小区内的正常生活秩序，对发生在小区内的刑事及民事案件，物业公司不承担赔偿责任，应由责任人及所投保的保险公司负责赔偿。盗窃案件发生后，物业公司会同公安分局派出所警官查看了 26 日至 27 日的监控录像，并为宋女士更换了玻璃。因要求物业公司赔偿损失未果，宋女士于 2006 年 10 月 19 日诉至人民法院，要求物业公司承担赔偿责任。本案中，物业公司应否为入室盗窃导致的业主财产损失负赔偿责任？

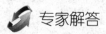 专家解答

本案小区业主在入住时，与物业公司签订了"业主公约"，约

定物业公司负责小区内的秩序维护工作，保持小区内的正常生活秩序，对发生在小区内的刑事及民事案件，物业公司不承担赔偿责任，应由责任人及所投保的保险公司负责赔偿。如何认定双方签订的"业主公约"的性质呢？这一约定实际上具有服务合同性质。按照《物业管理条例》的规定，物业管理是指业主通过选聘物业服务企业，由业主和物业服务企业按照物业服务合同约定，对房屋及配套的设施设备和相关场地进行维修、养护、管理，维护物业管理区域内的环境卫生和相关秩序的活动。

因此，物业管理服务是一种基于合同委托的民事法律行为。双方的约定在不违反法律强制性规定的情况下就应当是合法有效的。当然，双方也可以在此基础上约定特约服务，物业企业可以选择与业主约定承担此类赔偿责任。但是本案双方并未作出此类约定，宋女士亦未能提供证据证明物业公司在履行合同中存在违约的行为。因此，从履行合同义务角度，物业公司已尽到了自身义务和责任。

从上文的分析，我们也能看出法律没有规定物业公司对作为业主的家中财产负有保护义务。再者，物业管理服务本质上是一种专业服务，并不能承担社会管理的职能。物业管理服务内容虽然包括秩序维护服务，但并不能等同于广义的社会治安，而仅是指物业管理区域内的一般秩序维护。发生治安及刑事案件，物业公司仅具有及时向有关部门报告之义务。本案宋女士住宅被盗，性质上已属刑事案件，应当由公安部门及检察部门介入调查处理。业主的损失应由不法行为人承担。而且，盗窃分子实施作案的地点不在物业公司

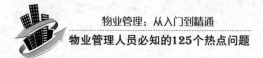
的监控区域内。因此，物业公司没有违法也没有违约。

综上，物业公司对宋女士的财产损失不应负赔偿责任。

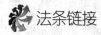 法条链接

《物业管理条例》

第二条 本条例所称物业管理，是指业主通过选聘物业服务企业，由业主和物业服务企业按照物业服务合同约定，对房屋及配套的设施设备和相关场地进行维修、养护、管理，维护物业管理区域内的环境卫生和相关秩序的活动。

第四十五条 对物业管理区域内违反有关治安、环保、物业装饰装修和使用等方面法律、法规规定的行为，物业服务企业应当制止，并及时向有关行政管理部门报告。

有关行政管理部门在接到物业服务企业的报告后，应当依法对违法行为予以制止或者依法处理。

104. 物业公司如何应对业主拆改承重结构?

 现实案例

2009 年 10 月,某小区物业公司人员巡逻时发现,住在 2 号楼 21 层 2101 室业主郝先生的房屋装修存在严重问题:该住户将客厅与卫生间之间的承重墙整个推倒了并准备重新设计改造,同时还将主卧室的阳台窗户旁的承重墙推倒,向外扩建。郝先生此举引起了楼上楼下住户的强烈不满,楼下房屋的墙体已经出现裂缝,楼内的住户都非常恐慌,有的已经从家中搬离住进了酒店。虽多次交涉,郝先生仍拒绝恢复墙体。为弄清楚此举是否对房屋结构安全产生影响,物业公司专门请某设计院专家进行鉴定,鉴定结论是:房屋所在单元的楼板和墙体的稳固性会因此受到破坏,同时将导致全楼的整体抗震性能下降。物业公司遂向法院提出诉讼:要求被告郝先生恢复承重墙的原状,消除安全隐患;被告赔偿物业公司在鉴定等方面的经济损失共计 7000 元。被告郝先生答辩称,物业公司不是该楼的产权人,自己的装修行为即使危害了公共安全,也没有侵害物业管理公司的权益,物业公司不具备作为原告的诉讼主体资格,请求法院驳回物业公司的起诉。本案中,物业公司是否有起诉业主郝先生的资格呢?对于业主装修过程中拆改承重墙的行为应当如何处理呢?

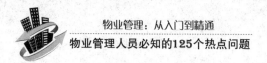

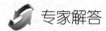 专家解答

《住宅室内装饰装修管理办法》规定了住宅室内装饰装修活动中的禁止行为，其中包括"扩大承重墙上原有的门窗尺寸，拆除连接阳台的砖、混凝土墙体"。此外，目前各省市的《临时管理规约》《管理规约》示范文本中都包含禁止类似违规装修的行为。业主与物业公司之间签订的《住宅室内装饰装修管理服务协议》一般也包括装修禁止行为和注意事项。本案中，郝先生的行为已经违反了上述法律规定和合同约定。物业公司为小区提供物业管理和服务，包括对房屋墙体、柱、梁等共用部位的维修养护。郝先生的行为虽然发生在其专有部分内，但承重墙并非其个人所有，而属于业主共有共用。其行为不但侵害了相邻业主的合法权益，同时也影响了正常的物业管理秩序。对于此类违规行为，《物业管理条例》赋予物业公司举报的权利和义务。因此，物业公司有权依法提起诉讼。

对于业主装修过程中拆改承重墙的行为，物业公司可以采取如下处理措施：一是发放整改通知单，劝说和阻止业主的违法装修行为；二是向房屋行政主管部门、城管等部门报告，请求相关部门依法处理；三是向法院提起诉讼，要求法院判令业主恢复原状，如装饰装修管理协议中约定了违约责任，物业公司可依法主张。同时，物业公司可向法院申请先予执行，以阻止业主进一步的破坏行为。另外，业主委员会和相关业主也可依法提起诉讼。

 法条链接

《住宅室内装饰装修管理办法》

第五条 住宅室内装饰装修活动，禁止下列行为：

（一）未经原设计单位或者具有相应资质等级的设计单位提出设计方案，变动建筑主体和承重结构；

......

（三）扩大承重墙上原有的门窗尺寸，拆除连接阳台的砖、混凝土墙体；

......

本办法所称承重结构，是指直接将本身自重与各种外加作用力系统地传递给基础地基的主要结构构件和其连接接点，包括承重墙体、立杆、柱、框架柱、支墩、楼板、梁、屋架、悬索等。

第十五条 物业管理单位应当将住宅室内装饰装修工程的禁止行为和注意事项告知装修人和装修人委托的装饰装修企业。

装修人对住宅进行装饰装修前，应当告知邻里。

《物业管理条例》

第四十五条 对物业管理区域内违反有关治安、环保、物业装饰装修和使用等方面法律、法规规定的行为，物业服务企业应当制止，并及时向有关行政管理部门报告。

有关行政管理部门在接到物业服务企业的报告后，应当依法对违法行为予以制止或者依法处理。

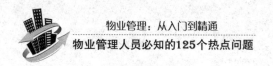

105. 业主违法建设开挖地窖造成工人死亡，警方控制物业公司相关负责人是否恰当？

 现实案例

2012年10月的一天下午2时许，一幢私人别墅在装修过程中，私自开挖地下室，进行地下改建施工。据了解，该别墅业主打算建一个私人酒窖。建设的地下室工地紧挨着别墅。当施工人员正在往坑北侧砖墙的缝隙里填土的时候，砖墙受到挤压，长约20米的砖墙顿时倒塌，工人们全被压在墙下。墙体坍塌事故造成了6名施工人员死亡、3人受伤。砖墙倒塌后，现场可见一长约30米，宽约10米，深达8米的大坑，现场看不到任何加固措施。事故发生后，施工方及物业公司相关负责人被警方控制。

另据了解，2012年5月底，涉案业主申请住宅室内装饰装修，并与小区物业公司签订了《住宅室内装饰装修管理服务协议》，物业服务企业按照规定进行了日常巡查。8月16日前，装修企业一直按照装修方案实施室内装饰装修。之后，物业公司发现装修企业以实施绿化改造为名拆除了两栋房屋之间的隔栏，并开始在两栋房屋之间挖土。因此行为不符合装修方案，物业公司自8月19日起，多次向业主发出责令改正通知书，要求其停止作业，并采取了限制

装修人员进入小区的方式予以制止。9 月 13 日，物业项目经理向有关部门进行了报告，并做了电话记录。9 月 15 日，装修人员以整改、恢复原状为由进入现场，但未进行整改。另据调查，业主进行的地下改建施工并未取得相关规划部门的许可。接受业主委托的装修企业并无土建施工资质。

本案中，物业公司有无责任？

专家解答

本案是一起因违法建设引发的安全生产责任事故。本案中，共涉及业主、施工企业、物业公司三方主体。

业主是物业装修人，其开挖地下室进行地下工程改建，一、未取得建设工程规划许可证、临时建设工程规划许可证；二、未聘请具有土建施工资质的企业进行施工；三、未经物业公司同意，且未与物业公司在装饰装修管理协议中约定实施地下改建工程；四、在物业公司多次责令改正后拒不改正。因此，业主应当承担此次安全生产事故的主要责任。

施工企业，一、无土建施工资质；二、在施工过程中未采取加固措施，确保必要的安全生产条件；三、未按照装饰装修协议相关约定开展装修；四、在物业公司提出停止违建后仍坚持施工。因此，施工企业应与业主一同承担本次事故责任。

在物业装饰装修过程中，物业公司要履行的义务和责任包括：

一是对住宅室内装修的装修人员和装修企业，履行告知装修禁止行为和注意事项。二是对违法装修行为，承担制止责任；对已造成事实后果或者拒不改正的违法装修行为，承担及时报告责任。三是对装修行为，进行现场检查；对违法和违约的行为，应当要求装修人员和装修企业立即改正，并将检查记录存档。本案中，物业公司已经与业主签订了《住宅室内装饰装修管理服务协议》，在发现违规装修违法建设行为后，及时地进行了制止和向相关部门报告。可见，物业公司已完全履行了其法定和约定义务。因此，本次事故中，物业公司不应承担责任。

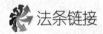 法条链接

《住宅室内装饰装修管理办法》

第十五条第一款 物业管理单位应当将住宅室内装饰装修工程的禁止行为和注意事项告知装修人和装修人委托的装饰装修企业。

第十七条 物业管理单位应当按照住宅室内装饰装修管理服务协议实施管理，发现装修人或者装饰装修企业有本办法第五条行为的，或者未经有关部门批准实施本办法第六条所列行为的，或者有违反本办法第七条、第八条、第九条规定行为的，应当立即制止；已造成事实后果或者拒不改正的，应当及时报告有关部门依法处理。对装修人或者装饰装修企业违反住宅室内装饰装修管理服务协议的，追究违约责任。

第三十条　住宅室内装饰装修工程竣工后，装修人应当按照工程设计合同约定和相应的质量标准进行验收。验收合格后，装饰装修企业应当出具住宅室内装饰装修质量保修书。

物业管理单位应当按照装饰装修管理服务协议进行现场检查，对违反法律、法规和装饰装修管理服务协议的，应当要求装修人和装饰装修企业纠正，并将检查记录存档。

《北京市禁止违法建设若干规定》

第二十三条　在已建成的居住建筑（含别墅）区域内，不得擅自新建、改建、扩建、翻建各类建筑物、构筑物。居民委员会、村民委员会、物业服务企业发现本区域内违法建设行为的，有权予以制止，并及时向负有查处职责的机关报告。

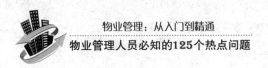
106. 高空坠物砸伤业主，物业公司应负赔偿责任吗？

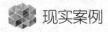 现实案例

2010 年 11 月 19 日深夜，姜某加完夜班回家，在进入小区北门，拐进通往自家楼栋的左侧道路 3 米处时，一只从天而降的烟灰缸砸在了他的头上，姜某当场昏迷倒地，随即被人送往附近的急救中心抢救。院方对姜某进行了一天一夜的手术急救。术后，姜某昏迷了 2 个多月，终于脱离了生命危险，但却留下了严重的后遗症。姜某被鉴定为三级智能障碍伤残、颅骨缺损伤残，伴随经常发作的外伤性癫痫，完全丧失了工作能力，基本丧失了生活自理能力。这次急救共花掉姜某家 26 万余元医药费。11 月 19 日当晚，警方接到报警后赶到事发地点调查，未能查明具体侵害人，但初步认定烟灰缸应当是从 2 号楼或 3 号楼两栋楼的南面窗户扔出来的。姜某遂将位于出事地点的 2 号、3 号两幢楼一层以上 50 户居民以及小区管理单位某物业公司告上法庭，要求他们共同赔偿自己的医药费、精神损失费等各种费用共计 32 万余元。物业公司提交工作记录单、巡视工作单等材料举证证明公司的服务人员当晚未在 2 号楼和 3 号楼工作或生活。一审法院驳回了姜某对于物业公司的诉讼请求，同时鉴于难以确定具体侵权人，判决每户居民给予原告 3000 元的补偿。

二审法院维持了原判。对于高空坠物导致人身或财产损失的，物业公司有赔偿责任吗？

专家解答

本案属于典型的侵权责任法上的高空坠物导致的物件损害责任。经警方侦查，认定砸中姜某头部的烟灰缸应当从 2 号楼或 3 号楼两栋楼的南面窗户扔出来的。这种情况下，烟灰缸属于建筑物不明抛掷物、坠落物。在《侵权责任法》出台之前，法院对于此类案件的处理结果存在较大分歧。但《侵权责任法》出台之后，这类案件的判决虽然并不能让当事人完全信服，但有了相对较为统一的标准。

《侵权责任法》规定，"从建筑物中抛掷物品或者从建筑物上坠落的物品造成他人损害，难以确定具体侵权人的，除能够证明自己不是侵权人的外，由可能加害的建筑物使用人给予补偿。"具体到本案，"2 号楼和 3 号楼两栋楼的南面居住的人"为"可能加害的建筑物使用人"。这部分人依法应当补偿受害人。应特别注意是"补偿"而非"赔偿"。法律考虑到难以确定具体的加害人，但加害人的范围相对确定，真正的侵权人就在建筑物使用人的范围内，如果仅仅因为不能具体到某个人而让受害人自己承担损害后果，对受害人是不公平的。同样的，如果让可能加害的建筑物使用人承担完全的"赔偿"责任，建筑物使用人又难以接受。因此，采取了折

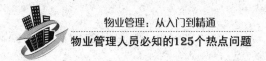

中的办法，让可能加害的建筑物使用人对受害人作适当补偿，因此，才有法院判决每户居民补偿姜某3000元的处理结果。

本案中，物业公司有无责任呢？一般情况下，物业公司只是与小区业主或者业主委员会签订物业服务合同，并按照服务合同约定，对建筑物进行管理和服务，而并不占有、控制建筑物本身，不应当认定为"建筑物使用人"。而且，本案中的物业公司通过提交工作记录单、巡视工作单等证据材料，证明了其公司的服务人员当晚未在2号楼和3号楼工作或生活。此外，砸中姜某头部的是一个烟灰缸，而非建筑物的墙体等属于物业公司管理对象范围之内的物体。因此，物业公司不应当承担赔偿责任。

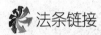 法条链接

《侵权责任法》

第八十七条 从建筑物中抛掷物品或者从建筑物上坠落的物品造成他人损害，难以确定具体侵权人的，除能够证明自己不是侵权人的外，由可能加害的建筑物使用人给予补偿。

107. 电梯坠落伤人，应由物业公司还是电梯维保公司担责？

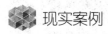 现实案例

某住宅区29号、32号楼曾发生过电梯停运事件。这两栋楼共有四部电梯，自2001年业主入住后连续使用7年却从未进行过中修、大修。截至2008年7月29日，4部电梯已有3部停运，剩余1部也存在故障，严重影响到业主的正常生活。2009年2月16日早上7点左右，小邓匆匆忙忙乘坐唯一一部运行的电梯去上班，电梯突然从八层坠落至二层，致其颈部脊髓损伤，经司法鉴定，构成9级伤残。有关部门组成事故调查组，经调查认定事故原因有：一是有木块掉进电梯导致电缆运行时被损坏，这是事故发生的直接原因。二是电梯公司（维保单位）未按规定对电梯进行维修保养，电梯多处部件存在故障没有得到及时修理，属于带病运行。邓女士与电梯公司（维保单位）及小区物业公司多次协商赔偿未果后，将两家单位告上法庭，索赔各项损失50余万元。经查，电梯免费维保期过后，电梯厂家即现在的维保单位与物业公司于2007年9月15日订立了《电梯维保服务合同》，约定"有关电梯的维保服务及合同延期的付费方式等，履行期限至2009年2月25日"。

电梯公司（维保单位）答辩称，造成事故的原因是有木块掉进

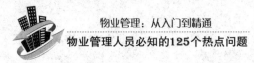

电梯导致电缆运行时被损坏，这是管理方的责任。此外，物业公司拖欠电梯维保费用，电梯公司无力长期免费维保，责任在物业公司。物业公司称："我公司事后已经本着对业主负责的态度，垫付了 8 万余元的医疗费。电梯坠落一方面是由于电梯公司未尽到责任，没做好养护造成的；另一方面，小区维修资金迟迟不能支取使用造成了电梯没钱修理。"法院经审理认为，根据案件的具体事实及双方在事故中的过错责任大小，物业公司应承担65%的责任，电梯公司应承担35%的责任。本案中，电梯坠落伤人，损害赔偿责任应当如何分配？

专家解答

确定损害赔偿责任的大小和分配，可以从事故的原因入手。事故调查组给出了两个原因：一是有木块掉进电梯导致电缆运行时被损坏，这是事故发生的直接原因。二是电梯公司（维保单位）未按规定对电梯进行维修保养，电梯多处部件存在故障没有及时修理，属于带病运行。第一个原因应当归责于物业公司。物业公司对小区内的共用设施设备提供维修、养护服务，负有管理责任。住宅楼内电梯为物业小区内的共用设施设备。电梯内掉进木块导致电缆被损坏，致使业主乘用电梯时发生事故，物业公司存在过错，应当承担赔偿责任。第二个原因应当归责于电梯公司（维保单位）。电梯维保单位与物业公司订立了《电梯维保服务合同》，维保单位的义务和责任就是要通过对电梯的维修和养护，达到使电梯安全运行的目的。但是，维保单位的维护工作却不到位。物业公司不能按时支付维保费并不能成为维保单位的免责事由。综上，物业公司和维保单位都应当承担损害赔偿责任，至于责任的分配当根据案情细节具体确定。

通过本案，建议物业公司加强对与维保单位之间的电梯维保合同的管理，量化电梯维修养护服务标准。目前，电梯服务标准更多的是关于"量"的要求，且比较笼统。"保证主梯 24 小时不间断运行""电梯出现事故应迅速启动应急预案""电梯轿厢张贴乘梯须知"等并不能反映物业公司的电梯服务"质"，也就无法了解维保是否尽到日常维修养护的义务。因此，应当量化电梯维修养护服务标准，并要求企业做好相关记录以备监督检查。量化电梯维修养护服务标准能够强化维保公司的责任意识，确保该投入到位，保证电梯运行安全。同时，物业公司与维保单位可以将发生电梯事故赔偿责任的内部分配比例进行约定，以免将来发生纠纷。

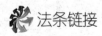 法条链接

《侵权责任法》

第六条 行为人因过错侵害他人民事权益，应当承担侵权责任。

根据法律规定推定行为人有过错，行为人不能证明自己没有过错

的，应当承担侵权责任。

第八条 二人以上共同实施侵权行为，造成他人损害的，应当承担连带责任。

108. 物业公司应否允许业主调取监控录像？

 现实案例

　　田先生的小轿车刚买了一年多，最近因为忙，车就放在小区里未曾开过。2011年6月17日上午，田先生决定把自己的车擦洗一下，刚走到停车位却傻眼了，小轿车上从车门到车尾竟然有两道深深的划痕。"我想了一下也没和谁结怨啊，怎么会有人搞这样的恶作剧。"田先生很纳闷。有邻居告诉他，小区内装有监控探头，可以找物业公司调取一下监控录像。田先生找到物业公司，却被告知无权查看。"没有领导批准业主不能查看监控录像，连我们也不能看。"保安坦言。那么，业主能否调取监控录像查看相关情况呢？

专家解答

　　保安服务（秩序维护服务）是一项重要的物业服务内容。新近开发的物业项目，一般都配备了监控设施设备。物业公司通过监控设施设备辅助维护小区秩序。有的物业服务合同中直接约定，物业服务企业提供24小时电子监控服务。有些小区内部分监控探头还实现了与公安部门联网。《保安服务管理条例》规定，保安服务中形成的监控影像资料、报警记录，保安从业单位应当至少留存30

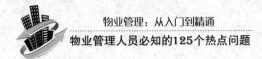

日备查，保安从业单位和客户单位不得删改或者扩散。保安从业单位不得使用监控设备侵犯他人合法权益或者个人隐私；不得删改或者扩散保安服务中形成的监控影像资料、报警记录。由此可见，物业服务企业在服务过程中，应当至少留存监控影像资料30日备查。

本案中，业主田先生因车辆被划损，要求物业公司调取相关监控录像，是维护自身合法权益，没有侵犯他人合法权益或者个人隐私，也没有扩散相关监控影像资料。要求物业公司留存监控影像资料目的之一就是为了备查。田先生的诉求当属备查范围。物业公司拒绝业主的合理请求是没有依据的。如果物业公司尚未建立调取查看监控影像资料的规章制度，业主田先生可通过公安部门协助调取。

法条链接

《保安服务管理条例》

第二十五条　保安服务中使用的技术防范产品，应当符合有关的产品质量要求。保安服务中安装监控设备应当遵守国家有关技术规范，使用监控设备不得侵犯他人合法权益或者个人隐私。

保安服务中形成的监控影像资料、报警记录，应当至少留存30日备查，保安从业单位和客户单位不得删改或者扩散。

第四十二条　保安从业单位有下列情形之一的，责令限期改正，给予警告；情节严重的，并处1万元以上5万元以下的罚款；有违法所得的，没收违法所得：

......

（七）未按照本条例的规定留存保安服务中形成的监控影像资料、报警记录的。

......

第四十三条 保安从业单位有下列情形之一的，责令限期改正，处 2 万元以上 10 万元以下的罚款；违反治安管理的，依法给予治安管理处罚；构成犯罪的，依法追究直接负责的主管人员和其他直接责任人员的刑事责任：

......

（二）使用监控设备侵犯他人合法权益或者个人隐私的；

（三）删改或者扩散保安服务中形成的监控影像资料、报警记录的；

......

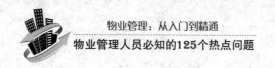
109. 物业公司保安检查、评论有关小区业主的监控录像，是否构成侵犯隐私权？

现实案例

　　某小区属高档商品房小区，各项配套设施齐全。物业公司为加强安全保障，在小区多处安装了监控摄像头，对小区部分区域实施24小时监控，物业公司还向相关部门进行了备案。2011年8月26日晚，业主张某与其女友仇某在小区东侧围墙下拥抱、亲吻，恰好被监控设备摄录。按照物业公司管理规定，该监控设备存储时间为15天，存储期满录像将被删除。在删除已有监控录像之前，物业公司人员按要求每天要浏览、检查将被自动删除的录像。发现有异常情况的，相关人员应按要求将录像片段保存并向项目经理报告。

　　9月10日，物业公司监控室保安员在检查、浏览监控录像时发现了张某与其女友仇某的拥抱、亲吻片段，遂对该视频片段进行评论。正在物业公司监控室保安员评论之时，张某与其女友仇某前去物业公司办事，仇某当即要求删除视频，随后该段视频被自动删除。仇某认为其与男友被秩序维护员揶揄、取笑，物业公司侵犯了他们的隐私权。仇某遂将小区物业公司诉至法院，要求法院判令被告物业公司拆除监控设备，赔礼道歉并赔偿其精神损失费2000元。

本案中，物业公司保安的行为是否侵犯了张某与仇某的隐私权呢？

专家解答

自2010年7月1日起施行的《侵权责任法》明确规定，隐私权受法律保护。隐私权是指自然人享有的对其个人的，与公共利益、群体利益无关的个人信息、私人活动和私有领域进行支配的人格权。隐私保护是法律赋予自然人享有私人生活安宁与私人生活信息不受他人侵犯、知悉、使用、披露和公开的权利。私人生活，包括自然人的日常生活。从侵权方式来看，对隐私权的侵犯通常表现为将个人隐私事实由秘密变为公开。本案中，在小区安装监控设备是为了保证小区安全，维护全体业主的利益，并不违反有关规定。而且，物业公司已向有关部门备案。张某与仇某理应意识到他们在小区内拥抱、亲吻，完全有可能被他人看见或被监控录像拍摄到。张某与仇某的拥抱、亲吻，属于其私人生活的一部分，应当认定为隐私。但从本案来看，物业公司在小区内安装监控摄像头并非为专门摄录张某与仇某的私人生活。物业公司的保安人员获取张某与仇某的拥抱、亲吻的手段并不涉及违法，保安人员也并未将视频予以公开。张某与仇某理应意识到他们在小区内拥抱、亲吻视频未被保存，亦未被不当利用。因此，物业公司不构成对张某和仇某隐私权的侵害。

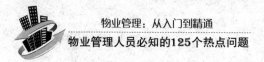
法条链接

《侵权责任法》

第二条　侵害民事权益，应当依照本法承担侵权责任。

本法所称民事权益，包括生命权、健康权、姓名权、名誉权、荣誉权、肖像权、隐私权、婚姻自主权、监护权、所有权、用益物权、担保物权、著作权、专利权、商标专用权、发现权、股权、继承权等人身、财产权益。

110. 热力管线破裂烫死行人，供热单位和物业公司谁应当承担责任？

 现实案例

2011年2月11日上午11时左右，北京市某大厦保安员在巡视过程中发现大厦东侧栅栏墙外的人行道上冒出热气，立即向公司领导报告，因该处附近曾发生过热力跑水抢修事件，物业公司即派水工维修班长进行现场检查，目测推定为热力管道故障后，在12时左右向热力公司紧急报告。为避免发生意外，物业公司安排保安清走栅栏内停放的车辆。14时左右，热力公司工程车到达现场，采取了关闭闸门的措施。15时左右行人途经此处时，路面突然塌陷，导致行人坠入热水坑并最终抢救无效身亡。相关部门认定此次热力事故为一起安全生产责任事故。经查明：一、抢险单位热力公司到达现场后并未设置任何警戒措施。二、事故发生地点在公共人行道上，距大厦规划建筑红线以外11米，不在物业公司管理范围之内，但经调查组调查热力管线渗漏点在支管上，在物业公司的管理区域内。三、物业公司曾与热力公司签订管线维护合同，负责支管的维修、养护，保障管线的正常使用。那么，本案事故责任应当由谁承担，热力公司还是物业公司？

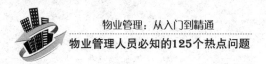
专家解答

热力管线破裂跑水是本次热力事故发生的主要原因，热力公司人员到达现场后未采取警戒措施是事故发生的直接原因。而热力管线破裂跑水又是因为热力管线年久失修。确定事故责任主体的关键在于明确热力管线的维修养护单位。

根据《物业管理条例》第五十一条第一款的规定，"供水、供电、供气、供热、通信、有线电视等单位，应当依法承担物业管理区域内相关管线和设施设备维修、养护的责任。"根据《北京市供热采暖管理办法》第三十六条第（一）项的规定，供热是指供热单位依靠稳定热源，通过管道系统有偿为用户提供采暖用热以及相关服务的行为。本案中，热力公司是供热单位，即便热力管线的渗漏点在物业公司管理区域内的相关热力支管上，热力公司仍然是热力管线的维修养护责任主体。

作为抢险部门，热力公司在事故发生接到报告后2小时才赶到现场，到达现场后又未设置任何警戒措施。按照《民法通则》第一百二十五条的规定，"在公共场所、道旁或者通道上挖坑、修缮安装地下设施等，没有设置明显标志和采取安全措施造成他人损害的，施工人应当承担民事责任。"热力公司的救援迟缓和现场应急处置措施不到位，导致事故发生的概率增加，因此热力公司存在过错。

供热属于专业服务，不属于物业服务事项。《物业管理条例》规定，专业服务应当到终端用户，服务到终端用户，收费到终端用户。

供热单位可以委托物业公司代为收取相关费用，但供热单位并不能因此排除或分解其对相关管线和设施的维修养护责任。当然，由于物业公司曾与热力公司签订管线维护合同，负责支管的维修、养护，且热力管线渗漏点在支管上。因此，物业公司也应当承担一定责任。

综上，热力公司应当承担本次事故的主要赔偿责任，物业公司承担次要责任。

法条链接

《物业管理条例》

第四十四条　物业管理区域内，供水、供电、供气、供热、通信、有线电视等单位应当向最终用户收取有关费用。

物业服务企业接受委托代收前款费用的，不得向业主收取手续费等额外费用。

第五十一条第一款　供水、供电、供气、供热、通信、有线电视等单位，应当依法承担物业管理区域内相关管线和设施设备维修、养护的责任。

《北京市供热采暖管理办法》

第三十六条　本办法中有关用语的含义：

（一）供热是指供热单位依靠稳定热源，通过管道系统有偿为用户提供采暖用热以及相关服务的行为。

……

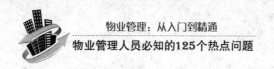

111. 业主家中电视爆炸引发火灾并导致他人死亡，物业公司负什么消防安全责任？

 现实案例

2011年6月11日刚好是个周末，上午10点左右，田某在家中（小区303室）看电视时，电视机突然黑屏。田某赶紧关掉电视，但是此时电视后盖却开始冒烟。田某立即向邻居求助，经邻居提醒，田某当即拔掉了电源插头，可是，电视机继续冒着烟，并有扩大的趋势。田某感觉情况不对，接着到物业公司设在小区的窗口求助，但窗口无人。在此过程中，电视机发生了爆炸，引发田某家303室火灾。当时，303室的房门敞开着，高温有毒烟雾顺着楼梯间迅速蔓延。随后消防队接到了报警，并于11点15分到达火灾现场。经过搜救，发现503室防盗门和房门敞开着，室内充斥着大量烟雾，一年轻女子仰面躺在房屋北侧的厨房内。后经到达现场的120救护车急救无效后死亡。

2011年7月16日，503室受害人家属将303室业主田某及小区物业公司告上法庭。受害人家属认为，田某未及时采取救火措施致火势蔓延，导致受害人吸入大量毒气死亡，应承担赔偿责任。物业公司没有及时帮助处理火灾现场，也未在消防人员到达前组织救火，使火势无法得到控制，应对其不作为行为承担责任。家属要求

业主与物业公司按过错比例承担死亡赔偿金、丧葬费、精神损害抚慰金等共计70万余元的赔偿责任。被告田某辩称，原告没有有效证据证明受害人死于火灾，且在发现电视机有异常情况后，他已采取了必要的措施，因而不存在过错。火灾由电视机故障引发，电视机厂商应承担过错责任。受害人没有采取自救措施，反而把大门敞开，亦存在过错。被告物业公司辩称，事发当日公司有值班人员，相关的消防器材完好，消防通道畅通，其并无过错。本次事故系因受害人和田某未采取正确措施造成。

法院经审理认为，根据受害人被消防队员发现躺倒在503室厨房内时，房屋内已充满了高温有毒烟气，房屋大门也处于敞开状态的事实，结合其他居民曾看到503室厨房内有人呼救的陈述，推断受害人系在开门逃生时受高温有毒烟气影响后在厨房内窒息死亡。该结论亦得到消防部门的事故认定书、医院诊断结论的印证。根据田某本人及其他相关人员的询问笔录，从发现电视机冒烟至其他居民报警，时间间隔在半小时左右。其间田某未采取有效措施消除火灾隐患并及时报警，所以田某应对受害人的死亡后果承担赔偿责任。物业公司确认在事故当天有值班人员，但在田某找到物业窗口求助时，却无人在岗接待，田某未得到及时的帮助与火灾蔓延有一定的关联，故物业公司对受害人死亡具有过错，应负相应的赔偿责任。受害人发现火灾后开门逃生是正常的逃生反应，并无过错。最终法院判决，田某与物业公司按90%与10%的比例，各自承担赔偿责任。

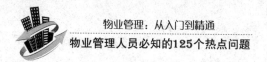

本案中，物业公司是否已经尽到了应尽的义务？物业公司如何作为，才能防范此类风险责任？

专家解答

本案是一起因火灾引发的人身损害赔偿责任。该案的赔偿适用过错责任原则。

首先，分析303室业主田某应否承担赔偿责任案。第一，田某家中的电视冒烟、起火、爆炸，最终导致高温有毒气体蔓延，并引发火灾。可见，田某实施了侵权行为。第二，田某家中的电视黑屏、冒烟后，他并未报警，直至其他居民报警，时间间隔亦在半小时。田某也未采取其他消除火灾隐患的有效措施。可见，田某存在过错。第三，受害人503室业主死亡。第四，行为人田某的行为与受害人503室业主死亡之间有因果关系。因为根据受害人被消防队员发现躺倒在503室厨房内时，房屋内已充满了高温有毒烟雾，房屋大门也处于敞开状态的事实，结合其他居民曾看到503室厨房内有人呼救的陈述，推断受害人系在开门逃生时受高温有毒烟雾影响后在厨房内窒息死亡。因此，303室业主田某应当对503业主的死亡向其家属承担赔偿责任。

其次，再分析物业公司应否承担赔偿责任。在一些情况下，行为人的不作为也可能产生侵权责任，即在特定情形下行为人负有积极保护他人的义务。不作为侵权是行为人应当履行某种法定作为义务而未履行该义务而产生的，若没有法定作为义务，行为人的不作为并不构成侵权。这种法定作为义务可以基于某一法律的明确规定，也可以基于当事人约定而产生的义务。在小区提供物业管理服务的物业公司负有一定的消防安全责任，这种安全义务，一方面基于法律规定，如《消防法》规定："住宅区的物业服务企业应当对管理区域内的共用消防设施进行维护管理，提供消防安全防范服务。"《北京市消防条例》规定："组织安全巡查，发现火灾隐患及时采取措施。对初起火灾采取必要的处置措施。"另一方基于《物业服务合同》的约定。本案中，物业公司虽然在相关岗位安排了值班人员，但业主求助时值班人员并不在岗，物业公司未完全尽到"消防安全防范义务和对初起火灾采取必要的处置措施的义务"，因此对受害人死亡具有过错。

此外，被告田某主张应由电视机厂商承担赔偿责任的问题属于另一个赔偿问题。如果电视机厂商对电视机发生故障有过错，被告田某应当在承担赔偿责任后另行向厂商主张权利，而不是由厂商直接赔偿503室业主。

本案提示物业公司应当注意自己在物业管理过程中的法定和约定消防安全义务。除上文提到的义务之外，还包括如下消防安全工作：组织安全巡查，发现火灾隐患及时采取措施；保障疏散通道、安全出口、消防车通道畅通，划定和设置停车泊位及设施时不得占用、堵塞消防车通道；对占用、堵塞、封闭疏散通道、安全出口、消防车通道的行为予以劝阻并督促改正；对拒不改正的，要及时向

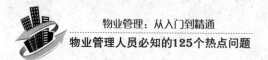
公安机关消防机构或者公安派出所报告。物业公司尤其应当注意通过履行相关的报告义务来规避相应的风险责任。

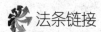 法条链接

《侵权责任法》

第六条　行为人因过错侵害他人民事权益，应当承担侵权责任。

根据法律规定推定行为人有过错，行为人不能证明自己没有过错的，应当承担侵权责任。

《消防法》

第五条　任何单位和个人都有维护消防安全、保护消防设施、预防火灾、报告火警的义务。任何单位和成年人都有参加有组织的灭火工作的义务。

第十八条　同一建筑物由两个以上单位管理或者使用的，应当明确各方的消防安全责任，并确定责任人对共用的疏散通道、安全出口、建筑消防设施和消防车通道进行统一管理。

住宅区的物业服务企业应当对管理区域内的共用消防设施进行维护管理，提供消防安全防范服务。

《北京市消防条例》

第二十二条　同一建筑物有两个以上所有权人的，所有权人对各自专有部分履行消防安全职责。对专有部分以外的共有部分，所有权人共同履行消防安全职责。

第二十四条　住宅区的物业服务企业或者其他管理人应当做好下列消防安全工作：

（一）开展日常消防安全宣传教育，提示火灾隐患，组织居民进行灭火和应急疏散演练。

（二）组织安全巡查，发现火灾隐患及时采取措施。

（三）对管理区域内的共用消防设施、器材进行维护管理，确保完好有效。

（四）保障疏散通道、安全出口、消防车通道畅通，划定和设置停车泊位及设施时不得占用、堵塞消防车通道。

（五）对占用、堵塞、封闭疏散通道、安全出口、消防车通道的行为予以劝阻并督促改正；对拒不改正的，及时向公安机关消防机构或者公安派出所报告。

（六）对初起火灾采取必要的处置措施。

十、物业公司行政法律责任

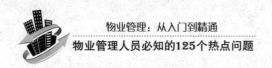
112. 物业公司在办理物业承接验收手续时，不移交有关资料的，承担什么法律责任？

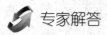 专家解答

物业公司在办理物业承接验收手续时，不移交有关资料的，由县级以上地方人民政府房地产行政主管部门责令限期改正。如果物业公司逾期仍不移交有关资料，对其予以通报，处1万元以上10万元以下的罚款。

法条链接

《物业管理条例》

第二十九条　在办理物业承接验收手续时，建设单位应当向物业服务企业移交下列资料：

（一）竣工总平面图，单体建筑、结构、设备竣工图，配套设施、地下管网工程竣工图等竣工验收资料；

（二）设施设备的安装、使用和维护保养等技术资料；

（三）物业质量保修文件和物业使用说明文件；

（四）物业管理所必需的其他资料。

物业服务企业应当在前期物业服务合同终止时将上述资料移交给业主委员会。

第五十八条 违反本条例的规定，不移交有关资料的，由县级以上地方人民政府房地产行政主管部门责令限期改正；逾期仍不移交有关资料的，对建设单位、物业服务企业予以通报，处 1 万元以上 10 万元以下的罚款。

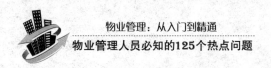
113. 物业公司将一个物业管理区域内的全部物业管理一并委托给他人的，承担什么法律责任？

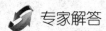 专家解答

物业服务企业可以外包一些专业服务给专业性服务企业，如保安服务、保洁服务、绿化服务、电梯维保服务等。但法律法规禁止转包行为，即将一个物业项目的全部物业管理业务一并委托给他人。

物业公司有此违法违规行为的，由县级以上地方人民政府房地产行政主管部门责令限期改正，处委托合同价款30%以上50%以下的罚款；情节严重的，由颁发资质证书的部门吊销资质证书。委托所得收益，用于物业管理区域内物业共用部位、共用设施设备的维修、养护，剩余部分按照业主大会的决定使用；给业主造成损失的，依法承担赔偿责任。

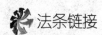 法条链接

《物业管理条例》

第三十九条 物业服务企业可以将物业管理区域内的专项服务业

务委托给专业性服务企业，但不得将该区域内的全部物业管理一并委托给他人。

第六十条 违反本条例的规定，物业服务企业将一个物业管理区域内的全部物业管理一并委托给他人的，由县级以上地方人民政府房地产行政主管部门责令限期改正，处委托合同价款30%以上50%以下的罚款；情节严重的，由颁发资质证书的部门吊销资质证书。委托所得收益，用于物业管理区域内物业共用部位、共用设施设备的维修、养护，剩余部分按照业主大会的决定使用；给业主造成损失的，依法承担赔偿责任。

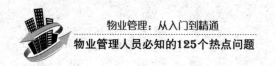

114. 物业公司挪用专项维修资金的，承担什么法律责任？

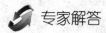 专家解答

专项维修资金属于业主所有，专项用于保修期满后共用部位和共用设施设备的维修、更新、改造，物业公司不得据为己有，也不得挪作他用。

物业公司挪用专项维修资金的，由县级以上地方人民政府房地产行政主管部门追回挪用的专项维修资金，给予警告，没收违法所得，可以并处挪用数额 2 倍以下的罚款；物业服务企业挪用专项维修资金，情节严重的，由颁发资质证书的部门吊销资质证书；构成犯罪的，依法追究直接负责的主管人员和其他直接责任人员的刑事责任。

法条链接

《物业管理条例》

第五十三条 住宅物业、住宅小区内的非住宅物业或者与单幢住宅楼结构相连的非住宅物业的业主，应当按照国家有关规定交纳专项维修资金。

专项维修资金属于业主所有，专项用于物业保修期满后物业共用部位、共用设施设备的维修和更新、改造，不得挪作他用。

专项维修资金收取、使用、管理的办法由国务院建设行政主管部门会同国务院财政部门制定。

第六十一条 违反本条例的规定，挪用专项维修资金的，由县级以上地方人民政府房地产行政主管部门追回挪用的专项维修资金，给予警告，没收违法所得，可以并处挪用数额2倍以下的罚款；物业服务企业挪用专项维修资金，情节严重的，并由颁发资质证书的部门吊销资质证书；构成犯罪的，依法追究直接负责的主管人员和其他直接责任人员的刑事责任。

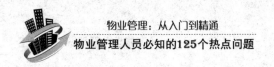
115. 未经业主大会同意，物业公司擅自改变物业管理用房的用途的，承担什么法律责任？

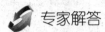

专家解答

《物业管理条例》明确了物业管理用房的所有权属于业主。物业管理用房一般用于物业公司办公、业主大会和业主委员会办公，不能他用。

未经业主大会同意，物业公司擅自改变物业管理用房的用途的，由县级以上地方人民政府房地产行政主管部门责令限期改正，给予警告，并处1万元以上10万元以下的罚款；有收益的，所得收益用于物业管理区域内物业共用部位、共用设施设备的维修、养护，剩余部分按照业主大会的决定使用。

法条链接

《物业管理条例》

第三十七条　物业管理用房的所有权依法属于业主。未经业主大会同意，物业服务企业不得改变物业管理用房的用途。

第六十三条　违反本条例的规定，未经业主大会同意，物业服务企业擅自改变物业管理用房的用途的，由县级以上地方人民政府房地产行政主管部门责令限期改正，给予警告，并处 1 万元以上 10 万元以下的罚款；有收益的，所得收益用于物业管理区域内物业共用部位、共用设施设备的维修、养护，剩余部分按照业主大会的决定使用。

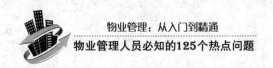

116. 物业公司擅自改变物业管理区域内按照规划建设的公共建筑和共用设施用途的，承担什么法律责任？

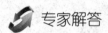 专家解答

按照规划建设的公共建筑和共用设施，如楼梯、大堂、消防、公共照明、避难层、设备间、公共绿地等，应当按照规划用途使用，而不得擅自改变用途。擅自改变的，由县级以上地方人民政府房地产行政主管部门责令限期改正，给予警告，并按照有关法律的规定处以罚款；所得收益，用于物业管理区域内物业共用部位、共用设施设备的维修、养护，剩余部分按照业主大会的决定使用。

法条链接

《物业管理条例》

第四十九条 物业管理区域内按照规划建设的公共建筑和共用设施，不得改变用途。

业主依法确需改变公共建筑和共用设施用途的，应当在依法办理有关手续后告知物业服务企业；物业服务企业确需改变公共建筑和共用设施用途的，应当提请业主大会讨论决定同意后，由业主依法办理

有关手续。

第六十四条 违反本条例的规定，有下列行为之一的，由县级以上地方人民政府房地产行政主管部门责令限期改正，给予警告，并按照本条第二款的规定处以罚款；所得收益，用于物业管理区域内物业共用部位、共用设施设备的维修、养护，剩余部分按照业主大会的决定使用：

（一）擅自改变物业管理区域内按照规划建设的公共建筑和共用设施用途的；

（二）擅自占用、挖掘物业管理区域内道路、场地，损害业主共同利益的；

（三）擅自利用物业共用部位、共用设施设备进行经营的。

个人有前款规定行为之一的，处 1000 元以上 1 万元以下的罚款；单位有前款规定行为之一的，处 5 万元以上 20 万元以下的罚款。

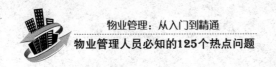
117. 物业公司擅自占用、挖掘物业管理区域内道路、场地，损害业主共同利益的，承担什么法律责任？

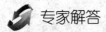 专家解答

物业公司擅自占用、挖掘物业管理区域内道路、场地，损害业主共同利益的，由县级以上地方人民政府房地产行政主管部门责令限期改正，给予警告，并按照有关法律的规定处以罚款；所得收益，用于物业管理区域内物业共用部位、共用设施设备的维修、养护，剩余部分按照业主大会的决定使用。

![] 法条链接

《物业管理条例》

第五十条 业主、物业服务企业不得擅自占用、挖掘物业管理区域内的道路、场地，损害业主的共同利益。

因维修物业或者公共利益，业主确需临时占用、挖掘道路、场地的，应当征得业主委员会和物业服务企业的同意；物业服务企业确需临时占用、挖掘道路、场地的，应当征得业主委员会的同意。

业主、物业服务企业应当将临时占用、挖掘的道路、场地，在约

定期限内恢复原状。

第六十四条 违反本条例的规定，有下列行为之一的，由县级以上地方人民政府房地产行政主管部门责令限期改正，给予警告，并按照本条第二款的规定处以罚款；所得收益，用于物业管理区域内物业共用部位、共用设施设备的维修、养护，剩余部分按照业主大会的决定使用：

（一）擅自改变物业管理区域内按照规划建设的公共建筑和共用设施用途的；

（二）擅自占用、挖掘物业管理区域内道路、场地，损害业主共同利益的；

（三）擅自利用物业共用部位、共用设施设备进行经营的。

个人有前款规定行为之一的，处 1000 元以上 1 万元以下的罚款；单位有前款规定行为之一的，处 5 万元以上 20 万元以下的罚款。

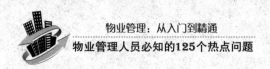

118. 物业公司擅自利用物业共用部位、共用设施设备进行经营的，承担什么法律责任？

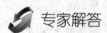 专家解答

较常见的利用物业共用部位、共用设施设备进行经营的行为包括，利用电梯、场地做广告，出租设备层等。利用物业共用部位、共用设施设备进行经营应当征得相关业主、业主大会、物业服务企业的同意，还应当按规定办理有关手续。否则，就构成擅自利用物业共用部位、共用设施设备进行经营的违法违规行为。

物业公司擅自利用物业共用部位、共用设施设备进行经营的，由县级以上地方人民政府房地产行政主管部门责令限期改正，给予警告，并按照有关法律的规定处以罚款；所得收益，用于物业管理区域内物业共用部位、共用设施设备的维修、养护，剩余部分按照业主大会的决定使用。

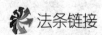 法条链接

《物业管理条例》

第五十四条 利用物业共用部位、共用设施设备进行经营的，应

当在征得相关业主、业主大会、物业服务企业的同意后，按照规定办理有关手续。业主所得收益应当主要用于补充专项维修资金，也可以按照业主大会的决定使用。

第六十四条 违反本条例的规定，有下列行为之一的，由县级以上地方人民政府房地产行政主管部门责令限期改正，给予警告，并按照本条第二款的规定处以罚款；所得收益，用于物业管理区域内物业共用部位、共用设施设备的维修、养护，剩余部分按照业主大会的决定使用：

（一）擅自改变物业管理区域内按照规划建设的公共建筑和共用设施用途的；

（二）擅自占用、挖掘物业管理区域内道路、场地，损害业主共同利益的；

（三）擅自利用物业共用部位、共用设施设备进行经营的。

个人有前款规定行为之一的，处 1000 元以上 1 万元以下的罚款；单位有前款规定行为之一的，处 5 万元以上 20 万元以下的罚款。

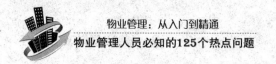

119. 物业公司不配合法院调查取证等工作的，承担什么法律责任？

 现实案例

　　某法院执行局在执行某合同纠纷案时，因债务人张某（别墅小区业主）拒不履行生效法律文书所确定的义务，法院拟对张某名下别墅进行强制执行。执行人员前往该小区开展执行工作时发现门牌与房地产登记信息的门牌不相符，于是前往小区物业公司调查取证。执行人员按规定出示证件后，物业公司工作人员以"公司规定"为由，拒不协助配合法院执行人员前往张某名下房产的实际所在地。随后，物业公司称执行人员的工作证和执行公务证"无法核实真实性"，要求法院再行出具介绍信。为保证执行工作顺利进行，执行人员遂返回法院领取介绍信。法院执行人员出具法院的介绍信后，物业公司依然不予配合。

　　法院依照《中华人民共和国民事诉讼法》对物业公司罚款10万元。

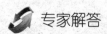 专家解答

　　物业公司有秩序维护义务、安全保障义务，这些义务针对的应

当是法律规定及物业服务合同约定的违法违规行为。而法院调查被执行人房屋属于合法行为，有协助调查义务的单位应当配合。法院要求物业公司配合的，物业公司应当给予配合、协助。

 法条链接

《中华人民共和国民事诉讼法》

第一百一十四条第一款第一项 有义务协助调查、执行的单位有下列行为之一的，人民法院除责令其履行协助义务外，并可以予以罚款：

有关单位拒绝或者妨碍人民法院调查取证的；

第一百一十五条 对个人的罚款金额，为人民币十万元以下。对单位的罚款金额，为人民币五万元以上一百万元以下。

拘留的期限，为十五日以下。

被拘留的人，由人民法院交公安机关看管。在拘留期间，被拘留人承认并改正错误的，人民法院可以决定提前解除拘留。

第一百一十六条 拘传、罚款、拘留必须经院长批准。

拘传应当发拘传票。

罚款、拘留应当用决定书。对决定不服的，可以向上一级人民法院申请复议一次。复议期间不停止执行。

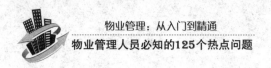

120. 物业公司删改保安服务中形成的监控影像资料、报警记录的，承担什么法律责任？

 现实案例

2017年5月，黄山市某公安分局依法对辖区居民小区物业管理公司治安防控工作进行全面检查，发现某小区的物业管理公司以资金短缺、审批资金没到位等理由不按规定存储视频资料，删改保安服务中形成的监控影像资料、报警记录。

结合该物业公司所属小区近期发生治安案情后，缺少有效视频图像的情况，公安分局对该物业公司的负责人进行了批评，并对该物业公司依法处以罚款2万元，同时责令该物业公司限期进行整改。

专家解答

保安服务中形成的监控影像资料、报警记录，应当至少留存30日备查，保安从业单位和客户单位、保安员都不得删改或者扩散。

物业服务企业删改保安服务中形成的监控影像资料、报警记录的，责令限期改正，处2万元以上10万元以下的罚款；违反治安管理的，依法给予治安管理处罚；构成犯罪的，依法追究直接负责

的主管人员和其他直接责任人员的刑事责任。

保安员删改保安服务中形成的监控影像资料、报警记录的，由公安机关予以训诫；情节严重的，吊销其保安员证；违反治安管理的，依法给予治安管理处罚；构成犯罪的，依法追究刑事责任。

 法条链接

《保安服务管理条例》

第二十五条第二款　保安服务中形成的监控影像资料、报警记录，应当至少留存 30 日备查，保安从业单位和客户单位不得删改或者扩散。

第三十条第五项　保安员不得有下列行为：

删改或者扩散保安服务中形成的监控影像资料、报警记录；

第四十三条第一款第三项　保安从业单位有下列情形之一的，责令限期改正，处 2 万元以上 10 万元以下的罚款；违反治安管理的，依法给予治安管理处罚；构成犯罪的，依法追究直接负责的主管人员和其他直接责任人员的刑事责任：

删改或者扩散保安服务中形成的监控影像资料、报警记录的。

第四十五条第一款第五项　保安员有下列行为之一的，由公安机关予以训诫；情节严重的，吊销其保安员证；违反治安管理的，依法给予治安管理处罚；构成犯罪的，依法追究刑事责任：

删改或者扩散保安服务中形成的监控影像资料、报警记录的。

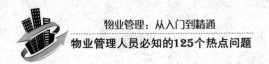
121. 物业公司使用未取得相应资格的人员从事特种设备作业的，承担什么法律责任？

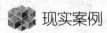 现实案例

2017年起，某产权单位登记使用的一台承压热水锅炉交由某物业公司管理使用，但质监局执法人员在检查中发现，物业公司涉嫌使用未取得相应资格的人员从事特种设备安全管理和作业。质监局遂向当事人送达了《特种设备安全监察指令书》责令当事人限期改正。事后，质监局再次对该承压锅炉进行检查时，发现该物业公司逾期未改正。

质监局责令该物业公司停止使用有关特种设备，并依《中华人民共和国特种设备安全法》处以1万元罚款。

专家解答

特种设备安全管理员、检测人员和作业人员应当按照国家有关规定取得相应资格，方可从事相关工作。使用未取得相应资格的人员从事特种设备安全管理、检测和作业的，责令限期改正；逾期未改正的，责令停止使用有关特种设备或者停产停业整顿，处1万元

以上 5 万元以下罚款。

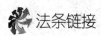 法条链接

《中华人民共和国特种设备安全法》

第十四条 特种设备安全管理人员、检测人员和作业人员应当按照国家有关规定取得相应资格，方可从事相关工作。特种设备安全管理人员、检测人员和作业人员应当严格执行安全技术规范和管理制度，保证特种设备安全。

第八十六条 违反本法规定，特种设备生产、经营、使用单位有下列情形之一的，责令限期改正；逾期未改正的，责令停止使用有关特种设备或者停产停业整顿，处一万元以上五万元以下罚款：

（一）未配备具有相应资格的特种设备安全管理人员、检测人员和作业人员的；

（二）使用未取得相应资格的人员从事特种设备安全管理、检测和作业的；

（三）未对特种设备安全管理人员、检测人员和作业人员进行安全教育和技能培训的。

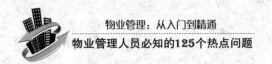

122. 物业公司发现装修人或者装饰装修企业有违反有关装饰装修规定的行为，不及时向有关部门报告的，承担什么法律责任？

 专家解答

装修人或者装饰装修企业在装修过程中拆改承重墙，擅自改动卫生间、厨房间防水层，超过设计标准或者规范增加楼面荷载等行为，均属违反有关装饰装修规定的这些行为。对于装修人或者装饰装修企业的这些行为，物业公司如果不及时向有关部门报告的，也属违法。物业公司有此违法行为的，由房地产行政主管部门给予警告，可处装饰装修管理服务协议约定的装饰装修管理服务费2至3倍的罚款。

法条链接

《住宅室内装饰装修管理办法》

第十七条 物业管理单位应当按照住宅室内装饰装修管理服务协议实施管理，发现装修人或者装饰装修企业有本办法第五条行为的，或者未经有关部门批准实施本办法第六条所列行为的，或者有违反本

办法第七条、第八条、第九条规定行为的，应当立即制止；已造成事实后果或者拒不改正的，应当及时报告有关部门依法处理。对装修人或者装饰装修企业违反住宅室内装饰装修管理服务协议的，追究违约责任。

第四十二条 物业管理单位发现装修人或者装饰装修企业有违反本办法规定的行为不及时向有关部门报告的，由房地产行政主管部门给予警告，可处装饰装修管理服务协议约定的装饰装修管理服务费2至3倍的罚款。

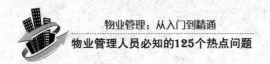

123. 物业公司对招投标违法行为，承担什么法律责任？

 现实案例

2014 年 5 月，江苏某物业公司参加政府采购中心组织的"×项目物业服务采购项目"政府采购活动中，经评标委员会评审确定为中标供应商。经查，该单位在投标文件中提供的部分合同属于虚假材料。

事后，财政局对该物业公司作出如下处理决定：

1. 处以采购金额千分之五的罚款，共计人民币 3 万余元；

2. 列入不良行为记录名单，在一年内禁止参加政府采购活动。

专家解答

招标、投标是非常严肃的活动，尤其涉及政府采购项目，从程序到实体都有严格的要求。严禁投标人有如下行为：提供虚假材料谋取中标；采取不正当手段诋毁、排挤其他投标人；与招标采购单位、其他投标人恶意串通的；向招标采购单位行贿或者提供其他不正当利益的；在招标过程中与招标采购单位进行协商谈判、不按照招标文件和中标供应商的投标文件订立合同，或者与采购人另行订立背离合同实质性内容的协议的；拒绝有关部门监督检查或者提供虚假情况的。

本案中，物业公司为了中标提供了虚假的合同，被查实后，不但中标结果无效，还会被处以罚款，一年内禁止参加政府采购活动。

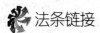 法条链接

《政府采购法》

第七十七条 供应商有下列情形之一的，处以采购金额千分之五以上千分之十以下的罚款，列入不良行为记录名单，在一至三年内禁止参加政府采购活动，有违法所得的，并处没收违法所得，情节严重的，由工商行政管理机关吊销营业执照；构成犯罪的，依法追究刑事责任：

（一）提供虚假材料谋取中标、成交的；

……

供应商有前款第（一）至（五）项情形之一的，中标、成交无效。

《政府采购货物和服务招标投标管理办法》

第七十四条 投标人有下列情形之一的，处以政府采购项目中标金额千分之五以上千分之十以下的罚款，列入不良行为记录名单，在一至三年内禁止参加政府采购活动，并予以公告，有违法所得的，并处没收违法所得，情节严重的，由工商行政管理机关吊销营业执照；构成犯罪的，依法追究刑事责任：

（一）提供虚假材料谋取中标的；

……

投标人有前款第（一）至（五）项情形之一的，中标无效。

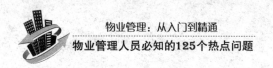
124. 物业公司保安员无证上岗，承担什么法律责任？

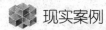 现实案例

杭州市某区民警在日常走访中发现，某小区的保安没有上岗证。随机问了两个门岗保安，结果两个人都没有证，警方就去找了他们所在的物业公司，在调查清楚情况后，民警根据《保安服务管理条例》，对这家物业公司处以 1 万元行政处罚。

专家解答

根据国务院《保安服务管理条例》的规定，保安员从事保安服务工作，必须取得保安员证。相关人员只有经公安机关考试、审查合格并留存指纹等人体生物信息后才可以取得保安员证。

而且，有些人员被禁止担任保安员，如曾被收容教育、强制隔离戒毒、劳动教养或者 3 次以上行政拘留的；曾因故意犯罪被刑事处罚的；被吊销保安员证未满 3 年的；曾两次被吊销保安员证的。

保安从业单位招用不符合法规规定条件的人员担任保安员，如无证上岗的保安员，将面临被"责令限期改正，给予警告；处 1 万元以上 5 万元以下的罚款；有违法所得的，没收违法所得"等行政

处罚。

本案中，物业公司的保安员属于无证上岗的情况，已经违反了《保安服务管理条例》。

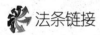 法条链接

《保安服务管理条例》

第十六条 年满18周岁，身体健康，品行良好，具有初中以上学历的中国公民可以申领保安员证，从事保安服务工作。申请人经设区的市级人民政府公安机关考试、审查合格并留存指纹等人体生物信息的，发给保安员证。

提取、留存保安员指纹等人体生物信息的具体办法，由国务院公安部门规定。

第四十二条 保安从业单位有下列情形之一的，责令限期改正，给予警告；情节严重的，并处1万元以上5万元以下的罚款；有违法所得的，没收违法所得：

……

（四）招用不符合本条例规定条件的人员担任保安员的；

……

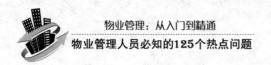

125. 物业公司不履行消防安全管理职责，承担什么法律责任？

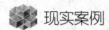 现实案例

　　某商住楼一住户发生火灾，起火建筑为一栋17层的住宅楼，一层至三层为商铺，四层以上为住宅。起火部位在16层。公安消防局派出12辆消防车、50余名消防员救火，据报警人和街坊称有人员被困。

　　到场后他们马上分成灭火组和搜救组，灭火组到16层准备利用室内消防栓出水灭火，却发现消防栓没有水，灭火行动被中断。中队指挥员一方面迅速叫人联系物业公司人员了解并处理故障问题，另一方面赶快采取第二套方案，沿楼梯和窗口从1层向16层垂直铺设水带，重新组织两条干线灭火。经过消防人员的检查和处理，发现竟是物业管理公司不按规定操作，关闭了消防水泵阀门，导致消防栓无法出水，白白浪费了十余分钟的救火时间。

　　火灾扑灭后调查发现，起火建筑的物业公司擅自停用消防设施，导致救火过程中室内消防栓无法及时出水，严重影响了灭火救援行动的开展。公安消防大队联合派出所对该商住楼的物业管理公司依法罚款5万元。

专家解答

物业服务企业按照法律规定以及物业服务合同约定为物业项目全体业主提供消防安全防范服务。该项服务涉及安全问题，国家法律对消防违法违规行为都有对应的行政处罚决定，如本案中，物业服务企业违法停用消防设施设备，就触犯了安全红线。

按照《消防法》，物业服务企业的行为属于"擅自停用消防设施、器材的"违法行为。行政机关依法可以责令改正，处五千元以上五万元以下罚款。本案中，公安消防部门对物业公司处以最高的五万元罚款有法律依据。

法条链接

《消防法》

第十八条 同一建筑物由两个以上单位管理或者使用的，应当明确各方的消防安全责任，并确定责任人对共用的疏散通道、安全出口、建筑消防设施和消防车通道进行统一管理。

住宅区的物业服务企业应当对管理区域内的共用消防设施进行维护管理，提供消防安全防范服务。

第六十条 单位违反本法规定，有下列行为之一的，责令改正，处五千元以上五万元以下罚款：

（一）消防设施、器材或者消防安全标志的配置、设置不符合国

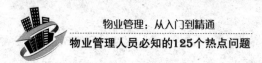

家标准、行业标准，或者未保持完好有效的；

（二）损坏、挪用或者擅自拆除、停用消防设施、器材的；

（三）占用、堵塞、封闭疏散通道、安全出口或者有其他妨碍安全疏散行为的；

（四）埋压、圈占、遮挡消火栓或者占用防火间距的；

（五）占用、堵塞、封闭消防车通道，妨碍消防车通行的；

（六）人员密集场所在门窗上设置影响逃生和灭火救援的障碍物的；

（七）对火灾隐患经公安机关消防机构通知后不及时采取措施消除的。

个人有前款第二项、第三项、第四项、第五项行为之一的，处警告或者五百元以下罚款。

有本条第一款第三项、第四项、第五项、第六项行为，经责令改正拒不改正的，强制执行，所需费用由违法行为人承担。

附　　录

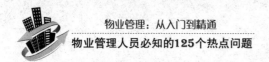

附录1 "物业 Legal" 知识服务系统

"物业 Legal" 机构简介

"物业 Legal" 既是一个专门的地产物业领域专业顾问咨询机构，同时也是该机构的同名微信公众号，由本书作者王占强创办。

"物业 Legal" 具有两层基本含义。其一，取 "Legal" 含有的 "法律（上）的" "律师的" 意思，"物业 Legal" 意指所有与地产物业法律问题相关的；其二，"Legal" 是 "Learn" "Enjoy" "Get" "Achieve" "Leading" 的首字母的组合，"物业 Legal" 意指在地产物业管理领域中，学习、享受、收获，并实现行业的领导地位，成为行业的领军者。

"物业 Legal" 的创办人王占强，毕业于清华大学法学院，取得法律硕士学位。曾长期任职北京市住房和城乡建设委员会，深度接触房地产与物业管理行业。作为执业律师以来，亦以房地产领域作为主攻方向，业务经验涵盖房地产企业与物业企业的法律顾问，并购、融资（信托、私募基金、资产证券化等形式），房地产买卖、租赁，物业管理等。同时，他还具有高级经济师职称、注册物业管理师资格，并担任北京市住房和城乡建设委员会物业管理行业专家、北京物业管理行业协会专家顾问等职务。

"物业 Legal" 机构组建了专业的房地产与物业管理专家管理顾问团队，聚集了一批阵容强大的专业人士，其中不乏来自房地产政府主管部门、房地产发展商、物业企业、高校、律师事务所、咨询公司等机构的资深专家和高级管理人士。

"物业 Legal"在处理房地产、物业管理法律事务方面积累了丰富的经验，协助金融机构、开发商、政府监管部门、物业服务企业处理各类法律事务，成功地帮助他们降低风险、节约时间和金钱。"物业 Legal"还成功地为他们提供顾问咨询及管理培训，使他们从中受益，从而加速其利润和优势的提升。

"物业 Legal"服务简介

【顾问咨询】我们乐于帮助，强大而有实战经验的团队能够胜任为物业服务企业提供答疑式顾问咨询、短期顾问咨询、专项顾问咨询、常年顾问咨询服务，我们的服务突出实用性、针对性和系统性。

我们提供的顾问咨询服务包括但不限于：物业服务企业筹建及公司组织架构设计；物业服务企业品牌建设；物业服务企业服务标准化及规范化建设；物业项目评优、示范项目评比指导；物业项目管理现场实操指导；物业管理方案指导；物业管理招投标服务；物业管理费测算与标准；物业服务活动方案与社区文化活动运作；物业标识体系方案；物业人力资源组织管理制度等。

【管理培训】我们乐于分享，选拔优秀的行业专家亲临授课，定期、不定期地开展管理培训和讲座，我们将通过最为务实的培训

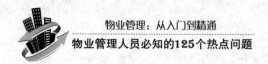

服务，帮助物业服务企业、开发企业相关人员不断提升管理能力、专业素养和必备技能。

我们的公开课/企业内训课程注重实战和实效，课程内容涵盖物业管理全生命周期。

【法律服务】我们精通法律，我们有专业律师团队，能够为开发企业、物业服务企业/政府主管部门/业主组织/自然人（简称委托方）提供法律服务，帮助委托方规避法律风险，解决法律纠纷，实现法律利益最大化。

我们提供的法律服务包括但不限于：法律咨询；出具法律意见书、律师函；参与重大商务谈判；起草、审查、修改各类合同、协议；起草、审查、修改公司章程和内部规章管理制度；代办登记注册等法律事务；法制宣传、教育、培训；提供有关法律信息；代为发布有关的声明、公告、致函等文书；代理各类诉讼、仲裁、行政复议案件，参与调解纠纷。

联系方式

您可以通过以下三种方式与我们取得联系，我们将尽快给予回复：

1. 电话/微信：13811848229

2. 电子邮件：asksam@163.com

3. 微信公众号：物业 Legal，二维码如下：

　　您对"物业 Legal"的任何联系和惠顾，我们都表示最诚挚的谢意！联系我们请说明您及贵公司的名称和联系方式。

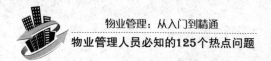
附录2　前期物业服务合同

（示范文本）

第一章　物业基本情况

第一条　物业基本情况：

物业名称＿＿＿＿＿＿＿＿＿；

物业类型＿＿＿＿＿＿＿＿＿；

坐落位置＿＿＿＿＿＿＿＿＿；

建筑面积＿＿＿＿＿＿＿＿＿。

物业管理区域四至：

东至＿＿＿＿＿＿＿＿＿；

南至＿＿＿＿＿＿＿＿＿；

西至＿＿＿＿＿＿＿＿＿；

北至＿＿＿＿＿＿＿＿＿。

（规划平面图见附件一，物业构成明细见附件二）。

第二章　服务内容与质量

第二条　在物业管理区域内，乙方提供的前期物业管理服务包括以下内容：

1. 物业共用部位的维修、养护和管理（物业共用部位明细见附件三）；

2. 物业共用设施设备的运行、维修、养护和管理（物业共用设施设备明细见附件四）；

3. 物业共用部位和相关场地的清洁卫生，垃圾的收集、清运及雨水、污水管道的疏通；

4. 公共绿化的养护和管理；

5. 车辆停放管理；

6. 公共秩序维护、安全防范等事项的协助管理；

7. 装饰装修管理服务；

8. 物业档案资料管理。

第三条　在物业管理区域内，乙方提供的其他服务包括以下事项：

1. _____；

2. _____；

3. _____。

第四条　乙方提供的前期物业管理服务应达到约定的质量标准（前期物业管理服务质量标准见附件五）。

第五条　单个业主可委托乙方对其物业的专有部分提供维修养护等服务，服务内容和费用由双方另行商定。

第三章　服务费用

第六条　本物业管理区域内物业服务收费选择以下第____种方式：

1. 包干制

物业服务费用由业主按其拥有物业的建筑面积交纳，具体标准如下：

多层住宅：＿＿＿＿＿元/月·平方米；

高层住宅：＿＿＿＿＿元/月·平方米；

别墅：＿＿＿＿＿元/月·平方米；

办公楼：＿＿＿＿＿元/月·平方米；

商业物业：＿＿＿＿＿元/月·平方米；

＿＿＿＿＿物业：＿＿＿＿＿元/月·平方米。

物业服务费用主要用于以下开支：

（1）管理服务人员的工资、社会保险和按规定提取的福利费等；

（2）物业共用部位、共用设施设备的日常运行、维护费用；

（3）物业管理区域清洁卫生费用；

（4）物业管理区域绿化养护费用；

（5）物业管理区域秩序维护费用；

（6）办公费用；

（7）物业服务企业固定资产折旧；

（8）物业共用部位、共用设施设备及公众责任保险费用；

（9）法定税费；

（10）物业服务企业的利润；

（11）＿＿＿＿＿＿＿。

乙方按照上述标准收取物业服务费用，并按本合同约定的服务内容和质量标准提供服务，盈余或亏损由乙方享有或承担。

2. 酬金制

物业服务资金由业主按其拥有物业的建筑面积预先交纳，具体标准如下：

多层住宅：_____元/月·平方米；

高层住宅：_____元/月·平方米；

别墅：_____元/月·平方米；

办公楼：_____元/月·平方米；

商业物业：_____元/月·平方米；

_____物业：_____元/月·平方米。

预收的物业服务资金由物业服务支出和乙方的酬金构成。

物业服务支出为所交纳的业主所有，由乙方代管，主要用于以下开支：

（1）管理服务人员的工资、社会保险和按规定提取的福利费等；

（2）物业共用部位、共用设施设备的日常运行、维护费用；

（3）物业管理区域清洁卫生费用；

（4）物业管理区域绿化养护费用；

（5）物业管理区域秩序维护费用；

（6）办公费用；

（7）物业服务企业固定资产折旧；

（8）物业共用部位、共用设施设备及公众责任保险费用；

（9）_____。

乙方采取以下第_____种方式提取酬金：

（1）乙方按_____（每月/每季/每年）_____元的标准从预收的物业服务资金中提取。

（2）乙方_____（每月/每季/每年）按应收的物业服务资金

_____%的比例提取。

物业服务支出应全部用于本合同约定的支出。物业服务支出年度结算后的结余部分，转入下一年度继续使用；物业服务支出年度结算后的不足部分，由全体业主承担。

第七条 业主应于_____之日起交纳物业服务费用（物业服务资金）。

纳入物业管理范围的已竣工但尚未出售，或者因甲方原因未能按时交给物业买受人的物业，其物业服务费用（物业服务资金）由甲方全额交纳。

业主与物业使用人约定由物业使用人交纳物业服务费用（物业服务资金）的，从其约定，业主负连带交纳责任。业主与物业使用人之间的交费约定，应当由业主及时书面告知乙方。

物业服务费用（物业服务资金）按_____（年/季/月）交纳，业主或物业使用人应在_____（每次缴费的具体时间）履行交纳义务。

第八条 物业服务费用实行酬金制方式计费的，乙方应向全体业主公布物业管理年度计划和物业服务资金年度预决算，并每年_____次向全体业主公布物业服务资金的收支情况。

对物业服务资金收支情况有争议的，甲乙双方同意采取以下方式解决：

1. _____；

2. _____。

第四章　物业的经营与管理

第九条　停车场收费分别采取以下方式：

1. 停车场属于全体业主共有的，车位使用人应按露天车位_____元/个·月、车库车位_____元/个·月的标准向乙方交纳停车费。

乙方从停车费中按露天车位_____元/个·月、车库车位_____元/个·月的标准提取停车管理服务费。

2. 停车场属于甲方所有、委托乙方管理的，业主和物业使用人有优先使用权，车位使用人应按露天车位_____元/个·月、车库车位_____元/个·月的标准向乙方交纳停车费。

乙方从停车费中按露天车位_____元/个·月、车库车位_____元/个·月的标准提取停车管理服务费。

3. 停车场车位所有权或使用权由业主购置的，车位使用人应按露天车位_____元/个·月、车库车位_____元/个·月的标准向乙方交纳停车管理服务费。

第十条　乙方应与停车场车位使用人签订书面的停车管理服务协议，明确双方在车位使用及停车管理服务等方面的权利义务。

第十一条　本物业管理区域内的会所属_____（全体业主/甲方）所有。

会所委托乙方经营管理的，乙方按下列标准向使用会所的业主或物业使用人收取费用：

1. _____；

2. _____。

第十二条　本物业管理区域内属于全体业主所有的停车场、会所及其他物业共用部位、公用设备设施统一委托乙方经营，经营收入按下列约定分配：

1. _____；

2. _____。

第五章　物业的承接验收

第十三条　乙方承接物业时，甲方应配合乙方对以下物业共用部位、共用设施设备进行查验：

1. _____；

2. _____；

3. _____。

第十四条　甲乙双方确认查验过的物业共用部位、共用设施设备存在以下问题：

1. _____；

2. _____；

3. _____。

甲方应承担解决以上问题的责任，解决办法如下：

1. _____；

2. _____；

3. _____。

第十五条　对于本合同签订后承接的物业共用部位、共用设施设备，甲乙双方应按照前条规定进行查验并签订确认书，作为界定各自在开发建设和物业管理方面承担责任的依据。

第十六条　乙方承接物业时，甲方应向乙方移交下列资料：

1. 竣工总平面图，单体建筑、结构、设备竣工图，配套设施、地下管网工程竣工图等竣工验收资料；

2. 设施设备的安装、使用和维护保养等技术资料；

3. 物业质量保修文件和物业使用说明文件；

4. _____。

第十七条　甲方保证交付使用的物业符合国家规定的验收标准，按照国家规定的保修期限和保修范围承担物业的保修责任。

第六章　物业的使用与维护

第十八条　业主大会成立前，乙方应配合甲方制定本物业管理区域内物业共用部位和共用设施设备的使用、公共秩序和环境卫生的维护等方面的规章制度。

乙方根据规章制度提供管理服务时，甲方、业主和物业使用人应给予必要配合。

第十九条　乙方可采取规劝、_____、_____等必要措施，制止业主、物业使用人违反本临时公约和物业管理区域内物业管理规章制度的行为。

第二十条　乙方应及时向全体业主通告本物业管理区域内有关物业管理的重大事项，及时处理业主和物业使用人的投诉，接受甲方、业主和物业使用人的监督。

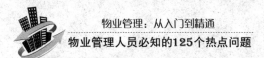

第二十一条　因维修物业或者公共利益，甲方确需临时占用、挖掘本物业管理区域内道路、场地的，应征得相关业主和乙方的同意；乙方确需临时占用、挖掘本物业管理区域内道路、场地的，应征得相关业主和甲方的同意。

临时占用、挖掘本物业管理区域内道路、场地的，应在约定期限内恢复原状。

第二十二条　乙方与装饰装修房屋的业主或物业使用人应签订书面的装饰装修管理服务协议，就允许施工的时间、废弃物的清运与处置、装修管理服务费用等事项进行约定，并事先告知业主或物业使用人装饰装修中的禁止行为和注意事项。

第二十三条　甲方应于_____（具体时间）按有关规定向乙方提供能够直接投入使用的物业管理用房。

物业管理用房建筑面积_____平方米，其中：办公用房_____平方米，位于_____；住宿用房_____平方米，位于_____。

_____用房_____平方米，位于_____。

第二十四条　物业管理用房属全体业主所有，乙方在本合同期限内无偿使用，但不得改变其用途。

第七章　专项维修资金

第二十五条　专项维修资金的缴存_____。

第二十六条　专项维修资金的管理_____。

第二十七条　专项维修资金的使用_____。

第二十八条　专项维修资金的续筹＿＿＿＿＿。

第八章　违约责任

第二十九条　甲方违反本合同第十三条、第十四条、第十五条的约定，致使乙方的管理服务无法达到本合同第二条、第三条、第四条约定的服务内容和质量标准的，由甲方赔偿由此给业主和物业使用人造成的损失。

第三十条　除前条规定情况外，乙方的管理服务达不到本合同第二条、第三条、第四条约定的服务内容和质量标准，应按＿＿＿＿＿＿＿＿＿＿＿的标准向甲方、业主支付违约金。

第三十一条　甲方、业主或物业使用人违反本合同第六条、第七条的约定，未能按时足额交纳物业服务费用（物业服务资金）的，应按＿＿＿＿＿＿＿＿＿＿的标准向乙方支付违约金。

第三十二条　乙方违反本合同第六条、第七条的约定，擅自提高物业服务费用标准的，业主和物业使用人就超额部分有权拒绝交纳；乙方已经收取的，业主和物业使用人有权要求乙方双倍返还。

第三十三条　甲方违反本合同第十七条的约定，拒绝或拖延履行保修义务的，业主和物业使用人可以自行或委托乙方修复，修复费用及造成的其他损失由甲方承担。

第三十四条　以下情况乙方不承担责任：

1. 因不可抗力导致物业管理服务中断的；

2. 乙方已履行本合同约定义务，但因物业本身固有瑕疵造成损失的；

3. 因维修养护物业共用部位、共用设施设备需要且事先已告知业主和物业使用人，暂时停水、停电、停止共用设施设备使用等造成损失的；

4. 因非乙方责任出现供水、供电、供气、供热、通信、有线电视及其他共用设施设备运行障碍造成损失的；

5. _____。

第九章　其他事项

第三十五条　本合同期限自_____年___月___日起至_____年___月___日止；但在本合同期限内，业主委员会代表全体业主与物业服务企业签订的物业服务合同生效时，本合同自动终止。

第三十六条　本合同期满前____月，业主大会尚未成立的，甲、乙双方应就延长本合同期限达成协议；双方未能达成协议的，甲方应在本合同期满前选聘新的物业服务企业。

第三十七条　本合同终止时，乙方应将物业管理用房、物业管理相关资料等属于全体业主所有的财物及时完整地移交给业主委员会；业主委员会尚未成立的，移交给甲方或_____代管。

第三十八条　甲方与物业买受人签订的物业买卖合同，应当包含本合同约定的内容；物业买受人签订物业买卖合同，即视为对接受本合同内容的承诺。

第三十九条　业主可与物业使用人就本合同的权利义务进行约定，但物业使用人违反本合同约定的，业主应承担连带责任。

第四十条　本合同的附件为本合同不可分割的组成部分，与本合同具有同等法律效力。

  第四十一条 本合同未尽事宜，双方可另行以书面形式签订补充协议，补充协议与本合同存在冲突的，以本合同为准。

  第四十二条 本合同在履行中发生争议，由双方协商解决，协商不成，双方可选择以下第_____种方式处理：

  1. 向_____仲裁委员会申请仲裁；

  2. 向人民法院提起诉讼。

  第四十三条 本合同一式____份，甲、乙双方各执____份。

   甲方（签章）   乙方（签章）

  法定代表人   法定代表人

            _____年___月___日

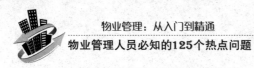
附件一：

物业构成明细

类 型	幢 数	套（单元）数	建筑面积（平方米）
高层住宅			
多层住宅			
别 墅			
商业用房			
工业用房			
办公楼			
车 库			
会 所			
学 校			
幼儿园			
＿＿＿＿用房			
合 计			
备 注			

附件二：

物业共用部位明细

1. 房屋承重结构；

2. 房屋主体结构；

3. 公共门厅；

4. 公共走廊；

5. 公共楼梯间；

6. 内天井；

7. 户外墙面；

8. 屋面；

9. 传达室；

10. ＿＿＿＿＿＿＿＿＿＿；

11. ＿＿＿＿＿＿＿＿＿＿。

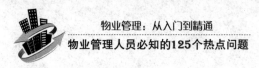

附件三：

物业共用设施设备明细

1. 绿地_____平方米；

2. 道路_____平方米；

3. 化粪池_____个；

4. 污水井_____个；

5. 雨水井_____个；

6. 垃圾中转站_____个；

7. 水泵_____个；

8. 水箱_____个；

9. 电梯_____部；

10. 信报箱_____个；

11. 消防设施_____；

12. 公共照明设施_____；

13. 监控设施_____；

14. 避雷设施_____；

15. 共用天线_____；

16. 机动车库_____个_____平方米；

17. 露天停车场_____个_____平方米；

18. 非机动车库_____个_____平方米；

19. 共用设施设备用房_____平方米；

20. 物业管理用房_____平方米；

21. _____；

22. _____。

附件四：

前期物业管理服务质量标准

一、物业共用部位的维修、养护和管理

1. ＿＿＿＿＿＿＿＿＿＿；

2. ＿＿＿＿＿＿＿＿＿＿；

3. ＿＿＿＿＿＿＿＿＿＿。

二、物业共用设施设备的运行、维修、养护和管理

1. ＿＿＿＿＿＿＿＿＿＿；

2. ＿＿＿＿＿＿＿＿＿＿；

3. ＿＿＿＿＿＿＿＿＿＿。

三、物业共用部位和相关场地的清洁卫生，垃圾的收集、清运
　　及雨水、污水管道的疏通

1. ＿＿＿＿＿＿＿＿＿＿；

2. ＿＿＿＿＿＿＿＿＿＿；

3. ＿＿＿＿＿＿＿＿＿＿。

四、公共绿化的养护和管理

1. ＿＿＿＿＿＿＿＿＿＿；

2. ＿＿＿＿＿＿＿＿＿＿；

3. ＿＿＿＿＿＿＿＿＿＿。

五、车辆停放管理

1. ＿＿＿＿＿＿＿＿＿＿；

2. ＿＿＿＿＿＿＿＿＿＿；

3. ＿＿＿＿＿＿＿＿＿＿。

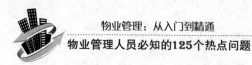

六、公共秩序维护、安全防范等事项的协助管理

1. _____；

2. _____；

3. _____。

七、装饰装修管理服务

1. _____；

2. _____；

3. _____。

八、物业档案资料管理

1. _____；

2. _____；

3. _____。

九、其他服务

1. _____；

2. _____；

3. _____。

☞《前期物业服务合同（示范文本）》使用说明：1. 本示范文本仅供建设单位与物业服务企业签订《前期物业服务合同》时参考使用。2. 经协商确定，建设单位和物业服务企业可对本示范文本的条款内容进行选择、修改、增补或删减。3. 本示范文本第六条、第七条、第八条、第九条第二款和第三款、第二十条、第二十一条、第二十二条、第二十四条所称业主，是指拥有房屋所有权的建设单位和房屋买受人；其他条款所称业主，是指拥有房屋所有权的房屋买受人。

附录3　物业服务合同

（示范文本）

第一章　物业项目基本情况

第一条　本物业项目（以下简称本物业）基本情况如下：

名称：【地名核准名称】【暂定名】＿＿＿＿＿＿＿＿＿。

类型：【住宅】【办公】【商业】【　　】＿＿＿＿＿＿＿。

坐落位置：＿＿＿＿＿＿区（县）＿＿＿＿路（街）＿＿＿。

规划建筑面积：＿＿＿＿＿＿平方米。

第二条　物业管理区域四至：

东至＿＿＿＿＿＿；

南至＿＿＿＿＿＿；

西至＿＿＿＿＿＿；

北至＿＿＿＿＿＿。

规划平面图和物业管理区域内的物业构成明细分别见附件一、二。

第三条　物业服务用房主要用于物业服务企业客服接待、项目档案资料保存、工具物料存放、人员值班备勤、业主大会及业主委员会办公用房等。

物业服务用房建筑面积为＿＿＿＿＿平方米，其中地上建筑面积为＿＿＿＿＿＿平方米，位于＿＿＿＿＿【号楼】【幢】【座】＿＿＿层＿＿＿单元＿＿＿号；地下建筑面积为＿＿＿＿平方米，位于_____【号楼】【幢】【座】_____层_____单元_____号；其中业主大会及业主委员会办公用房建筑面积为_____平方米，位于_____【号楼】【幢】【座】_____层_____单元_____号。

（注：物业服务用房为多处时，双方可自行增加以上内容。）

第二章　物业服务事项、标准及有关约定

第四条　乙方指定物业服务项目负责人为：_____，联系电话：_____。乙方更换项目负责人的，应当于_____7 日内在本物业管理区域内的显著位置公示。业主共同决定要求更换项目负责人的，乙方应当于 30 日内更换。

第五条　物业服务期限为_____年，自_____年____月____日至_____年____月____日。

第六条　乙方提供的物业服务包括以下主要内容：

1. 制订物业服务工作计划并组织实施；保管相关的工程图纸、档案与竣工验收资料等；根据法律、法规和管理规约的授权制定物业服务的有关制度；

2. 负责本物业管理区域内共用部位的日常维修、养护和管理。物业共用部位明细见附件三；

3. 负责本物业管理区域内共用设施设备的日常维修、养护、运行和管理。物业共用设施设备明细见附件四；

4. 负责共有绿地、景观的养护和管理；

5. 负责清洁卫生服务，包括物业共用部位、公共区域的清洁卫生、垃圾的收集等；

6. 负责协助维护公共秩序和协助做好安全防范工作；

7. 其他服务事项：＿＿＿＿＿＿＿＿＿＿＿＿＿＿＿＿＿＿＿

＿＿＿＿＿＿＿＿＿＿＿＿＿＿＿＿＿＿＿＿＿＿＿＿＿＿＿＿＿

＿＿＿＿＿＿＿＿＿＿＿＿＿＿＿＿＿＿＿＿＿＿＿＿＿＿＿＿＿

＿＿＿＿＿＿＿＿＿＿＿＿＿＿＿＿＿＿＿＿＿＿＿＿＿＿＿＿。

第七条 乙方按以下第＿＿＿＿＿种方式提供住宅的物业服务：

1. ××市《物业服务标准》中的＿＿＿＿＿级物业服务标准，详见附件五；

2. 选择××市《物业服务标准》中不同等级的具体物业服务事项和标准，详见附件五；

非住宅的物业服务标准以及甲、乙双方约定的《住宅物业服务标准》范围以外的具体服务事项和标准，详见附件六。

第八条 乙方对业主物业专有部分提供维修养护或其他特约服务的，应当与业主签订特约服务协议，服务事项、标准及费用由双方在协议中约定。

第九条 乙方接受供水、供电、供气、供热、通信、有线电视等公用事业服务单位委托代收使用费用的，不得向业主收取手续费等额外费用，不得限制或变相限制业主或物业使用人购买或使用。

第十条 物业装饰装修前，乙方与业主签订书面装饰装修服务协议，乙方应当告知相关的禁止行为和注意事项，并将装饰装修的时间、地点等情况在业主所在楼内公示。除约定收取【装修管理费】_____元、【装修保证金】_____元、【装修垃圾清运费】_____元、【　　　　】_____元外，乙方不得另行收取其他任何费用。如收取装修保证金的，未造成共用部位、共用设施设备或承重结构损坏，乙方应当在完工后7日内将装修保证金全额退还业主。

第十一条 业主转让或出租其物业时，应当将本合同、管理规约以及有关费用缴纳情况等事项告知受让人或者承租人，并自买卖合同或租赁合同签订之日起15日内，将买卖或者出租情况告知乙方。业主转让物业前，应当与乙方结清相关费用。

第三章 物业服务收费

第十二条 本物业管理区域物业服务收费方式为：【包干制】【酬金制】。

第十三条 包干制

1. 物业服务费由业主按其拥有物业的建筑面积缴纳，具体标准如下：

【多层住宅】：_____元/平方米·月；

【高层住宅】：_____元/平方米·月；

【别墅】：_____元/平方米·月；

【办公楼】：_____元/平方米·月；

【商业物业】：_____元/平方米·月；

【会所】：_____元/平方米·月；

_____物业：_____元/平方米·月。

物业服务费主要用于以下开支：

（1）管理服务人员的工资、社会保险和按规定提取的福利费等；

（2）物业共用部位、共用设施设备的日常运行、维护费用；

（3）物业管理区域内清洁卫生费用；

（4）物业管理区域内绿化养护费用；

（5）物业管理区域内秩序维护费用；

（6）办公费用；

（7）物业服务企业固定资产折旧；

（8）物业共用部位、共用设施设备及公众责任保险费用；

（9）法定税费；

（10）物业服务企业的利润；

（11）_____。

2. 实行包干制的，盈余或亏损均由乙方享有或承担；乙方不得以亏损为由要求增加费用、降低服务标准或减少服务内容。

第十四条 酬金制

1. 物业服务资金由业主按其拥有物业的建筑面积预先缴纳，具体标准如下：

【多层住宅】：_____元/平方米·月；

【高层住宅】：_____元/平方米·月；

【别墅】：＿＿＿＿＿＿＿元/平方米·月；

【办公楼】：＿＿＿＿＿＿＿元/平方米·月；

【商业物业】：＿＿＿＿＿＿＿元/平方米·月；

【会所】：＿＿＿＿＿＿＿元/平方米·月；

＿＿＿＿＿＿＿物业：＿＿＿＿＿＿＿元/平方米·月。

预收的物业服务资金由物业服务支出和乙方的酬金构成。

物业服务支出包括以下部分：

（1）管理服务人员的工资、社会保险和按规定提取的福利费等；

（2）物业共用部位、共用设施设备的日常运行、维护费用；

（3）物业管理区域内清洁卫生费用；

（4）物业管理区域内绿化养护费用；

（5）物业管理区域内秩序维护费用；

（6）办公费用；

（7）物业服务企业固定资产折旧；

（8）物业共用部位、共用设施设备及公众责任保险费用；

（9）＿＿＿＿＿＿＿＿＿＿＿＿＿＿＿＿＿＿＿＿＿。

2. 乙方采取以下第＿＿＿＿＿＿种方式提取酬金：

（1）乙方按【每月】【每季】【每年】＿＿＿＿＿元的标准从预收的物业服务资金中提取；

（2）乙方【每月】【每季】【每年】按应收的物业服务资金＿＿＿＿＿＿＿%的比例提取。

3. 物业服务支出应当全部用于本合同约定的支出，年度结算后结余部分，转入下一年度继续使用；年度结算后不足部分，由全体业主承担，另行缴纳。

第十五条 乙方应当按价格主管部门的规定，将服务内容、服务标准、收费项目、收费标准等有关情况在物业管理区域内显著位置公示。

乙方应当于每年第一季度公示上一年度物业服务合同履行情况、物业服务项目收支情况、本年度物业服务项目收支预算。业主共同决定或业主委员会要求对物业服务项目收支情况进行审计的，乙方应当予以配合。

第十六条 业主在符合相关法律规定的前提下，利用住宅物业从事经营活动的，乙方可按商业物业标准收取相应的物业服务费。

第四章 权利与义务

第十七条 甲方的权利义务：

1. 有权要求乙方按合同约定提供物业服务；

2. 监督乙方履行本合同，对乙方提供的物业服务有建议、督促的权利；

3. 有权提议召开业主大会会议，监督业主委员会工作；

4. 参加业主大会会议和选举业主委员会成员，享有选举权和被选举权；

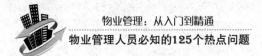

5. 对本物业管理区域内专项维修资金的使用及物业共用部分的经营收益和使用情况，享有知情权和监督权。关于物业共用部分经营、收益的约定见附件七；

6. 遵守管理规约以及物业管理区域内物业共用部分的使用、公共秩序和环境卫生的维护等方面的规章制度；

7. 按国家和本市有关规定缴纳专项维修资金；

8. 按有关规定及本合同约定缴纳物业服务费和特约服务费；

9. 对乙方根据合同和有关规章制度提供的管理服务给予必要配合；

10. 有关法律规定和当事人约定的其他权利义务。

第十八条　乙方的权利义务：

1. 根据有关法律、法规规定和合同约定，收取物业服务费、特约服务费。

2. 按本合同约定的物业服务事项和标准提供物业服务。

3. 妥善保管和正确使用本物业的档案资料，及时记载有关变更信息，不得将业主信息用于物业管理活动之外的其他用途。

4. 及时向全体业主和物业使用人通报本物业管理区域内有关物业服务的重大事项，及时处理业主和物业使用人的投诉，接受业主和物业使用人的监督。

5. 对业主和物业使用人违反本合同和管理规约的行为，采取告知、劝阻和向有关主管部门报告等方式督促业主和物业使用人改正。

6. 不得擅自占用本物业管理区域内的共用部分或擅自改变其使用用途。不得擅自将业主所有的共用部分用于经营活动。不得擅自占用、挖掘本物业管理区域内的道路、场地，确需临时占用、挖掘本物业管理区域内道路、场地的，应当按规定办理相关手续，制订施工方案，开工前要在物业管理区域内公示，施工过程中尽可能减少对业主的影响，并及时恢复原状。

7. 可将本物业管理区域内的专项服务委托给专业性服务企业，但不得将全部物业服务一并委托给其他单位或个人。乙方应当将委托事项及受托企业的信息在物业管理区域内公示。乙方与受托企业签订的合同中约定的服务标准，不得低于本合同约定。乙方应当对受托企业的服务行为进行监督，并对受托企业的服务行为承担责任。

8. 乙方实施锅炉、电梯、电气、制冷以及有限空间、高空等涉及人身安全的作业，应当具备相应资质或委托具备相应资质的单位实施，委托其他单位实施的，应当明确各自的安全管理责任。

9. 有关法律规定和当事人约定的其他权利义务。

第五章　合同终止

第十九条　任何一方决定在本合同期限届满后不再续约的，均应当在期满 3 个月前书面通知对方。

第二十条　本合同期限届满前，甲方决定继续聘用乙方的，应

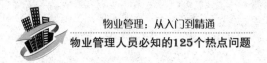

当在期满前 3 个月书面通知乙方；乙方自接到续约通知 1 个月内回复甲方。

第二十一条　本合同终止后尚未有新的物业服务企业承接的，乙方应当继续按本合同的约定提供服务 6 个月，在此期间的物业服务费按本合同约定的标准缴纳。

第二十二条　本合同终止后，甲乙双方应当共同做好交接事宜，包括物业服务费的清算、对外签订的各种协议的执行、物业共用部分查验交接以及移交相关档案资料等，详见附件八。

第六章　违约责任

第二十三条　甲、乙双方对物业服务质量发生争议的，双方可共同委托物业服务评估监理机构就乙方的物业服务质量是否符合本合同约定的服务标准进行评估；乙方管理服务达不到本合同约定的服务内容和标准的，应当承担采取补救措施或赔偿损失等违约责任。

除不可预见的情况外，乙方擅自停水、停电的，甲方有权要求乙方限期解决，乙方应当承担相应的民事责任。

甲、乙双方均不得提前解除本合同，否则解约方应当承担相应的违约责任；造成损失的，解约方应当承担相应的赔偿责任。

第二十四条　乙方违反本合同第十三条、第十四条的约定，擅自提高物业服务费标准的，业主和物业使用人就超额部分有权拒绝缴纳，同时乙方应当按_____的标准向业主支付违约金。

第二十五条　乙方在本合同期限内擅自停止物业服务的，甲方可要求乙方继续履行，采取补救措施，并应当按＿＿＿＿＿＿的标准向甲方支付违约金；前述行为给业主造成损失的，乙方应当赔偿相应的损失；乙方在本合同终止后拒不撤出本物业管理区域的，甲方有权要求乙方按时撤出物业管理区域，并应当按＿＿＿＿＿＿的标准向甲方支付违约金；前述行为给业主造成损失的，乙方应当赔偿相应的损失。

第二十六条　乙方违反本合同第十八条第三款的约定，擅自将业主信息用于物业管理活动之外的，应当按＿＿＿＿＿＿的标准向业主支付违约金，如违约金数额不足以弥补业主所遭受的直接损失的，乙方应当补足。

第二十七条　业主违反本合同第十三条、第十四条、第十六条约定，经乙方书面催缴，未能按时足额缴纳物业服务费，应当按＿＿＿＿＿＿＿的标准向乙方支付违约金。

业主违反本合同的约定，实施妨害物业服务行为的，应当承担恢复原状、停止侵害、排除妨碍等相应的民事责任。

第二十八条　除本合同另有约定外，甲、乙双方可以结合具体情况对违约责任进行补充，详见附件九。任何一方的违约行为给他方造成损失的，均应当承担相应的赔偿责任。

第二十九条　因不可抗力致使合同部分或全部无法履行的，根据不可抗力的影响，部分或全部免除责任。

第三十条　为维护公共利益，在不可预见情况下，如发生煤气

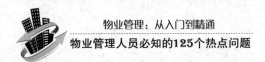
泄漏、漏电、火灾、暖气管、水管破裂、协助公安机关执行任务等突发事件，乙方因采取紧急避险措施而造成损失的，应当按有关规定处理。

第三十一条 乙方有确凿证据证明属于以下情况的，可免于承担违约责任：

1. 由于业主或物业使用人自身的责任导致乙方的服务无法达到合同约定的；

2. 因维修养护本物业管理区域内的共用部位、共用设施设备需要且事先已告知业主或物业使用人，暂时停水、停电、停止共用设施设备使用等造成损失的；

3. 非乙方责任出现供水、供电、供气、供热、通信、有线电视及其他共用设施设备运行障碍造成损失的。

第七章　争议解决

第三十二条 合同履行过程中发生争议的，双方可通过协商解决或向物业所在地物业纠纷人民调解委员会申请调解的方式解决；不愿协商、调解或协商、调解不成的，可按以下方式解决：

1. 向_____人民法院提起诉讼；

2. 向_____仲裁委员会申请仲裁。

第八章　附则

第三十三条 本合同经双方签字（盖章）后生效。

第三十四条　本合同正本连同附件一式＿＿＿＿＿＿份，甲方、乙方、＿＿＿＿＿＿各执一份，具有同等法律效力。

第三十五条　其他约定：＿＿＿＿＿＿＿＿＿＿＿＿＿

＿＿＿＿＿＿＿＿＿＿＿＿＿＿＿＿＿＿＿＿＿＿＿＿＿

＿＿＿＿＿＿＿＿＿＿＿＿＿＿＿＿＿＿＿＿＿＿＿＿＿

＿＿＿＿＿＿＿＿＿＿＿＿＿＿＿＿＿＿＿＿＿＿＿＿＿

＿＿＿＿＿＿＿＿＿＿＿＿＿＿＿＿＿＿＿＿＿＿＿＿。

甲方：　　　　　　　　　　　乙方：

委托代理人：　　　　　　　　委托代理人：

年　　月　　日　　　　　年　　月　　日

附件一：规划平面图（略）

附件二：

物业构成明细

类 型	楼（幢）号	套（单元）数	建筑面积（平方米）
高层住宅			
多层住宅			
别 墅			
商业用房			
工业用房			
办公楼			
自行车库			
机动车车库			
会 所			
学 校			
幼儿园			
文化活动场所			
_____用房			
合 计			
备 注			

附件三:

物业共用部位明细

1. 房屋承重结构;

2. 房屋主体结构;

3. 公共门厅;

4. 公共走廊;

5. 公共楼梯间;

6. 内天井;

7. 户外墙面;

8. 屋面;

9. _____;

10. _____;

11. _____;

12. _____;

13. _____;

14. _____;

15. _____。

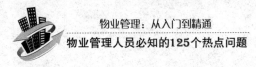

附件四：

物业共用设施设备明细

1. 电梯：

垂直梯_____部；

扶梯_____部。

2. 绿化率：_____%；

楼间、集中绿地_____平方米；

砖石铺装_____平方米。

3. 区域内市政：

【道路】【楼间甬路】_____平方米；

【室外上下水管道】_____米；

【沟渠】_____；

【蓄水池】_____个；

【化粪池】_____个；

【雨水井】_____个；

变配电系统包括_____；

高压双路供电电源_____；

公共照明设施【路灯】_____个；【草坪灯】____个；

【物业管理区域的外围护栏及围墙】_____；

【高压水泵】【高压水箱】_____个；

【污水泵】_____个；

【中水及设备系统】_____;

【　　】_____。

4. 燃气调压站_____;

5. 消防设施包括_____;

6. 监控设施包括_____;

7. 避雷设施包括_____;

8. 空调设备:【中央空调系统】使用范围_____;

9. 电视共用天线_____;

10. 电脑网络线_____;

11. 电讯电话_____;

12. 车道;

13. 地上机动车停车场_____个车位_____平方米;

14. 自行车库_____平方米;

15. 垃圾中转站_____个;

16. 信报箱_____个;

17. 值班室_____平方米;

18. 物业服务用房_____平方米;

19. _____。

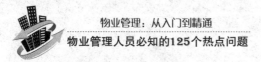

附件五：**物业服务事项和标准（略）**

附件六：**其他服务事项和标准（略）**

附件七：**物业共用部分的经营收益约定（略）**

附件八：

移交资料清单

1. 竣工总平面图、单体建筑、结构、设备竣工图、配套设施、地下管线工程竣工图等资料，以及房屋管线布线图；

2. 设施设备的安装、使用和维护保养等技术资料；

3. 物业质量保修文件和物业使用说明文件【住宅质量保证书】【住宅使用说明书】；

4. 相关专业部门验收资料；

5. 房屋及配套设施的产权清单（包括业主名称、建筑面积、联系方式等）；

6. 供水、供暖的试压报告；

7. 实测面积报告；

8. 物业服务所需要的其他资料。

附件九：**违约责任约定（略）**

☞《物业服务合同（示范文本）》使用说明：1. 本合同文本中所称物业服务，是指业主通过选聘物业服务企业，由物业服务企业按合同的约定，对房屋及配套的设施设备和相关场地进行维修、养护、管理，维护物业管理区域内的环境卫生和相关秩序，并由业主支付费用的活动。2. 本合同文本"【】"中的选择内容、空格部位填写及其他需要删除或添加的内容，双方当事人应当协商确定。"【】"中选择内容，以划"√"方式选定；对于实际情况未发生或双方当事人不作约定的，应当在空格部位打"×"，以示删除。3. 双方当事人签订本合同时应当认真核对合同内容，合同一经签署，对双方均有法律约束力。

附录4　临时管理规约

（示范文本）

一、为维护全体业主和物业使用人的合法权益，保障本物业区域内物业的安全与合理使用，维护公共秩序，促进管理有序、安全舒适、环境宜人、文明和谐的新型社区建设，根据国家法律法规，结合本物业项目实际，制定本规约。

二、开发建设单位与物业服务机构签订的前期物业服务合同中涉及业主共同利益的约定，应与本规约一致。

三、开发建设单位应当在销售物业前将本规约向物业买受人明示，并予以说明。

物业第一买受人与出卖人签订物业买卖合同时，本规约作为物业买卖合同的附件，由第一买受人对本规约的内容予以书面确认，其效力及于此后的物业买受人。

四、若本规约的条款与相关法律法规相抵触，则该条款无效，但不影响本规约其他条款的效力。

第一部分　物业基本情况

（应与买卖合同内容一致）

五、本物业区域内物业的基本情况

物业名称：＿＿＿＿＿＿＿＿

坐落位置：＿＿＿＿＿＿＿＿

物业类型：＿＿＿＿＿＿＿＿

建筑面积：＿＿＿＿＿＿＿＿＿

物业区域四至：

东至：＿＿＿＿＿＿＿＿＿

南至：＿＿＿＿＿＿＿＿＿

西至：＿＿＿＿＿＿＿＿＿

北至：＿＿＿＿＿＿＿＿＿

六、本物业区域内的物业服务用房位于：＿＿＿＿＿＿＿＿＿，

建筑面积为：＿＿＿＿＿＿＿＿＿。

七、物业服务机构的基本情况

机构名称：＿＿＿＿＿＿＿＿＿

法定代表人：＿＿＿＿＿＿＿＿＿

资质等级及资质证书编号：＿＿＿＿＿＿＿＿＿

注册地址：＿＿＿＿＿＿＿＿＿

邮编：＿＿＿＿＿＿＿＿＿

联系电话：＿＿＿＿＿＿＿＿＿

第二部分　物业的使用、维护和管理

八、本物业区域内的业主依法享有以下权利：

（一）按照物业服务合同约定，接受物业服务机构提供的服务；

（二）参与本物业区域的物业管理活动；

（三）监督前期物业服务机构履行前期物业服务合同；

（四）对本物业区域共用部位、共用设施设备和相关场地、专

项维修资金的使用和管理情况享有知情权和监督权；

（五）授权物业服务机构制定物业共用部位和共用设施设备使用、公共秩序和环境卫生维护等方面的规章制度；

（六）对本物业区域内影响业主共同利益、业主正常生活秩序的行为进行投诉；

（七）提议召开业主大会，提出补充、修改本规约的建议；

（八）法律、法规规定的业主的其他权利。

九、本物业区域内的业主应当履行以下义务：

（一）按照物业服务合同的约定，向物业服务机构交纳物业服务费用；

（二）按规定交存、管理和使用专项维修资金；

（三）遵守本物业区域内物业共用部位和共用设施设备的使用、公共秩序和环境卫生维护等方面的规章制度；

（四）配合物业服务活动；

（五）按照有利生产、方便生活、团结互助、公平合理的原则处理相邻关系，互助友爱，和睦相处；

（六）出租、转让物业时，告知承租人、买受人遵守本规约；

（七）参加业主大会并予以表决；

（八）法律、法规规定的业主的其他义务。

十、开发建设单位对于未售出的物业，享有业主的权利，履行业主的义务。

十一、业主对物业的专有部分行使占有、使用、收益和处分的

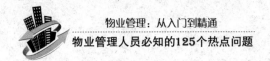
权利时，不应危及建筑物的安全，也不应损害其他业主、物业使用人的合法权益。

十二、业主或物业使用人应按照有利于物业使用、安全、整洁以及公平合理、不损害公共利益和他人利益的原则，遵守供电、供水、供热、供气、排水、通行、通风、采光、装饰装修、环境卫生、环境保护等方面的法律法规。

十三、业主或物业使用人应按规划用途使用物业。确需改变物业规划用途的，应当经有利害关系的业主同意，依法办理相关手续。同时，告知物业服务机构、产权人或业主委员会。

十四、业主或物业使用人需要装修房屋的，应告知物业服务机构，签订房屋装修服务协议，明确相关的权利义务、服务内容及违约责任等内容。

因装修房屋影响物业共用部位、共用设施设备的正常使用，应及时恢复；给其他业主或物业使用人造成损失的，应承担相应责任。

十五、业主或物业使用人应按有关规定合理使用水、电、气、暖等设施设备，不擅自拆改。

十六、业主或物业使用人应按设计预留的位置安装空调，未预留设计位置的，应与物业服务机构协商确定合理的位置，并做好噪声预防及冷凝水的处理。

十七、遵守本物业区域车辆行驶和停放的规定。

十八、业主或物业使用人在本物业区域内饲养动物的，应符合有关规定。

十九、本物业区域内禁止以下行为：

（一）擅自拆改房屋承重结构、主体结构、改变房屋外观；

（二）擅自占用或损坏物业共用部位、共用设施设备及相关场地、移动物业共用设施设备；

（三）违章搭建、私设摊点；

（四）在非指定位置倾倒或抛弃垃圾、杂物；

（五）违反有关规定堆放易燃、易爆、剧毒、放射性物品，排放大气污染物、水污染物、噪声、光、电磁波辐射等有害物质；

（六）擅自在物业共用部位和相关场所悬挂、张贴、涂改、刻画；

（七）利用物业从事危害公共利益和侵害他人合法权益的活动；

（八）法律、法规和本规约禁止业主的其他行为。

二十、物业保修期满后，业主或物业使用人自行承担其物业专有部分的维修养护责任。因维修养护不及时给其他业主造成损失的，应承担相应责任。

二十一、各相关业主或物业使用人应当配合物业的维修养护。因维修养护需要进入物业专有部分时，业主、物业使用人、开发建设单位或物业服务机构应事先告知，相关业主或物业使用人应给予配合。因阻挠维修养护，造成人身伤害或财产损失的，阻挠人应承担相应责任。

二十二、物业存在安全隐患，危及公共利益或其他业主合法权

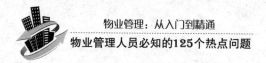
益时，责任人应当及时采取措施消除隐患。

二十三、发生危及公共利益或其他业主合法权益的紧急情况，必须及时进入物业专有部分进行维修养护时，应当事先通知相关业主或物业使用人，确实无法通知到的，物业服务机构可在公安部门、社区居委会和其他无利害关系业主的监督下，先行进行维修，事后应及时通知相关业主或物业使用人，并做好善后工作。

二十四、因维修养护物业或者公共利益，确需临时占用、挖掘道路、场地的，应按规定办理相关手续，提前公告，并在约定期限内恢复原状。

二十五、利用依法归业主共有的物业共用部位、共用设施设备进行经营的，应当在征得相关业主同意后，按规定办理有关手续。所得收益归相关业主所有，分配及使用由相关业主共同约定。

第三部分　物业服务费用

二十六、物业服务费用由业主按其专有部分占建筑物总面积的比例分摊，按照前期物业服务合同的约定交纳。业主委托物业服务机构提供前期物业服务合同约定之外的特约服务的，其费用由双方当事人另行约定。

二十七、业主出租物业，约定由承租人交纳物业服务费用的，业主负连带责任。转让物业的，业主应与物业服务机构结清各项费用。

二十八、本物业区域内的全体业主按规定交存、使用和管理专项维修资金。资金余额不足首次归集数额的 30% 时，应当按规定续交。

第四部分　附则

二十九、业主、物业使用人、开发建设单位、物业服务机构违反本规约约定的，受侵害当事人可以申请仲裁，也可以向人民法院提起诉讼。

三十、本规约所称物业的共用部位、共用设施设备，是指单个业主专有部分以外的，属于多个或全体业主共同所有或使用的房屋、空间、场地及相关设施设备。

三十一、本规约所称物业使用人，是指房屋承租人、共居人。

三十二、本规约由业主、开发建设单位、物业服务机构各持一份。

三十三、本规约作为物业买卖合同附件，自物业第一买受人签字承诺之日起生效（承诺书见附件），至业主大会制定的管理规约生效之日终止。

附件：承诺书（略）

附录5　管理规约

（示范文本）

为加强本物业区域的物业管理，维护全体业主的合法权益，维护物业区域内公共安全、公共环境和公共秩序，根据《物权法》《物业管理条例》和北京市的有关规定，经本物业区域业主大会会议表决通过，制定本管理规约（以下简称本规约）。

第一章　总则

一、物业基本情况

物业名称：

物业类型：

坐落位置：

建筑物总面积：

国有土地使用证明文件政府批文号：

二、本物业区域成立业主大会行使业主关于物业管理事项的共同决定权。

三、业主应遵守物业管理有关法律法规和本规约，执行业主大会和业主大会授权业主委员会作出的决议、决定。配合物业服务机构的物业服务活动，遵守本物业区域内物业管理的相关规章制度。同时，业主应保证其共居人、使用人及相关人员遵守本规约和相关法律，合理使用物业。

第二章　物业使用和维修

四、按规划设计用途使用物业。合理使用共用部位、共用设施设备，自觉维护物业整洁、美观，遵守市容环境管理的法律法规。不擅自改变房屋结构、外观和用途；不擅自占用共用部位和共用设施设备；不擅自利用共用部位搭建建筑物、构筑物等。

［选择性条款］空调外挂设备应按指定位置安装，阳台外和窗外不吊挂和晾晒物品，不擅自张贴或安装可通过外观看到、有碍观瞻的标示牌、广告牌或标语等。

五、爱护公共环境。不侵占公共绿地、损坏绿地、园林和其他共用设施设备；不随意堆放、倾倒或抛弃垃圾、杂物；不在共用部位乱涂乱画和随便张贴；垃圾应按指定时间和地点投放，避免遗撒。

六、自觉维护物业区域内的公共秩序。不在物业共用部位或违反规定在专有部分堆放易燃、易爆、剧毒、放射性物品和其他有毒有害物质；不得利用物业从事危害公共安全和公共利益的活动，以及法律法规禁止的其他活动；遵守环境保护的法律法规。

七、业主饲养宠物，应当遵守相关管理规定，及时清理宠物粪便；乘坐电梯的，应当避开乘梯的高峰时间。

八、机动车在本物业区域内行驶应避让行人，严禁鸣喇叭；车辆出入应按规定出示相应证件或登记；＿＿＿＿＿＿＿＿。

机动车应在规划的车位停放，严禁在消防通道、消防井盖、人

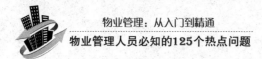

行便道和绿地等场所停放；车位只可用作停放车辆，不得用于其他用途；停放期间，防盗报警器应使用静音，发生噪声应迅速解除；＿＿＿＿＿＿＿＿＿＿。

本物业区域业主共有的车位使用分配方式为：＿＿＿＿＿＿＿＿＿＿。

［选择性条款］留出适当数量的访客车位后，按顺序登记分配/轮换分配/以抽签的方式分配：＿＿＿＿＿＿＿＿＿。

九、业主应及时对专有部分以内的有可能影响相邻业主权益的损坏部位和设施设备进行维修，发现属公共维修责任的物业共用部位、共用设施设备损坏时，应及时告知物业服务机构或业主委员会，并采取必要措施防止损失扩大。

十、对异产毗连的物业进行维修，各相关业主应积极协助、配合，不得人为阻挠维修。因阻挠维修，造成人身伤害和财产损失的，阻挠人应承担法律责任。

业主应配合物业服务机构和相邻业主必要时进入专有部分以内进行维修，如因该维修而造成物业损坏的，应予以修复或适当赔偿。

十一、人为原因造成物业共用部位、共用设施设备损坏的，责任人应负责修复或赔偿。

十二、业主需要进行室内装饰装修的，应当告知物业服务机构，并按规定签订装饰装修服务协议。

装饰装修房屋，应在规定时间施工，不得擅自拆改承重结构、各种管线和破坏防水层等，不得影响物业共用部位、共用设施设备的正常使用，因装饰装修导致物业共用部位、共用设施设备损坏的，应当承担修复及赔偿责任。

第三章　物业服务费用的交纳

十三、业主应当按照管理规约约定或业主大会会议的决定交纳物业服务费用，因故不能按期交纳的，应委托他人按期代交或及时补交。

对欠缴物业服务费用的业主，业主委员会应进行催缴或委托物业服务机构催缴，采取电话、书面和当面等催缴方式。

［选择性条款］1. 欠费_____月以上或长期拒缴物业服务费用的，业主委员会或业主委员会授权物业服务机构在物业区域内显著位置公布欠费情况；

2. _____。

同时，业主应按规定交纳水、电、燃气、供暖等使用费用。

十四、业主如委托物业服务机构对其专有部分和专有设施设备进行维修、养护等特约性服务，应另行支付费用。

十五、业主应按有关规定交纳和使用专项维修资金，并及时续筹。

十六、业主在转让或出租物业时，应当告知新业主和承租人遵守本规约，并将有关情况于____日内告知业主委员会或物业服务机构。

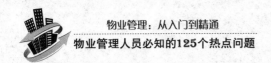

业主转让物业，应当结清物业服务费用；出租物业，约定由承租人交纳物业服务费用的，业主承担连带责任。

第四章　违约责任和违约纠纷的解决

十七、业主应自觉遵守本规约的各项规定，违反本规约造成其他业主、物业使用人人身伤害或财产损失的，应当承担法律责任。

对业主的违约行为，业主、业主大会、业主委员会可以督促其改正，也可委托物业服务机构督促其改正。

如限期未改正，业主、业主大会、业主委员会可委托物业服务机构依本规约对其提起诉讼。

十八、业主对物业服务的意见和建议，可直接向物业服务机构提出，也可向业主委员会提出。

第五章　附则

十九、本规约如有与进行法律法规相抵触的条款，则该条款无效，但不影响其他条款的效力。

二十、本规约经第_____届业主大会会议于_____年___月___日表决通过，自_____年___月___日起生效。